BUDDHA

Die großen Reden

BUDDHA

Die großen Reden

Übersetzt von
Hermann Oldenberg

Ausgewählt von
Isabelle Fuchs

Anaconda

Die Reden, Verse, Fabeln und Erzählungen Buddhas in der Übersetzung Hermann Oldenbergs (1854–1920) folgen der Ausgabe *Reden des Buddha. Lehre, Verse, Erzählungen.* Leipzig: Kurt Wolff 1922. Die Abschnitte zu Leben und Werk (Teil I, Kap. 1 und 3) sind dem Band Hermann Oldenberg: *Buddha. Sein Leben, seine Lehre, seine Gemeinde.* Siebente Auflage. Stuttgart, Berlin: J. G. Cotta'sche Buchhandlung Nachfolger 1920 [1. Aufl. Berlin: Hertz 1881] entnommen. Die Umschrift originalsprachlicher Namen und Begriffe wurde vereinheitlicht und simplifiziert.

Die Deutsche Nationalbibliothek verzeichnet diese Publikation in der Deutschen Nationalbibliographie; detaillierte bibliographische Daten sind im Internet unter http://dnb.d-nb.de abrufbar.

Umschlaggestaltung: Druckfrei. Dagmar Herrmann, Köln
Satz und Layout: Roland Poferl Print-Design, Köln
Printed in Czech Republic 2008
ISBN 978-3-86647-247-1
info@anaconda-verlag.de

INHALT

ERSTER TEIL
VOM LEBEN UND DER PERSON
DES BUDDHA

ERSTES KAPITEL
Buddhas Biographie

ZWEITES KAPITEL
Reden und Verse vom Leben und der Person
des Buddha

DRITTES KAPITEL

ZWEITER TEIL
DIE LEHRE

ERSTES KAPITEL

Reden von Weltleiden und Erlösung

ZWEITES KAPITEL

Reden vom Gemeindeleben

DRITTER TEIL
FABELN UND ANDERE ERZÄHLUNGEN

JATAKAS
Erzählungen aus früheren Geburten des Buddha

ERSTER TEIL

VOM LEBEN UND DER PERSON DES BUDDHA

ERSTES KAPITEL

Buddhas Biographie

Der buddhistische Kanon

Unter den Texten, die vom Leben Buddhas erzählen, stand für die ältere geschichtliche Forschung im Vordergrund vor allem die bei den Buddhisten der nördlichen Länder, in Nepal, Tibet, China gangbare legendarische Buddhabiographie *Lalita Vistara,* verfaßt in Sanskrit und einer eigentümlichen Mischung aus Sanskrit und Volkssprache. Neuerdings ist uns eine Gestalt der Überlieferungen erreichbar geworden, die als wesentlich älter anerkannt werden muß. Sie hat die Grundlage der Untersuchung über Buddhas Leben und ebenso über seine Lehre und seine Jüngergemeinde zu bilden: etwa wie die Erforschung des Lebens Jesu nicht irgendwelche mittelalterliche Legendenbücher zugrunde zu legen hat, sondern das Neue Testament.

Jene ältesten uns bekannten Traditionen des Buddhismus sind die, welche sich auf Zeylon erhalten haben und von den Mönchen dieser Insel bis auf den heutigen Tag studiert werden.

In Indien selbst – wenigstens in großen Teilen des eigentlich indischen Gebiets – unterlagen die buddhistischen Texte von Jahrhundert zu Jahrhundert immer neuen Wandlungen; die Erinnerungen der alten Gemeinde traten hier immer mehr hinter der Poesie und der Phantasterei späterer Generationen zurück. Diese Umgestaltungen sind es, die dem Lalita Vistara und den ihm verwandten Textmassen das Gepräge gegeben haben. Die Gemeinde von Zeylon hingegen blieb dem einfach schlichten »Wort der Ältesten« (Theravada) treu, einer Gestalt der heiligen Überlieferungen, in welcher neben dem Altüberkommenen zwar an manchen Stellen gewisse rein äußerlich an jenes herantretende, relativ moderne Produktionen nicht ausgeschlossen blieben, das Alte selbst aber, von diesen Neubildungen unberührt, in allem Wesentlichen sich unangetastet erhalten hat. Der Dialekt selbst dieser Texte trug dazu bei, sie vor Fälschungen zu schützen: die Sprache gewisser, noch nicht mit voller Bestimmtheit festgestellter Teile des indischen Kontinents – allem Anschein nach von Gegenden, deren Gemeinden und Missionen an der Verbreitung des Buddhismus nach Zeylon einen wichtigen Anteil gehabt haben. Diese Sprache der vom Festland herüber gebrachten Texte (»Pali«) ehrte man in Zeylon als heilige Sprache; man meinte, daß Buddha selbst und alle Buddhas vergangener Weltalter in ihr geredet hätten[1]. Die dann auf der Insel selbst entstehende, zunächst in deren Volksdialekt, dann ebenfalls in Pali geschriebene religiöse Literatur stand zwar dem Eindringen jüngerer Legenden und Spekulationen offen; eben hierin aber war eine Ableitung gegeben, welche den kanonischen Texten selbst gegen die Vermischung mit solcherlei Elementen wirksamen Schutz bot.

Es ist möglich, daß uns früher oder später Bestandteile anderer Redaktionen des heiligen Kanon erreichbar werden – einzelnes derartige liegt schon jetzt vor –, welche an Altertümlichkeit hinter dem zeylonesischen Exemplar nicht zurückstehen. Textfragmente teilweise in Sanskrit, teilweise in Volksmundart, die sich in neuester Zeit in Turkestan gefunden haben und durch weitere Entdeckungen rasch vermehrt werden, sind zwar nicht in allen Minutien mit dem Paliexemplar identisch, zeigen aber doch im wesentlichen und in zahlreichen Details die weitgehendste und tiefgreifendste Übereinstimmung mit ihm: eine sichere Bürgschaft dafür, daß uns hier dem ganzen Charakter und Inhalt nach die alte authentische Gestalt des Kanon vorliegt. Auch die Titel der in chinesischen Übersetzungen erhaltenen, auf eine Reihe altbuddhistischer Schulen sich verteilenden Texte deuten auf die

1. In Wahrheit sind zweifellos die kanonischen Texte ursprünglich nicht in Pali, sondern in Magadhi, dem Dialekt des Landes Magadha, verfaßt. Die Paliredaktion ist eine Übersetzung aus diesem Original, das uns selbst gänzlich verloren ist, sofern man nicht die vom König Asoka (Inschrift von Bairat) in Magadhi gegebenen Titel einiger Texte des Kanon als Reste desselben auffassen will. Die Ansicht der Zeylonesen, daß das Pali eben Magadhi ist, ist irrig.

Bewahrung vieles Alten hin. Einstweilen haben die uns zugänglich gewordenen Proben dieser Übersetzungsliteratur für die Authentizität vieler der wichtigsten Palitexte, neben die sie sich als Parallelexemplare geringeren Ranges stellen, eine Bestätigung nach der anderen geliefert, deren jene freilich kaum bedürfen würden. Daß hier irgend Wesentliches von Älterem als die Palibücher zum Vorschein kommen wird, ist nach den bisher gemachten Erfahrungen kaum zu erwarten[1]. Mit größter Bestimmtheit aber darf, wenn wir die Vergleichung auf die seit längerer Zeit bekannten, aus Nepal stammenden Texte wie den oben erwähnten Lalita Vistara oder auch das Divya Avadana und das Mahavastu richten, für die Paliüberlieferung der entschiedenste Vorrang in Anspruch genommen werden. Das zeigt sich in der Sprache, dem Stil, in der Technik der Verskunst. In der altertümlichen Einfachheit der Palitexte weht noch ein Hauch der vedischen Zeit.

Die Texte des heilige Palikanon zeigen uns nun zuvörderst, daß in der Buddhistengemeinde von Anfang an, so weit wir die Äußerungen ihres religiösen Bewußtseins zurückverfolgen können, die Überzeugung festgestanden hat, daß der Zugang zum seligmachenden Erkennen und heiligen Leben den Gläubigen durch das Wort eines Lehrers und Stifters der Gemeinde eröffnet ist, den man als den Erhabenen (bhagava) oder als den Erkennenden, den Erwachten (buddha) bezeichnet. Wer in die geistliche Brüderschaft einzutreten begehrt, spricht dreimal die Worte: »Ich nehme meine Zuflucht *beim Buddha;* ich nehme meine Zuflucht bei der Lehre; ich nehme meine Zuflucht bei der Gemeinde.« Bei der halbmonatlichen Beichtfeier, deren Liturgie den allerältesten Denkmälern des buddhistischen Gemeindelebens zugehört, ermahnt der Mönch, welcher die Feier leitet, die anwesenden Brüder, keine Sünde, die sie begangen, zu verschweigen, denn Verschweigen ist Lügen, »wissentliche Lüge aber, ihr Brüder, ist ein Hindernis geistlichen Le-

1. Ich spreche von den Texten im großen und ganzen; daß bei Details das Verhältnis ein anderes sein kann, soll nicht geleugnet werden. Korrekturen einzelner Lesarten der Palitexte haben uns die verschiedenen nördlichen Traditionen schon jetzt an einer Anzahl von Stellen geliefert.

bens: also hat *der Erhabene* gesagt.« Und dieselbe Beichtliturgie charakterisiert Mönche, die sieh zu Irrlehren bekennen, dadurch, daß sie ihnen die Worte in den Mund legt: »Also verstehe ich die Lehre, die der *Erhabene* verkündet hat«, usw. Überall wird als Quelle der Wahrheit und des heiligen Lebens nicht eine unpersönliche Offenbarung, auch nicht das eigene Denken, sondern die Person, das Wort des Meisters, des Erhabenen, des Buddha anerkannt.

Und diesen Meister betrachtet man nicht als einen Weisen jener Vorzeit, bei deren Bemessung die indische Phantasie so gern mit den ungeheuersten Zeiträumen zu spielen pflegt, sondern man weiß von ihm als von einem Menschen, der in nicht ferner Vergangenheit gelebt hat. Von seinem Tod bis zum Konzil der siebenhundert Ältesten zu Vesali (um 380 v. Chr.) rechnet man ein Jahrhundert, und es scheint mir ausgemacht, daß die große Hauptmasse der heiligen Texte, in welchen von Anfang bis zu Ende seine Person und seine Lehre im Mittelpunkt steht, in denen von seinem Leben und Tod erzählt wird, noch vor dieser Gemeindeversammlung verfaßt worden ist; die ältesten Bestandteile dieser Texte, wie das eben erwähnte Beichtformular, gehören sogar aller Wahrscheinlichkeit nach eher dem Anfang als dem Ende dieses ersten Jahrhunderts nach Buddhas Tod an. Die Zeit also, welche die zu vernehmenden Zeugen von den Ereignissen trennt, über die sie auszusagen behaupten, ist kurz genug; sie ist nicht viel länger, vielleicht überhaupt nicht länger, als die Zwischenzeit zwischen dem Tod Jesu und der Abfassung unserer Evangelien. Ist es glaublich, daß während eines solchen Zeitraums in der Gemeinde Buddhas die echte Erinnerung an sein Leben durch das auf seine Person übertragene Sagengedicht vom Sonnenhelden mehr oder minder verdrängt werden konnte? Verdrängt unter einer Genossenschaft von Asketen, in deren Ideenkreise, nach dem Zeugnis der Literatur, die sie uns hinterlassen haben, eher alles andere lebendige Geltung hatte, als jene Naturmythen?

Oder sehen die Umgebungen, in welche die heiligen Texte die Person Buddhas hineinstellen, irgend nach einer Welt mythischer Dichtungen aus? Die Palibücher – diesem Eindruck wird sich ein vorurteilsfreier Leser schwerlich entziehen können – geben eine sehr konkrete Vorstellung von dem Treiben der geistlichen Kreise Indiens in der Periode, in welche Buddha hineingehört; wir erfahren die anschaulichsten Details von den heiligen Männern, die bald für sich allein, bald zu Gemeinden zusammengeschart, mit und ohne Organisation, die einen tiefer, die anderen flacher dem Volke Heil und Erlösung verkündeten. Und inmitten dieser durchaus den Stempel irdischer Realität tragenden Schilderungen erscheinen speziell eine oder zwei Figuren, bei denen wir über ausnahmsweise günstige Mittel verfügen, um über ihre Geschichtlichkeit oder Ungeschichtlichkeit urteilen zu können. Als Zeitgenossen Buddhas werden stehend sechs große Lehrer genannt, für die Buddhisten natürlich gefährliche Irrlehrer, die Häupter von sechs andersgläubigen Sekten. Einen von ihnen, den *Nataputta,* finden wir, nach *Bühlers* und *Jacobis* schöner Entdeckung, in den Texten der noch heute in Indien zahlreich vertretenen Jainasekte als den Begründer und Heiland dieser Sekte wieder; er nimmt bei ihr eine Stellung ein genau derjenigen analog, die von den Buddhisten Buddha beigelegt wird. Für diesen Nataputta also und seine Gemeinde besitzen wir zwei Reihen von Zeugnissen, die seiner eigenen Anhänger, für welche er der Heilige, der Erleuchtete, der Überwinder (Jina), der Buddha ist – auch diesen letzten Ausdruck brauchen die Texte der Jainas –, und andererseits die Angaben der Buddhisten, die ihn als irrlehrerisches Asketenhaupt betrachten. Abgesehen nun von kleinen Ungenauigkeiten oder Entstellungen auf seiten der buddhistischen Berichte, wie man sie nicht anders erwarten kann, bestätigen hier die Traditionen der Jainas und der Buddhisten einander in der schlagendsten Weise[1]. So in bezug auf eine Reihe von Punkten der jainistischen Dogmatik;

1. Dies hat eingehend *Bühler* gezeigt (Almanach der Kaiserlichen Akademie der Wissenschaften, Wien 1887, S. 246 ff.), dem ich mich hier nur durchaus anschließen kann; vgl. auch *Jacobi,* Sacred Books XXII, p. XVI fg.; XLV, p. XV f. Zu den kleinen Inkorrektheiten der buddhistischen Angaben, beispielsweise in bezug auf das brahmanische Gotra-Cognomen des Nataputta, vergleiche man etwa die Fehler in der Aufzählung der vedischen Sänger bei den Buddhisten (Mahavagga VI, 35, 2).

so in betreff der Nacktheit der Jainamönche; so in der Notiz, daß Nataputta in der Stadt Vesali eine starke Anhängerschaft besessen habe. Besonders bemerkenswert ist, daß zufällig sowohl die Buddhisten wie die Jainas den Ort namhaft machen, an welchem Nataputta gestorben ist; beide nennen die Stadt Pava.

Es läßt sich hinzufügen, daß noch über einen anderen der erwähnten sechs Lehrer, den *Makkhali Gosala,* die buddhistische wie die jainistische Tradition zwei voneinander durchaus unabhängige Reihen von Notizen erhalten haben, deren Zusammentreffen in den wesentlichsten Punkten auch hier wieder an der Glaubwürdigkeit dieser Überlieferungsmassen keinen Zweifel läßt.

Solche Übereinstimmung der Zeugnisse über Personen und Umstände macht uns fühlbar, daß wir uns hier auf dem festen Boden historischer Realität bewegen. Es ist evident, daß Buddha ein Mönchshaupt war von eben dem Typus, welchem auch Nataputta, welchem Gosala angehörte, daß er in der Tracht und mit allem, was die äußere Erscheinung eines Asketen ausmachte, von Stadt zu Stadt zog, lehrte und einen Kreis von Jüngern um sich sammelte, denen er ihre Ordnungen gab, wie die Brahmanen und die anderen Mönchsgenossenschaften die ihren hatten.

So viel wenigstens dürfen wir auch im allerungünstigsten Fall als unser sicheres Wissen, so sicher wie ein Wissen von derartigen Dingen überhaupt sein kann, in Anspruch nehmen.

Aber ist hiemit das Erreichbare erschöpft? Sind inmitten der Sagenmasse, welche die Überlieferung bietet, nicht noch weitere, bestimmtere Züge von geschichtlicher Realität auffindbar, die zu jenem ersten Umriß hinzukommen ihn zu beleben?

Überlieferung von Buddhas Leben

Wir müssen, um diese Frage beantworten zu können, zunächst das Aussehen dieser Überlieferung näher betrachten.

Als Hauptsatz ist hier voranzustellen: eine *Biographie* Buddhas aus alter Zeit, aus der Zeit der heiligen Palitexte, ist nicht erhalten und hat es, wie wir mit Sicherheit sagen können, nicht gegeben. Der Begriff der Biographie war an sich dem Bewußtsein jener Zeit fremd. Das Leben eines Menschen als einheitlichen Vorwurf der literarischen Behandlung zu erfassen, dieser Gedanke, so natürlich er *uns* erscheint, war in jener Zeit noch nicht gedacht worden.

Es kam dazu, daß damals das Interesse am Leben des Meisters durchaus hinter dem auf seine Lehre gerichteten zurücktrat. Ist es doch in den Kreisen der sokratischen Schule und, wie es scheint, in denen der altchristlichen Gemeinde nicht anders ergangen. Ehe man das Leben Jesu in der Weise unserer Evangelien aufzeichnete, war, wie man anzunehmen pflegt, in den jungen Gemeinden eine Sammlung von Reden und Aussprüchen Jesu (λόγια κυριακά) verbreitet; dieser Sammlung war von eigentlich erzählendem Stoff eben nur so viel beigefügt, wie nötig war, um die Veranlassung, die äußeren Umstände, unter denen die einzelnen Reden gehalten worden, mitzuteilen. Auf historischen Pragmatismus oder auf chronologische Treue machte diese Sammlung von Reden Jesu keinen Anspruch. Ähnlich die sokratischen Denkwürdigkeiten des Xenophon. Die Art und Weise des sokratischen Wirkens wird hier an einer reichen Fülle einzelner Gespräche des Sokrates veranschaulicht. Das *Leben* des Sokrates aber hat uns weder Xenophon noch irgendeiner der alten Sokratiker mitgeteilt. Was sollte sie auch dazu bewegen? Die Gestalt des Sokrates war den Sokratikern merkwürdig durch die Worte der Weisheit, die von den Lippen des großen Sonderbaren gekommen sind, nicht durch ihre ärmlichen äußeren Lebensschicksale.

Die Entwicklung der Überlieferungen von Buddha entspricht diesen Gegenbildern so genau wie möglich. Früh hat man angefangen, die Reden, die der große Lehrer gehalten, oder wenigstens Reden in der Art und Weise, *wie* er sie gehalten, zu fixieren und in der Gemeinde zu überliefern. *Wo* und *zu wem* er jedes Wort gesagt hatte oder gesagt haben sollte, unterließ man nicht zu bemerken; das gehörte dazu die Situation konkret zu fixieren und dadurch gewissermaßen die Authentizität der betreffenden Worte Buddhas zu verbürgen. *Wann* Buddha aber so oder so geredet, danach fragte man nicht. Die Erzählungen heben an: Zu einer Zeit oder: Zu dieser Zeit verweilte der erhabene Buddha an dem und dem Orte. Für das *Wann* der Dinge hat man überhaupt in Indien nie ein rechtes Organ gehabt. Und vollends im Leben eines Asketen wie Buddha verfloß ein Jahr nach dem anderen so vollkommen gleichmäßig, daß es der Gemeinde als sehr überflüssig erscheinen mußte, zu fragen: *wann* ist dies und das geschehen, dies und das Wort gesprochen worden? – falls man überhaupt an die Möglichkeit einer solchen Frage gedacht hat.

Gewisse Ereignisse aus dem Laufe seines Wanderlebens, Begegnungen mit diesem und jenem anderen Lehrer, mit diesem und jenem weltlichen Gewalthaber waren verbunden oder verbanden sich mit der Erinnerung an die eine und die andere wirkliche oder erfundene Rede; vor allem die Anfangsstadien seiner öffentlichen Laufbahn, die Bekehrung seiner ersten Jünger, und dann wieder das Ende, seine Abschiedsreden von den Seinen und sein Tod standen erklärlicherweise im Vordergrund dieser Erinnerungen. So hatte man biographische Fragmente, aber eine Biographie ist erst in viel späterer Zeit aus ihnen geformt worden.

Verhältnismäßig spärlich finden sich in den älteren Quellen Nachrichten vom Jugendleben Buddhas, von der Zeit vor dem Beginn seiner Lehrwirksamkeit oder, um mit den Indern zu reden, der Zeit vor Erlangung der Buddhaschaft, als er das erlösende Wissen, das ihn zum Lehrer der Götter- und Menschenwelt machte, noch nicht besaß, sondern suchte. Immerhin fehlen Erzählungen auch aus diesen Zeiten – gleichviel ob geschichtlichen oder legendarischen Inhalts – nicht ganz. So drei poetische Abschnitte in der alten Dichtungssammlung Suttanipata: vom Besuch des weisen Asita beim Buddhakind, dessen künftige Herrlichkeit er prophezeit, sodann vom Fortziehen des Jünglings aus der Heimat und seiner Begegnung mit dem König des Magadhalandes, endlich eine Versuchungsgeschichte. Daß wir doch im ganzen von diesen früheren Zeiten wenig hören, ist erklärlich. Das Interesse der Gemeinde haftete nicht so sehr an der irdischen Person des Kindes und Jünglings aus dem Haus der Sakya, als an der Person des »erhabenen, heiligen, universalen Buddha«. Man wollte wissen, was er geredet von dem Zeitpunkt an, wo er zum Buddha geworden war; dahinter trat jedes andere Interesse, selbst das Interesse an seinem Kampf um die Buddhaschaft zurück. Erst spätere Jahrhunderte, die in ganz anderem Maßstab als die alte Zeit die Geschichte Buddhas mit Wundern über Wunder ausgestattet haben, wandten sich mit besonderer Vorliebe dazu, die Gestalt des gebenedeiten Kindes mit den ausschweifendsten Schöpfungen einer schrankenlosen Phantasie zu umgeben.

Daß auch die ältere, in den heiligen Palitexten enthaltene Überlieferung von sagenhaften Elementen nicht frei ist, liegt schon in dem bisher Gesagten und versteht sich in der Tat von selbst.

Eine Hauptgruppe dieser Elemente beruht auf dem natürlichen Bedürfnis des gläubigen Bewußtseins, das irdische Erscheinen des Welterlösers auch äußerlich als ein Ereignis von unvergleichlichem Gewicht gekennzeichnet zu sehen. Für den Inder, der bei den kleinsten Vorfällen des eigenen täglichen Lebens gewohnt war und ist, allen begleitenden Zeichen die größte Aufmerksamkeit zuzuwenden, wäre es eine unmögliche Vorstellung gewesen, daß nicht schon die Empfängnis des erhabenen, heiligen, universalen Buddha von den gewaltigsten Zeichen und Wundern hätte angekündigt, gleichsam vom ganzen Universum hätte mitgefeiert sein sollen. Ein unermeßlicher Lichtglanz dringt durch das All; die Welten erbeben; die vier Gottheiten, welche die vier Himmelsgegenden in ihrer Obhut halten, kommen herbei, um über der schwangeren Mutter zu wachen. Ebenso ist die Geburt von Wundern begleitet. Die Brahmanen besaßen Aufzählungen der körperlichen Zeichen, die dem Menschen Glück und Unglück bedeuten; das Buddhakind muß selbstverständlich alle heilverkündenden Zeichen in höchster Vollendung an sich tragen, in derselben Vollendung, wie ein weltbeherrschender Monarch. Die Zeichendeuter sagen: »wenn er ein weltliches Leben wählt, wird er zum Weltbeherrscher; entsagt er der Welt, wird er zum Buddha.«

Wir brauchen die legendarischen Züge dieser Art nicht zu häufen; ihr Charakter kann kaum mißverstanden werden. Wie es sich für das Bewußtsein der Christengemeinde von selbst verstand, daß alle Macht und Herrlichkeit, welche die Propheten des Alten Testaments besessen, in erhöhtem Glanz der Person Jesu beigewohnt haben mußte, so legten die Buddhisten alle Wunder und Vollkommenheiten, die nach indischer Vorstellung den gewaltigsten Helden und Weisen zukommen, dem Stifter ihrer Gemeinde bei. Unter den Grundlagen aber, auf denen die indischen Anschauungen über die Eigenschaften eines allgewaltigen Helden und Weltüberwinders beruhen, fehlt selbstverständlich nicht der alte, in seiner ursprünglichen Bedeutung längst unverständlich gewordene Naturmythos; und so kann es nicht überraschen, wenn mancher der Züge, die im Kreis der Gläubigen zur Verherrlichung Buddhas erzählt wurden, zuletzt, durch manche Vermittlung hindurch, in der Tat mit dem zusammenhängt, was lange zuvor unter den Hirten und Bauern der vedischen Zeit, ja vielleicht in fernen Jahrhunderten oder Jahrtausenden vor der vedischen Zeit von den göttlichen Helden der Naturmythen, den strahlenden Vorbildern alles irdischen Heldentums gesungen und gesagt worden war. Hier treffen wir auf ein wichtiges Element des Richtigen, welches der Theorie Senarts vom solarischen Buddhaheros nicht abgesprochen werden darf[1].

Bei einer zweiten Gruppe legendarischer Züge kann es zum Teil schon zweifelhaft sein, ob wir in ihnen nicht geschichtliche Erinnerung besitzen. Flossen die bisher erwähnten Elemente der Tradition aus dem allgemeinen Glauben an Buddhas allüberragende Macht und Herrlichkeit, so wurzeln die bei weitem her-

1. In dem eben Gesagten liegt, wie ich mich zu dem von Senart (in seinem »Essai sur la légende du Buddha«, S. XXVIII f.) angewandten Schlußverfahren stelle: *ein* Zug der Legende, der in irgend einer Quelle erscheint, beweise auch für das Dasein aller übrigen, denn alle hängen zusammen, indem sie eine Einheit bilden, die älter ist als der Buddhismus. Ich meine, daß die von Senart mit dem ihm eigenen bewundernswert reichen Wissen gesammelten Materialien uns kaum von etwas anderem überzeugen können als davon, daß die buddhistische Legende an vielen Stellen immer aus denselben Vorräten der alten populären Vorstellungen schöpft: wo es dann vollkommen natürlich ist, daß die Züge, welche bei den Buddhisten zusammen auftreten, schon in alter Affinität zueinander stehen.

vortretenderen Züge, von denen ich jetzt spreche, teils in den speziellen theologischen Prädikaten, welche die buddhistische Spekulation dem Heiligen, Erkennenden, Erlösten beilegte, teils in den äußeren Vorkommnissen, die im Leben der indischen Asketen gang und gäbe waren und mithin nach einem Schluß, wie er jeder Legende so natürlich ist, auch im Leben Buddhas, des idealen Asketen, nicht gefehlt haben dürfen.

Was den Buddha zum Buddha macht, ist, wie der Name sagt, sein Erkennen. Dies Erkennen besitzt er nicht, wie etwa Christus, vermöge einer alles Menschliche überragenden metaphysischen Hoheit seines Wesens, sondern er hat es erworben, bestimmter ausgedrückt, erkämpft. Der Buddha ist zugleich der Jina, d. h. der Überwinder. Der Geschichte des Buddha muß deshalb die Geschichte des Kampfes um die Buddhaschaft vorangehen.

Als er im Begriff ist, die erlösende Erkenntnis, der all sein Ringen gilt, zu ergreifen, tritt Mara zu ihm, um ihn mit versuchenden Worten vom Weg des Heils abzulenken. Vergeblich. Buddha erlangt das seligmachende Wissen und die höchste Heiligkeit.

Was ist für die Vorstellung der alten Gemeinde an dem betreffenden Vorgang das Wesentliche? Durchaus nur dies, daß Buddha, unter einem Baume sitzend[1], durch eine Reihe von Versenkungszuständen hindurchgehend, in den drei Nachtwachen einer Nacht das dreifache heilige Wissen erlangt, daß seine Seele sich von aller Unreinheit befreit und ihm die Erlösung samt der Erkenntnis von seiner Erlösung zuteil wird[2]. Diese rein theologi-

1. An den meisten Stellen wird der Baum übrigens nicht ausdrücklich erwähnt. Im Ariyapariyesanasutta (s. nächste Anmerkung) ist ganz allgemein die Rede davon, daß Buddha bei Uruvela eine liebliche Stätte gefunden habe, ein anmutiges Gehölz und einen schönen Fluß; dort habe er sich niedergesetzt und die Erlösung erlangt.

2. Man vergleiche Vinaya Pitaka vol. III, p. 4 f. und mehrere Suttas des Majjhima Nikaya, so das Bhayabheravasutta (Nr. 4), das Dvedhavitakkas. (Nr. 19), das Ariyapariyesanasutta (Nr. 26), das Mahasaccakasutta (Nr. 36) u. a. m., s. auch Buddhavamsa II, 63–65: dazu ferner die analogen Erzählungen über die Erlangung der Erlösung durch Jünger und Jüngerinnen, wie Theragatha 626 ff., Therigatha 172 ff. Auch das nordbuddhistische Mahavastu erzählt an einer Stelle (vol. II, p. 131–133, vgl. ZDMG. 52, 667; an anderen Stellen allerdings anders) die Erlangung der Buddhaschaft ohne den Kampf gegen Mara.

schen Elemente der Erzählung überwiegen in alter Zeit an Wichtigkeit den Kampf gegen Mara bei weitem; wo in den heiligen Palitexten die Erlangung der Buddhaschaft erzählt wird, ist nirgends oder fast nirgends von Mara die Rede.

Soviel ich sehe, kann es sich nur um *eine* Ausnahme handeln. In einem Gedicht des Suttanipata wird erzählt, wie Mara mit verführerischem Wort den nach der Erlösung Strebenden – noch hat er diese nicht erlangt – zum weltlichen Leben zurückzuführen sucht. Aber jener wankt nicht; »Ich gehe aus zum Kampf gegen Mara und sein Heer; er soll mich nicht von meiner Stelle weichen machen. Sein Heer, dem die ganze Welt samt den Göttern nicht obsiegen kann, vernichte ich.« Und Mara sieht, daß kein Angriff die Felsenfestigkeit seines Gegners erschüttern kann; unwillig macht er sich davon. Ich erwähne hier noch einen anderen Text, in welchem Mara, *nachdem* Buddha die Buddhaschaft erlangt hat, ihn unter dem Ajapalabaum versucht; hier wird auch von Versucherinnen erzählt, die, als der Versucher selbst schon alles verloren gegeben hat, den Kampf von neuem aufnehmen: die Töchter Maras, mit Namen Begier, Unruhe, Verlangen. Buddha bleibt unentwegt in seiner seligen Ruhe.

Dies die schmucklosen Vorstellungen der alten Gemeinde. Die einfachen Gedanken, aus denen sie sich herausgebildet haben, liegen, scheint es, klar zutage. Können sie uns verdunkelt werden durch das Zaubermärchen, in welches der groteske Geschmack späterer Zeiten die alte Erzählung verwandelt hat? Buddha setzt sich unter dem Baum der Erkenntnis nieder mit dem festen Entschluß, nicht aufzustehen, bis er die erlösende Erkenntnis errungen. Da naht Mara mit seinen Heerscharen; die Dämonenmassen dringen mit feurigen Waffen, unter dem Wirbel von Orkanen, Finsternissen, niederströmenden Wasserfluten auf Buddha ein, ihn vom Baum zu vertreiben. Buddha hält unbewegt stand. Endlich fliehen die Dämonen.

Wir wissen von Buddhas Heimat und von dem Geschlecht, aus dem er stammte. Wir wissen von seinen Eltern, von dem frühen Tod seiner Mutter, von deren Schwester, die den Knaben aufgezogen hat. Wir kennen eine Anzahl weiterer Angaben ähnlicher Art, die sich auf die verschiedenen Teile seines Lebens erstrecken, wie wir ähnliche Angaben über seinen Nebenbuhler Nataputta (S. 17) besitzen, welche gegenüber den auf ihn selbst bezüglichen in einer durchaus Vertrauen erweckenden Weise differieren. Es wäre ja auch selbst auf indischem Boden undenkbar, daß die Gemeinde, die sich nach dem Namen des Sakyasohnes nannte, ein Jahrhundert nach seinem Tod nicht mehr, wenn auch von tausend Legenden eingehüllt, die korrekte Erinnerung an die wichtigsten Namen der Personen um Buddha herum und an gewisse äußere Grundtatsachen seines Lebens bewahrt haben sollte. Wer hielte für möglich, daß unter den jungen Christengemeinden des ersten Jahrhunderts die Kunde von Maria und Joseph, von Petrus und Johannes, von Judas und Pilatus, von Nazareth und Golgatha hätte verloren gehen oder durch Erfindungen verdrängt werden können? Hier wenn irgendwo gilt es, einfache Facta einfach hinzunehmen.

Oder irren wir und ist die Kritik in ihrem Recht, die auch hier argen Trug enthüllt? Muß nicht schon der Name von Buddhas Vaterstadt, *Kapilavatthu,* Verdacht erregen? Die Stätte des Kapila, des mythischen Weisen, des Begründers der Sankhyalehre? Wie sollte man nicht in einem solchen Namen mythologische, allegorische, literarhistorische Geheimnisse suchen und finden?

Mir sind die Zeugnisse der Überlieferung für die einstige tatsächliche Existenz dieser Stadt auch vor den epochemachenden Untersuchungen *Waddells* und dem glücklichen Fund *Führers* (1896) nie als ungenügend erschienen. Kann es etwas Unverfänglicheres geben, als wenn das alte Gedicht im Suttanipata die Reiseroute wandernder Brahmanen beschreibt, die von Kosambi nach Saketa, dann nach Savatthi, nach Setabya, nach *Kapilavatthu* und weiter nach Kusinara, Pava, Vesali ziehen? Die chinesischen Pilger, die im fünften und siebten Jahrhundert n. Chr. Indien bereisten, sahen die Ruinen von Kapilavatthu. Und auf Grund der Mitteilungen, welche diese Chinesen über ihre Reiseroute hinterlassen haben – sie stehen mit den gelegentlichen direkten Angaben und indirekten Andeutungen der heiligen

Palibücher über die Lage der betreffenden Örtlichkeiten im besten Einklang – wurde bei dem nepalesischen Dorf Paderia (zwei englische Meilen nördlich von der Bezirksstadt Bhagvanpur) die von dem Pilger Hiuen Thsang gesehene Säule wiedergefunden, welche König Asoka (um die Mitte des dritten vorchristlichen Jahrhunderts) im Lumbinihain, an der Geburtsstätte Buddhas errichtet hat, »sagend«, heißt es in der jetzt aufgedeckten Inschrift jener Säule, »hier ist Buddha, der Weise aus dem Sakyageschlecht geboren ... Er hat eine Steinsäule errichtet, welche verkündet: hier ist der Erhabene geboren«. Einige Meilen nordwestlich von dieser Stelle, zu Piprava, wurde dann in einem aus Ziegeln erbauten Reliquienmonument eine Urne gefunden, die nach der Inschrift, die sie trägt, »ein Reliquienbehälter des erhabenen Buddha vom Geschlecht der Sakyas« ist. Wird man, wo Asoka selbst als Zeuge auftritt, noch daran zweifeln, daß hier das Herrschaftsgebiet der Sakyas in Wahrheit und Wirklichkeit gelegen hat?

Wie Kapilavatthu, so ist auch Buddhas Mutter Maya (d. h. »Wundermacht«) durch ihren vielsagenden Namen für die Kritik bedeutsam geworden. Für Senart ist Maya, die wenige Tage nach der Geburt ihres Sohnes stirbt, der Morgendunst, der vor den Strahlen der Sonne verschwindet: aber wie zahllosen irdischen Müttern – die des Nataputta war glücklicher – hat die Geburt eines Kindes das Leben gekostet! Wenn andererseits Weber früher im Namen Mayas einen Bezug auf die kosmogonische Potenz der Maya in der Sankhyaphilosophie hatte erkennen wollen, so hat er selbst später diese Ansicht zurückgezogen und daran erinnert, daß der Begriff der Maya nicht der Sankhyalehre, sondern dem Vedantasystem zugehört; man kann hinzufügen, daß den altbuddhistischen Texten überhaupt der philosophisch-mystische Begriff der Maya gänzlich fremd ist, also auch kaum solchem Begriff zuliebe der Name für Buddhas Mutter erfunden sein kann.

Ich muß bekennen, daß ich zu der Überlieferung größeres Vertrauen habe. Ich glaube, daß Buddha seine Jugend wirklich in einer Stadt Kapilavatthu verlebt hat, und daß die heiligen Texte seine Mutter Maya nennen nicht um mythischer oder allegorischer Geheimnisse willen, sondern weil sie so hieß.

Treten wir nun nach diesen Erörterungen über den Wert der Überlieferung an die Darstellung der Lebensgeschichte Buddhas selbst heran.

Buddhas Jugend und Erleuchtung

Im Land und im Geschlecht der *Sakya* (»der Gewaltigen«) wurde etwa um die Mitte des sechsten Jahrhunderts v. Chr. der adlige Knabe *Siddhattha* geboren. Bekannter als dieser Name, den er im häuslichen Kreis geführt zu haben scheint, sind andere Benennungen geworden. Als predigend durch Indien ziehender Mönch hieß er seinen Zeitgenossen »der Asket *Gotama*« – diesen Beinamen hatten die Sakya nach der Sitte indischer Adelshäuser von einem der altvedischen Sängergeschlechter entlehnt –; uns ist kein anderer Name für diesen berühmtesten aller Inder gleich geläufig, wie der Name *Buddha,* d. h. »der Erwachte, der Erkennende«: kein Eigenname, sondern die Bezeichnung, mit welcher die Sprache der Gläubigen seine dogmatische Würde als Überwinder des Irrtums, als Erkenner der erlösenden Wahrheit ausgedrückt hat. So ist auch der mit Buddha gleichzeitige Nataputta, der Begründer der Jainagemeinde, und vermutlich noch mancher andere unter den Sektenstiftern des damaligen Indien von seinen Anhängern, neben ähnlichen Beinamen, mit dem eines *Buddha* bezeichnet worden. – Die Benennung Gotama Buddhas als *Sakyamuni* »der Weise aus dem Sakyageschlecht« gehört der poetischen Redeweise an; in der ältesten Literatur erscheint sie ganz selten.

Wir können das Heimatland Buddhas auf der Karte von Indien mit hinreichender Genauigkeit bestimmen.

Zwischen den nepalesischen Vorhöhen des Himalaya und dem mittleren Lauf der Rapti, die den nordöstlichen Teil des Reiches Oudh durchströmt, erstreckt sich, teils zu Nepal, teils zu den Distrikten Basti und Gorakhpur gehörig, ein etwa dreißig (englische) Meilen breiter Strich ebenen Landes. Im Norden, gegen die Berge hin, gehört er dem Terai an, jenem mächtigen Streifen wasserreicher Waldniederungen, welche die Abhänge des Gebirges umgürten: zwischen dem Dschungel gibt es viel fruchtbares Land voll fischreicher Seen, durchströmt von zahlreichen zu Überschwemmungen neigenden Flüßchen. Dort lag das nicht eben umfangreiche Gebiet, in dem die Herrschaft und der Grund und Boden den Sakya gehörte. Im Osten grenzte die Rohini ihr Land gegen die Nachbarn ab; noch heute hat dieser Fluß denselben Namen bewahrt, den er vor mehr als zweitausend Jahren trug. Im Westen und Süden mag die Herrschaft der Sakya ganz oder nahezu bis an die Rapti gereicht haben.

Kaum irgendwo ist das Aussehen eines Landes so vollständig vom Tun und Lassen seiner Bewohner abhängig, wie in diesen dem Himalaya benachbarten Teilen Indiens. Das Gebirge entsendet Jahr für Jahr unerschöpfliche Wassermassen; ob zum Segen oder zum Verderb des Landes, kommt allein auf die menschliche Tätigkeit an. Gegenden, die in Zeiten von Unruhen und Mißwirtschaft eine sumpfige Wildnis, die Heimat pestilenzialischer Miasmen sind, können sich durch wenige Jahrzehnte geordneten, sicheren Fleißes in Stätten reich gedeihender Kultur verwandeln und kehren, wenn sich jene Ursachen des Verfalls von neuem einstellen, noch schneller zum Zustand der Wildnis zurück.

In den Zeiten der Sakyaherrschaft muß das Land hochkultiviert gewesen sein. Zwischen Hochwäldern von Salbäumen dehnte sich der eintönige Reichtum gelber Reisfelder aus; der Reisbau, den die buddhistischen Texte hier erwähnen[1], bildet heute wie in alter Zeit die Hauptkultur dieses Landes, da auf dem vortrefflichen Boden der tief gelegenen Ebenen das Wasser der Regenzeit und der Überschwemmungen lange stehen bleibt und die sonst für den Reisbau unentbehrliche, äußerst mühsame künstliche Bewässerung zum großen Teil überflüssig macht. Zwischen den Reisfel-

1. Unter anderem deutet auf die Wichtigkeit des Reises im Dasein der Sakya der Name von Buddhas Vater »Reinreismus« hin, ebenso die allerdings offenbar fingierten Namen seiner vier Brüder, die alle mit »Reismus« zusammengesetzt sind.

dern dürfen wir uns in der Sakyazeit wie heute hier und dort Dörfer vorstellen, verdeckt von dem reichen dunkelgrünen Laub der Mangopflanzungen und Tamarinden, die den Dorfteich umgeben. Die Hauptstadt *Kapilavatthu* kann kaum bedeutend gewesen sein, wenn auch in einem alten buddhistischen Dialog von ihr als einem reich bevölkerten Ort die Rede ist, in dessen engen Gassen sich Elefanten, Wagen, Pferde und Menschen drängten. Die Stadt lag im nördlichen Teil des Sakyalandes, auf heute nepalesischem, von den Sumpfwäldern des Terai (S.28) bedeckten Gebiet, nahe den dunklen Bergen Nepals, über deren niedrigerer Kette sich die himmelhohen Schneegipfel des Himalaya erheben.

Der Staat der Sakya war einer jener aristokratisch regierten Kleinstaaten, von denen sich eine Anzahl an den Grenzen der größeren indischen Monarchien erhalten hatte; wir dürfen uns die Sakya etwa als die Vorläufer solcher Rajputenfamilien vorstellen, wie sie sich vielfach auch in neuer Zeit gegen die benachbarten Rajas mit bewaffneten Banden erfolgreich in ihrem Besitz behauptet haben. Von jenen größeren Monarchien stand zu den Sakya in nächster Beziehung das im Westen und Süden ihnen benachbarte mächtige Kosalareich (etwa dem heutigen Oudh entsprechend). Die Sakya betrachteten sich selbst als Kosalas, als Abkömmlinge von Kindern des sagenberühmten Königs Okkaka (Ikshvaku), die durch Haremsintrigen nach dem Gebirge hin vertrieben sein sollten. Die Kosalakönige nahmen gewisse Rechte, wenn auch vielleicht nur Ehrenrechte, über die Sakya in Anspruch; später sollen jene das Sakyaland ganz in ihre Gewalt gebracht und das Sakyageschlecht vernichtet haben[1].

1. Der Kosalakönig, dem diese Tat zugeschrieben wird, ist Vidudabha, der Sohn von Buddhas Zeitgenossen und Verehrer Pasenadi. Wenn jüngere Legenden die Sakya noch zu Buddhas Lebzeiten untergehen lassen, so wird dies, soviel ich weiß, durch kein vollgültiges Zeugnis der heiligen Palitexte bestätigt: denn das Apadana, das Buddha von Kopfschmerzen befallen werden läßt, »als die Sakyas getötet wurden, als Vidudabha sie schlug«, scheint den jüngsten Elementen des Palikanon zuzugehören. Die Geschichte von Buddhas Reliquien (am Ende des Mahaparinibbana Sutta) läßt sich doch nur gezwungen mit der Annahme vereinen, daß die Sakyaherrschaft vor Buddhas Tod ihr Ende fand.

Wenn aber an politischer Macht die Sakya unter ihren Nachbarn nur eine geringe Stelle einnahmen, war der hochfahrende Sinn, der in ihrem alten Geschlecht herrschte, der »Sakyastolz« sprichwörtlich; Brahmanen, die in das Rathaus der Sakya gekommen waren, wußten davon zu sagen, wie wenig der Übermut dieser weltlichen Herren von den Ansprüchen der geistlichen Würde Notiz zu nehmen geneigt war. Auch vom Reichtum der Sakya sprechen unsere Quellen häufig[1]; sie reden von ihnen als einem »mit Gedeihen und großem Genießen gesegneten Geschlecht« und gedenken des Goldes, das sie besitzen, und dessen, das der Boden ihres Reiches birgt. Die Hauptquelle ihres Reichtums war ohne Zweifel die Reiskultur; auch die kommerzielle Position ihres Landes, das zur Vermittlung zwischen dem Berggebiet und den Ländern der Gangesebene wie geschaffen war, wird nicht ungenutzt geblieben sein.

Eine weitverbreitete Tradition läßt Buddha einen Königssohn sein. An der Spitze jenes aristokratischen Gemeinwesens stand allerdings ein, wir wissen nicht nach welchen Normen bestelltes Oberhaupt mit königlichem Titel, der hier wohl kaum mehr als die Stellung eines *primus inter pares* bedeutet haben wird. Die Vorstellung aber, daß Buddhas Vater Suddhodana diese Königswürde besessen habe, ist der ältesten Gestalt, in welcher die Traditionen über die Familie uns vorliegen, durchaus fremd; vielmehr haben wir uns in Suddhodana nicht mehr und nicht weniger zu denken als einen der großen, adeligen Grundbesitzer vom Sakyastamm, den erst jüngere Texte in den »großen König Suddhodana« verwandelt haben, ganz so wie bei den Jainas der Vater des Begründers dieser Sekte, offenbar ein Mann von ähnlicher Stellung wie Buddhas Vater, später zu einem großen Monarchen gemacht worden ist.

1. Es darf übrigens nicht verschwiegen werden, daß der Wert dieser Angaben fraglich ist; da es sich darum handelte, Buddhas Trennung von seinem Geschlecht als ein, weltlich angesehen, übergroßes Opfer darzustellen, mußten die Reichtümer, die er aufgab, mit möglichst starken Farben geschildert werden. Ähnliches findet sich in der Biographie des Nataputta, des Stifters der Jainasekte.

Die Mutter des Kindes Siddhattha, die gleichfalls dem Sakyageschlecht angehörige Maya, starb früh, wie es heißt, sieben Tage nach der Geburt des Knaben; ihre Schwester Mahapajapati, eine zweite Gattin des Suddhodana, hat Mutterstelle an ihm vertreten.

Die traditionelle Erzählung läßt, gewiß der Wahrheit gemäß, den jungen Adeligen seine Jugend in Kapilavatthu verleben.

Wir wissen kaum etwas von seiner Kindheit. Ein Stiefbruder und eine um ihrer Schönheit willen gefeierte Stiefschwester, Kinder der Mahapajapati, werden erwähnt; wie weit sie im Alter von ihrem Bruder entfernt waren, ist nicht bekannt.

Die adelige Erziehung des damaligen Indien hatte allem Anschein nach viel mehr kriegerische Leibesübungen als die Weisheit des Veda zum Gegenstand; vedische Gelehrsamkeit haben die Buddhisten ihrem Meister nie nachgesagt.

Bei der reichen und vornehmen Jugend jener Zeit gehörte es zum Komfort standesgemäßer Existenz, drei Paläste zu besitzen, die darauf eingerichtet waren, entsprechend dem Wechsel von Winter, Sommer und Regenzeit abwechselnd bewohnt zu werden. Die Tradition läßt auch den künftigen Buddha seine Jünglingsjahre in drei solchen Palästen zubringen, ein Leben, dessen Hintergrund dieselbe Szenerie war, deren Pracht unverändert damals wie heute die Wohnungen der indischen Großen umgab: schattige Gärten mit Lotusteichen, auf denen schwimmenden Blumenbeeten gleich die leichtbewegten bunten Lotusblüten im Sonnenglanz strahlen und abends weithin ihre Düfte verbreiten, und außerhalb der Stadt die Parkanlagen, nach welchen die Ausfahrten oder die Elefantenritte sich richten, wo vom Geräusch der Stadt entfernt unter dem Schattendach hoher, dichtbelaubter Mangos, Pippalas und Salbäume Ruhe und Einsamkeit den Kommenden empfängt.

Wir hören, daß der künftige Buddha vermählt war; einer der jüngeren Texte des Palikanon nennt den Namen seiner Gattin, Bhaddakacca, und läßt annehmen, daß sie seine einzige legitime Gemahlin gewesen ist. Ein Sohn aus dieser Ehe, Rahula, ist später ein Glied des geistlichen Ordens geworden. Wir dürfen diese Angaben um so viel weniger für erfunden halten, je beiläufiger sie in der älteren Tradition auftreten, ohne daß die Person Rahulas oder seiner Mutter für irgend einen didaktischen Zweck oder für die Herbeiführung pathetischer Situationen ausgenutzt wird. Bedenkt man, welche Rolle die Pflicht strenger Keuschheit in der ethischen Anschauung und in der Ordensregel der Buddhisten spielt, so wird man einsehen, daß, wenn hier nicht Tatsachen, sondern willkürliche Erfindungen vorlägen, es vielmehr die Tendenz der Geschichtenschmiede hätte sein müssen, eine wirklich vorhandene Ehe des künftigen Buddha zu verschleiern, als eine, die nicht vorhanden war, zu erfinden.

Mit diesen spärlichen Zügen ist alles erschöpft, was von Buddhas Jugendleben glaublich überliefert ist. Wir müssen darauf verzichten, die Frage aufzuwerfen, von welcher Seite und in welcher Form die ersten Keime der Gedanken in seine Seele gelegt worden sind, welche ihn getrieben haben, die Heimat mit der Fremde, den Überfluß seiner Paläste mit der Armut eines Bettelmönchs zu vertauschen. Wohl läßt es sich verstehen, daß gerade in dem schwülen Einerlei der tatenlosen Ruhe und des satten Genießens über eine ernste und kraftvolle Natur eine Stimmung der Ruhelosigkeit kommen konnte, der Durst nach einem Wagen und Kämpfen um höchste Preise, und die Verzweiflung daran, in der nichtigen Welt unersprießlichen Genusses Stillung für diesen Durst nicht zu finden. Wer will etwas davon wissen, in welche Gestalt sich diese Gedanken im Geist des Jünglings gekleidet haben, und wie etwa in diese inneren Vorgänge eingreifend von außen her der durch jene Zeit gehende Zug, der Männer und Frauen von ihrem Haus hinweg dem Mönchsleben zuführte, zu ihm gedrungen sein mag?

Wir haben in einem der kanonischen Texte[1] eine Darstellung, die in schlichter Einfachheit zeigt, wie sich die alte Gemeinde das Lebendigwerden der Grundprobleme ihres Glaubens in der Seele des Meisters vorgestellt hat.

1. Anguttara Nikaya vol. I, p. 145 f.

Buddha redet zu den Jüngern von seiner Jugendzeit, und nachdem er von dem Überfluß gesprochen, der ihn in seinen Palästen umgab, fährt er fort:

»Mit solchem Reichtum, ihr Jünger, war ich begabt, in solch übergroßer Herrlichkeit lebte ich. Da erwachte in mir dieser Gedanke: ›Ein unwissender Alltagsmensch, ob er gleich selbst dem Altern unterworfen und von des Alters Macht nicht frei ist, fühlt Abscheu, Widerwillen und Ekel, wenn er einen anderen im Alter sieht: der Abscheu, den er da fühlt, kehrt sich gegen ihn selbst. Auch ich bin dem Altern unterworfen und von des Alters Macht nicht frei. Sollte auch ich, der ich dem Altern unterworfen und von des Alters Macht nicht frei bin, Abscheu, Widerwillen und Ekel fühlen, wenn ich einen anderen im Alter sehe? Das käme mir nicht zu.‹ Indem ich, ihr Jünger, also bei mir dachte, ging mir aller Jugendmut, der der Jugend innewohnt, unter. – ›Ein unwissender Alltagsmensch, ob er gleich selbst der Krankheit unterworfen und von der Krankheit Macht nicht frei ist‹«, *und so fort – es folgt dieselbe Gedankenreihe, die eben über Alter und Jugend gegeben war, jetzt in bezug auf Krankheit und Gesundheit, sodann in bezug auf Tod und Leben.* »Indem ich, ihr Jünger,« schließt die Stelle, »also bei mir dachte, ging in mir aller Lebensmut, der dem Leben innewohnt, unter.«

Wie es scheint, tritt erst auf einer jüngeren Stufe der Überlieferung der Versuch auf, in konkreten Erlebnissen des Jünglings zu veranschaulichen, wie ihm, dem Lebensfrischen, Gesunden, die Gedanken an Alter, Krankheit und Tod zum erstenmal und mit entscheidender Gewalt nahe getreten sind und wie ihn dann ein bedeutungsvolles Vorbild auf den Weg, der über die Macht alles Leidens hinwegführt, gewiesen hat. Es entstand die bekannte Erzählung[1] von den vier Ausfahrten nach den Gärten vor der Stadt, auf denen ihm die Bilder der Vergänglichkeit alles Irdischen nacheinander in der Gestalt eines hilflosen Greisen, eines schwer Kranken und eines Toten erscheinen, und ihm endlich ein Mönch

1. In bezug auf Vipassi, einen der fabelhaften Buddhas der Vergangenheit, wird sie schon im Digha Nikaya (vol. II, p. 21 f.) gegeben.

mit geschorenem Haupt im gelben Gewand begegnet, ein Bild des Friedens und der Erlösung von allem Leid der Vergänglichkeit. So bereitet diese jüngere Form der Legende die Erzählung von der Flucht aus der Heimat vor.

Als Gotama sein Haus verließ, um ein geistliches Leben zu führen, stand er, guter Überlieferung zufolge, im Alter von neunundzwanzig Jahren.

Es kann kein geringer Poet gewesen sein, unter dessen Hand die Geschichte von dieser Flucht zu dem Gedicht voll Farbenpracht geworden ist, wie wir sie in den jüngeren Legendenbüchern lesen[1].

Der Königssohn kehrt von jener Ausfahrt zurück, auf der ihm durch die Begegnung mit dem Mönch der Gedanke an das Leben seliger Entsagung nahe gebracht war. Als er seinen Wagen besteigt, wird ihm die Geburt eines Sohnes gemeldet. Er spricht: »Rahula[2] ist mir geboren, eine Fessel ist mir geschmiedet« – eine Fessel, die ihn an das heimische Dasein, aus dem er hinausstrebt, zu ketten droht. Eine Prinzessin, die auf dem Söller des Palastes steht, sieht ihn, wie er auf seinem Wagen, von strahlendem Glanz umflossen, der Stadt naht. Bei seinem Anblick bricht sie in die Worte aus: »Selig die Ruhe der Mutter, selig die Ruhe des Vaters, selig die Ruhe des Weibes, das ihn besitzt, einen solchen Gatten!« Der Jüngling hört ihr Wort und denkt bei sich: »Wohl mag sie sagen, daß im Mutterherzen, wenn sie solches Sohnes Wesen schaut, selige Ruhe einkehrt, daß im Vaterherzen und im Herzen der Gattin selige Ruhe einkehrt. Von wannen aber kommt die Ruhe, die dem Herzen Seligkeit bringt?« Und er gibt sich selbst die Antwort: »Wenn das Feuer der Lust erloschen ist, wenn das Feuer des Hasses und der Verblendung erloschen ist, wenn Hochmut, Afterweisheit und alle Sünden und Drangsal erloschen sind, dann findet das Herz selige Ruhe.«

1. Der älteste Text, der einige Züge von ihr enthält, ist das Vimanavatthu 81.
2. Bei diesem Namen scheint an Rahu gedacht, den Sonne und Mond verschlingenden (verfinsternden) Dämon.

In seinem Palast umgeben den Königssohn schöne, geschmückte Dienerinnen, die mit Musik und Tanz seine Gedanken zu zerstreuen suchen. Aber er sieht und hört nicht auf sie und versinkt bald in Schlaf. Nachts erwacht er und sieht beim Schein der Lampen jene Sängerinnen eingeschlummert, die einen im Schlaf redend, die anderen mit fließendem Mund, noch anderen ist das Gewand herabgesunken und hat widrige Gebrechen ihres Leibes entblößt. Bei diesem Anblick ist ihm, als sei er auf einem Leichenfeld voll entstellter Leichen, als stünde das Haus um ihn in Flammen. »Wehe, mich umringt Unheil«, ruft er aus, »wehe, mich umringt Bedrängnis! Jetzt ist die Zeit gekommen, den großen Gang zu gehen.« Ehe er von dannen eilt, gedenkt er seines neugeborenen Sohnes: »Ich will mein Kind sehen.« Er geht zum Gemach der Gattin, die auf blumenbestreutem Lager schlummert, die Hand über das Haupt des Kindes gebreitet. Da denkt er: »Wenn ich ihre Hand von seinem Haupt bewege, mein Kind zu erfassen, wird sie erwachen; wenn ich Buddha sein werde, dann will ich wiederkehren und nach meinem Sohn sehen.« Draußen wartet sein treues Roß Kanthaka, und so flieht der Königssohn, von keinem menschlichen Auge gesehen, von Weib und Kind und von seinem Reich fort, hinaus in die Nacht, um Frieden zu finden für seine Seele und für die Welt samt den Göttern, und hinter ihm drein zieht wie sein Schatten Mara, der Versucher, und wartet, ob ein Augenblick kommen wird, in dem ein Gedanke der Lust oder des Unrechts, der in die ringende Seele einginge, ihm Macht über den verhaßten Feind geben möchte.

Das ist Poesie, und nun höre man die schlichte Prosa, in der eine ältere Zeit von der Flucht oder vielmehr von dem Fortziehen Gotamas von seiner Heimat redete:

»Der Asket Gotama ist jung, in jungen Jahren, in blühender Jugendkraft, in der ersten Frische des Lebens von der Heimat in die Heimatlosigkeit gegangen. Der Asket Gotama hat, ob seine Eltern es gleich nicht wollten, ob sie gleich Tränen vergossen und weinten, sich Haare und Bart scheren lassen, gelbe Gewänder angetan, und ist von der Heimat in die Heimatlosigkeit gegangen.«

Oder, wie es ein anderes Mal heißt: »Eng beschränkt ist das Leben im Haus, eine Stätte der Düsternis; Freiheit ist im Verlassen des Hauses: dieweil er also dachte, verließ er sein Haus.«

Es ist nötig, über der farbenreichen Dichtung, zu welcher späte Nachfahren die Geschichte von Buddhas Fortziehen aus Kapilavatthu gestaltet haben, diese ungeschmückten Trümmer des wenigen, was eine ältere Generation von jenen Dingen wußte oder zu wissen meinte, nicht zu vergessen. –

Auf die Jugend in der Heimat folgt die Zeit des heimatlosen Wanderns, des Asketenlebens. Nur wer die Bande von Haus und Familie von sich abgelöst hat, kann das Ziel des ewigen Heils erreichen; so wollte es die Anschauung jener Zeit.

Sieben Jahre des Suchens sollen verflossen sein von dem Tag, wo Gotama seine Vaterstadt verließ, bis ihm das Bewußtsein des Gefundenhabens zuteil wurde, bis er sich als den Buddha, den Erlösten und den Lehrer der Erlösung für Götter- und Menschenwelt fühlte.

Er vertraute sich in dieser siebenjährigen Zeit zuerst nacheinander der Leitung zweier geistlicher Lehrer an, um das zu finden, was die Sprache jener Zeit »die höchste Stätte edler Ruhe« nannte, »das Unentstandene, das Nirvana, die ewige Stätte«. Der Weg, den jene Lehrer ihn führten, soll auf das schon jenem Zeitalter geläufige Hervorbringen pathologischer Zustände des Sichversenkens gerichtet gewesen sein, wie derartiges später auch im Buddhismus selbst eine sehr erhebliche Rolle gespielt hat: Zustände, in denen unter lange fortgesetzter Beobachtung gewisser Körperhaltungen der Geist sich alles bestimmten Inhalts, jedes Etwas, jeder Vorstellung und, wie hinzugefügt wird, selbst der Vorstellungslosigkeit zu entäußern meint.

Unbefriedigt verließ er dann jene Lehrer und zog im Magadhaland umher, bis er in die Gegend des Fleckens Uruvela[1] kam.

1. Der Name hat sich in dem des Dorfs Urel bei Buddha Gaya, südlich von Patna, erhalten. Der häufig erwähnte Fluß Neranjara dort heißt jetzt Phalgu.

Eine alte Erzählung legt ihm, wie er von dieser Wanderung spricht, die Worte in den Mund: »Dort dachte ich bei mir, ihr Jünger: Wahrlich dies ist ein lieblicher Fleck Erde, ein schöner Wald; klar fließt der Fluß, mit schönen Badeplätzen und lieblich; ringsum liegen Dörfer, dahin man gehen kann; hier ist gut sein für einen Edlen, der nach dem Heil strebt.« Noch heute bieten die denkwürdigen Stätten ein ähnliches Bild, wie es mit diesen Worten gezeichnet ist. Wald und Buschwerk zwar haben sich stark vermindert, doch fehlt es immerhin zwischen Feldern und Wiesen nicht an stattlichen Gruppen mächtigster Bäume. Den Fluß sah ich im Winter stark eingetrocknet in seinem breiten sandigen Bett, während er in der feuchten Zeit zu plötzlichen Überschwemmungen neigen soll. Anmutig umgeben bewaldete Hügel und Felsen den Horizont. Dort in den Wäldern von Uruvela soll Gotama lange Jahre in strengster Kasteiung gelebt haben. Einer Waldgazelle gleich, so lassen die heiligen Texte ihn später davon erzählen, ist er da herumgeirrt: »Wenn ich einen Rinderhirten sah oder einen Hirten von Kleinvieh oder einen der Gras oder Holz holte oder einen Waldarbeiter, dann stürzte ich von Wald zu Wald, von Dickicht zu Dickicht, von Tal zu Tal, von Höhe zu Höhe. Und warum? Damit sie mich nicht sähen und damit ich sie nicht sähe.« Er rauft sich Haar und Bart aus, liegt auf Dornen, läßt Schmutz und Staub seinen Leib bedecken. Er sitzt da, die Zunge gegen den Gaumen gedrückt, mit Gewalt die Gedanken »festhaltend, festpressend, festquälend«, des Augenblicks wartend, wo die überirdische Erleuchtung über ihn kommen wird. Sie kommt nicht. Er ringt nach immer vollkommenerer Entledigung von den letzten Forderungen der körperlichen Natur; er hält den Atem an, er enthält sich der Nahrung. Die alte Dichtung[1] läßt ihn sagen:

»Das rote Blut mir austrocknet;
Galle vertrocknet samt dem Schleim.
Wenn all mein Fleisch hinwegschwindet,

1. Sutta Nipata 434.

Immer heller die Seele wird,
Immer fester des Geists Wachsein
Und Weisheit und Versenkung steht.«

Fünf andere Asketen weilen in seiner Nähe; in Bewunderung für die Gewalt, mit der er seinen Kasteiungen obliegt, warten sie, ob er der ersehnten Erleuchtung teilhaftig werden wird, um dann als seine Jünger den von ihm gewiesenen Weg der Erlösung zu wandeln. Sein Leib ist von der selbstgeschaffenen Pein entstellt, aber dem Ziel fühlt er sich um nichts näher. Er sieht, daß Kasteiungen nicht zur Erleuchtung führen. So nimmt er wieder reichliche Nahrung zu sich, die alte Kraft wiederzugewinnen. Da lassen ihn die fünf Gefährten im Stich; er scheint ihnen von sich selbst abgefallen, und für ihn und von ihm scheint nichts mehr zu hoffen. So bleibt Gotama allein.

In einer Nacht, erzählen die alten Überlieferungen, war der entscheidende Augenblick gekommen, wo dem Suchenden die Gewißheit des Findens zuteil ward. Unter dem Baum sitzend, der seitdem der Baum der Erkenntnis genannt ist, ging er durch immer reinere Zustände der Selbstentäußerung seines Bewußtseins hindurch, bis das Gefühl allwissender Erleuchtung über ihn kam: in alldurchdringender Intuition meinte er die Irrwege der in die Seelenwanderung verschlungenen Geister zu erkennen, das Wissen zu besitzen von den Quellen, aus denen das Leiden der Welt fließt, und von dem Weg zur Vernichtung dieses Leidens.

»Da ich solches erkannte«, soll er von diesem Zeitpunkt gesagt haben, »und da ich solches schaute, ward meine Seele erlöst von der Verderbnis der Begier, erlöst von der Verderbnis des Werdens, erlöst von der Verderbnis des Irrglaubens, erlöst von der Verderbnis des Nichtwissens. Im Erlösten erwachte das Wissen von der Erlösung: vernichtet ist die Wiedergeburt, erfüllt der heilige Wandel, getan die Pflicht; nicht werde ich zu dieser Welt zurückkehren: also erkannte ich.«

Von diesem Zeitpunkt rechnen die Buddhisten den großen Wendepunkt in seinem Leben und im Leben der Götter- und

Menschenwelt; aus dem Asketen Gotama war der Buddha, der Erwachte, Erleuchtete geworden. Jene Nacht, die Buddha unter dem Baum der Erkenntnis am Ufer des Flusses Neranjara zugebracht hat, ist die heilige Nacht der buddhistischen Welt. –

Die Anfänge seines Wirkens

Bei diesem entscheidenden Wendepunkt hebt in unseren Quellen ein längeres zusammenhängendes Erzählungsstück an[1]. Wir erhalten hier ein Bild davon, wie sich die alte Gemeinde das erste öffentliche Auftreten Buddhas, die Gewinnung der ersten Jünger, die Überwindung der ersten Gegner vorgestellt hat. Noch dachte man lange nicht an den Versuch, ein zusammenhängendes Lebensbild des Meisters zu entwerfen, aber an diese ersten Zeiten seines öffentlichen Lebens – ebenso wie auch an seine letzten Tage – mußte sich ein besonderes Interesse knüpfen, und so hat *dieses* Stück seiner Lebensgeschichte sich schon in sehr alter Zeit – denn das Gepräge hohen Altertums trägt die Erzählung unverkennbar – traditionell fixiert. Wer hätte nicht an sich selbst die Erfahrung gemacht, daß von langen, gleichförmigen Zeiträumen, wo die Erinnerungen durcheinander schwimmen, sich doch die ersten Anfänge, die Tage der Neuheit, des Sichzurechtfindens klar – oder wenigstens vergleichsweise klar – im Gedächtnis zu bewahren pflegen?

Man kann den Anfang der gedachten Erzählung nicht lesen, ohne an den Bericht unserer Evangelien erinnert zu werden. Jesus weilt, ehe er öffentlich zu lehren beginnt, vierzig Tage lang, fastend in der Wüste, »und ward versucht von dem Satan, und war bei den Tieren, und die Engel dienten ihm«. So bleibt auch Buddha, bevor er auszieht, seine Lehre zu verkünden, viermal sieben Tage fastend in der Nähe des Baumes der Erkenntnis, »die

1. Mahavagga I, 1–24. Vgl. zu einem Teil dieser Erzählung das Ariyapariyesanasutta (Majjhima Nikaya Nr. 26).

Seligkeit der Erlösung genießend«. Nach schwerem Kampf hat er den Sieg errungen; es ist natürlich, daß er, ehe er sich in neue Kämpfe hineinbegibt, innehält, das Gewonnene zu genießen, daß er, ehe er anderen die Erlösung verkündet, sich Zeit läßt, ihre Seligkeit selbst zu schmecken.

Die ersten sieben Tage weilt Buddha in Meditation versunken unter dem heiligen Baum selbst. In der Nacht nach dem siebten Tag läßt er an seinem Geist die Verkettungen von Ursachen und Wirkungen vorübergehen, aus denen das Leiden des Daseins entspringt: »Aus dem Nichtwissen entstehen die Gestaltungen; aus den Gestaltungen entsteht das Erkennen« – und dann nach einer langen Reihe von Mittelgliedern: »aus dem Werden entsteht Geburt; aus der Geburt entsteht Alter und Tod, Schmerz und Klagen, Leid, Kümmernis und Verzweiflung«. Wird aber die erste Ursache aufgehoben, an der diese Kette von Wirkungen hängt, wird das Nichtwissen vernichtet, so fällt alles, was aus ihm entspringt, zusammen und wird alles Leid überwunden. Solches erkennend sprach der Erhabene zu jener Zeit diesen Spruch:

»Wenn ewige Ordnung sich dem Brahmanen
Enthüllt, der glüht von der Versenkung Gluten,
Dann muß zurück jeglicher Zweifel weichen,
Wenn kund ihm wird alles Geschehens Ursprung.«

Dreimal ließ er in den drei Nachtwachen jene Formel der Verkettungen von Ursachen und Wirkungen an seinem Geist vorübergehen; zuletzt sprach er den Spruch:

»Wenn ewige Ordnung sich dem Brahmanen
Enthüllt, der glüht von der Versenkung Gluten
Zu Boden wirft er des Versuchers Scharen,
Der Sonne gleich, die durch den Luftraum Licht strahlt.«

»Da erhob sich Buddha, als die sieben Tage vergangen waren, aus der Kontemplation, in die er versunken war, verließ die Stätte unter dem Baum der Erkenntnis und ging zum Ajapalafeigenbaum (Baum der Ziegenhirten).«

Eine andere, wohl jüngere Fassung[1] dieser Traditionen fügt hier eine Versuchungsgeschichte ein, wie auch Jesus, als er jene vierzig Tage in der Wüste weilte, vom Satan, der ihn noch vor dem Beginn seiner Laufbahn dem Erlöserberuf untreu machen wollte, versucht wurde[2].

Es wäre vielleicht zu weit gegangen, wollte man annehmen, daß in der buddhistischen Überlieferung die Erinnerung an einzelne, bestimmte Erscheinungen guter und böser Geister, mit denen Buddha zu verkehren gemeint hat, erhalten sei, daß aber er selbst und seine Jünger den Glauben aller Welt in Indien an solche Erscheinungen teilten und daß sie überzeugt waren, selbst derartiges erlebt zu haben, ist unzweifelhaft.

Mara, der Versucher, weiß, daß Furcht oder Lust Buddha nichts mehr anhaben kann; alles irdische Trachten hat er unter dem Baum der Erkenntnis überwunden. Diesen Sieg zunichte zu machen ist nicht möglich, aber eins gibt es doch, was der Versucher erreichen kann: er kann Buddha bewegen, schon jetzt dem

1. Die Geschichte von dieser Versuchung der älteren Überlieferung abzusprechen bestimmt mich, neben dem äußeren Grund ihres Fehlens im Mahavagga, noch ein ferneres Moment. Wir werden im folgenden der Geschichte von Buddhas innerem Kampf begegnen darüber, ob er der Welt seine Lehre verkünden und nicht lieber für sich allein die errungene Erlösung genießen soll; Brahmans Erscheinen vertreibt die Zweifel. Diese Geschichte drückt keinen anderen Gedanken aus, als den, welcher auch der Erzählung von Mara zugrunde liegt: Buddhas Kampf mit der Möglichkeit, das errungene heilige Wissen sich allein und nicht der ganzen Menschheit zugute kommen zu lassen. Hat er Maras versuchende Aufforderung, dies zu tun, damit zurückgewiesen, daß die Zeit in das Nirvana einzugehen nicht gekommen sei, bevor er Jünger und Jüngerinnen gewonnen und aller Welt seine Lehre verkündet habe, so ist für jene Erzählung von dem Gespräch mit Brahman kein Raum mehr.

2. An beiden Stellen werden die gleichen naheliegenden Motive die entsprechenden Erzählungen haben entstehen lassen; es scheint mir verfehlt an Einflüsse der buddhistischen Tradition auf die christliche zu denken. Ebenso urteilt *Windisch,* Mara und Buddha 214 ff., *Garbe,* Deutsche Rundschau Juli 1910, 78. Doch herrscht hier bekanntlich Meinungsverschiedenheit; s. z. B. *van den Bergh van Eysinga,* Indische Einflüsse auf evangelische Erzählungen (2. Aufl. 1909) S. 38 ff. – Die buddhistische Versuchungsgeschichte findet sich im Mahaparinibbana Sutta (Digha Nikaya vol. II, p. 112 f.) und eingereiht in den Zusammenhang der gesamten Erzählung im Lalita Vistara Kap. 24.

Erdenleben den Rücken zu wenden und in das Nirvana einzugehen. Dann ist nur er allein der Macht Maras verloren; er hat nicht der Menschheit die Lehre der Erlösung gebracht.

»Da trat« – so erzählte Buddha später seinem Jünger Ananda die Geschichte dieser Versuchung – »Mara der Böse zu mir heran. Zu mir herantretend stellte er sich an meine Seite; an meiner Seite stehend, Ananda, sprach Mara der Böse zu mir also: ›Gehe jetzt in das Nirvana ein, Erhabener; gehe in das Nirvana ein, Vollendeter; jetzt ist die Zeit des Nirvana für den Erhabenen gekommen.‹ Da er also redete, sprach ich, Ananda, zu Mara dem Bösen also: ›Ich werde nicht in das Nirvana eingehen, du Böser, bis ich mir nicht Mönche zu Jüngern gewonnen habe, die da weise und unterwiesen sind, kundige Hörer des Wortes, Kenner der Lehre, der Lehre gemäß die Lehre erfüllend, rechten Verhaltens beflissen, der Lehre nachwandelnd, die, was sie von ihrem Meister gehört haben, weiter verkünden, lehren, bekanntmachen, aufstellen, enthüllen, ordnen, auseinanderlegen, den Widerspruch, der sich erhebt, durch die Lehre vernichten und zunichte machen, mit Wundertun die Lehre verkündigen. Ich werde nicht in das Nirvana eingehen, du Böser, bis ich mir nicht Nonnen zu Jüngerinnen gewonnen habe, die da weise und unterwiesen sind *(es folgt, nach Art des altbuddhistischen Stils, was eben von den Mönchen gesagt ist, Wort für Wort von den Nonnen, von Laienbrüdern und Laienschwestern).* Ich werde nicht in das Nirvana eingehen, du Böser, solange nicht der heilige Wandel, den ich lehre, gedeiht und zunimmt und sich verbreitet über alles Volk und im Schwang geht und wohl verkündigt wird von den Menschen.‹«

Wir kehren zur älteren Version der Erzählung zurück.

Dreimal sieben Tage noch verweilt Buddha an verschiedenen Stätten in der Nähe des Baumes der Erkenntnis, »die Seligkeit der Erlösung genießend«. Gleichsam eine Ouvertüre spielt sich hier ab zu dem großen Drama, dessen Held er sein wird; vorbildliche Erlebnisse deuten in die Zukunft. Die Begegnung mit einem »Brahmanen von höhnischer Art« läßt an siegreiche Kämpfe mit dem Brahmanentum denken. Wir hören nichts von dem Hohn, mit dem jener Brahmane Buddha begegnet sein mag; es wird nur berichtet, daß er ihm die Frage vorlegte: »Worin, Gotama, liegt das Wesen des Brahmanen, und was sind die Eigenschaften, die einen Menschen zum Brahmanen machen?« Buddha hatte, an sich selbst denkend, in jenem Spruch unter dem Baum der Erkenntnis von dem Brahmanen geredet, dem in den Gluten der Versenkung die Ordnungen des Geschehens sich enthüllen; ein Brahmane macht jetzt ihm, dem Sohn weltlichen Standes, das Recht streitig, sich die Ehren des Brahmanentums anzumaßen. Buddha weist ihn ab: der ist ein wahrer Brahmane, der alles Böse aus sich verbannt hat, der nichts von Hohn und Unreinheit weiß, ein Selbstbezwinger.

Menschliche Anfechtung wird vor Buddha zunichte; aber auch das Toben der Elemente kann seinen seligen Frieden nicht stören. Unwetter erheben sich; sieben Tage lang strömen Regengüsse herab; Kälte, Sturm und Finsternis umgibt ihn. Der Schlangenkönig Mucalinda kommt aus seinem verborgenen Reich hervor, umschlingt Buddhas Leib siebenfach mit seinen Windungen und schützt ihn vor dem Unwetter. »Nach sieben Tagen aber, als der Schlangenkönig Mucalinda sah, daß der Himmel hell und wolkenlos geworden war, löste er seine Windungen vom Leib des Erhabenen, ließ seine Schlangengestalt verschwinden, nahm eines Jünglings Gestalt an und trat vor den Erhabenen hin, mit gefalteten Händen den Erhabenen anbetend. Solches sehend sprach der Erhabene zu jener Zeit diesen Spruch:

›Selig die Einsamkeit des Freud'gen, der die Wahrheit erkannt und schaut.
Wer stets im Zaum sich hält, selig, wer keinem Wesen tut ein Leid.
Selig, wem jede Leidenschaft, alles Wünschen ein Ende nahm.
Überwinden der Ichheit Stolz wahrlich ist höchste Seligkeit.‹«

Ein echt buddhistisches Bild: der Welterlöser, der unter dem Toben der Unwetter, siebenfach vom Schlangenleib umhüllt, die Seligkeit einsamer Ruhe genießt.

Es folgt die erste Begegnung mit Menschen, die ihn als den Buddha ehren. Zwei Kaufleute kommen vorbeigezogen; eine Gottheit, die in ihrem Erdenleben den Kaufleuten verwandt gewesen war, verkündet ihnen die Nähe des Heiligen und fordert sie auf, ihn zu speisen. Die Gottheiten, welche über die vier Weltgegenden herrschen, bieten ihm Schalen dar – denn ohne eine Schale nehmen die vollendeten Buddhas keine Speise in Empfang – und er genießt, was die Kaufleute ihm reichen, die erste Nahrung, die er nach langem Fasten zu sich nimmt.

»Die Kaufleute Tapussa und Bhallika aber, als sie sahen, daß der Erhabene seine Hände von der Schale entfernt (d. h. das Mahl beendet) hatte, neigten ihr Haupt zu den Füßen des Erhabenen und sprachen zu dem Erhabenen: ›Wir, die wir hier sind, Herr, nehmen unsere Zuflucht bei dem Erhabenen und bei seiner Lehre; als seine Verehrer[1] halte uns der Erhabene von heute an für unser Leben, die wir unsere Zuflucht bei ihm genommen haben.‹ Dies waren die ersten in der Welt, die sich zum Glauben bekannt haben mit den zwei Worten« – nämlich zum Glauben an den Buddha und an seine Lehre, denn das dritte Glied der buddhistischen Trinität, die Gemeinde, besteht jetzt noch nicht.

In diesem Vorspiel zur Geschichte von Buddhas Wirken vermißt man *ein* Element: eine vorbildliche Hindeutung auf die vornehmste Aufgabe seines Lebens, auf das Predigen der erlösenden Lehre und das Hinüberziehen von Leuten aus allem Volk, daß sie ihm als Mönche nachfolgen. Jene beiden Kaufleute nehmen ihre Zuflucht bei Buddha und bei der Lehre, und doch ist die Lehre ihnen noch gar nicht verkündigt worden. Die nun folgende Erzählung hat es mit dem Motiv zu tun, von dem aus diese anscheinende Unebenheit ihre Erklärung findet. Es ist ein anderes, die erlösende Wahrheit für sich selbst errungen zu haben, und ein anderes, sie der Welt zu verkünden. Das erste hat Buddha vollendet; sein Entschluß, das zweite zu tun, steht noch nicht fest; Sorgen und Zweifel bleiben zu überwinden, ehe er diesen Entschluß faßt[2].

1. Das heißt als Laienjünger, nicht als Mönche.

Ich lasse hier den Text[3] selbst reden.

»Im Geist des Erhabenen stieg, als er in der Einsamkeit zurückgezogen weilte, dieser Gedanke auf: ›Erkannt habe ich diese tiefe Wahrheit, die da schwer zu erblicken, schwer zu verstehen ist, die friedereiche, erhabene, die alles Denken übersteigt, die sinnvolle, die allein der Weise fassen kann. In irdischem Treiben bewegt sich die Menschheit; in irdischem Treiben hat sie ihre Stätte und findet sie ihre Lust. Der Menschheit, die sich in irdischem Treiben bewegt, die in irdischem Treiben ihre Stätte hat und ihre Lust findet, wird dies Ding schwer zu erfassen sein, das Gesetz der Kausalität, die Verkettung von Ursachen und Wirkungen; und auch dies Ding wird ihr gar schwer zu erfassen sein, das Zurruhekommen aller Gestaltungen, das Ablassen von allem Irdischen, das Erlöschen des Begehrens, das Aufhören des Verlangens, das Ende, das Nirvana. Wenn ich nun die Lehre verkündige und man mich nicht versteht, brächte es mir nur Erschöpfung, brächte es mir nur Mühe!‹ Und es ging dem Erhabenen, ohne ihn zu überraschen, dieser Spruch durch den Sinn, den zuvor niemand je vernommen hatte:

›Wozu der Welt offenbaren, was ich in schwerem Kampf errang?
Die Wahrheit bleibt dem verborgen, den Begehren und Haß erfüllt.
Mühsam ist es, geheimnisvoll, tief, verborgen dem groben Sinn;
Nicht mag's schauen, wem irdisches Trachten den Sinn mit Nacht umhüllt.‹

Als der Erhabene also gedachte, neigte sich sein Herz dazu, in Ruhe zu verharren und die Lehre nicht zu predigen. Da erkann-

2. In der Sprache der buddhistischen Dogmatik: ein Paccekabuddha (Buddha für sich allein) ist nicht ein Sammasambuddha (universaler Buddha und Lehrer der Welt). Daß Buddha als Sammasambuddha auftritt, bedarf einer eigenen Motivierung.
3. Mahavagga I, 5, 2 f. = Majjhima Nikaya vol. I, p. 167 f.

te Brahman Sahampati[1] mit seinen Gedanken die Gedanken des Heiligen und sprach also zu sich selbst: ›Untergehen wahrlich wird die Welt; zugrunde gehen wahrlich wird die Welt, wenn sich das Herz des Vollendeten, des heiligen, höchsten Buddha dazu neigt, in Ruhe zu verharren und die Lehre nicht zu predigen.‹

Da verließ Brahman Sahampati den Brahmanhimmel so schnell, wie ein starker Mann seinen gekrümmten Arm ausstreckt oder seinen ausgestreckten Arm krümmt, und er erschien vor dem Erhabenen. Da entblößte Brahman Sahampati seine eine Schulter von dem Obergewand[2], senkte die rechte Kniescheibe zur Erde, erhob seine gefalteten Hände zum Erhabenen und sprach zu dem Erhabenen also: ›Möge, Herr, der Erhabene die Lehre predigen, möge der Vollendete die Lehre predigen. Es sind Wesen, die sind rein von dem Staube des Irdischen, aber wenn sie die Predigt der Lehre nicht hören, gehen sie zugrunde; die werden Erkenner der Lehre sein.‹ Also redete Brahman Sahampati; als er so gesprochen hatte, redete er weiter also:

›Im Magadhalande erhob sich vordem
Unreines Wesen, sündiger Menschen Lehre.
Eröffne du, Weiser, das Tor der Ewigkeit,
Laß hören was, Sündloser, du erkannt hast.
Wer droben steht hoch auf des Berges Felsenhaupt,
Des Auge schaut weit über alles Volk hin.
So steig' auch du, Weiser, empor, wo droben
Weit übers Land ragen der Wahrheit Zinnen,
Und schau hinab, Leidloser, auf die Menschheit,
Die leidende, welche Geburt und Alter quält.
Wohlauf, wohlauf, streitbarer Held, an Siegen reich,
Zieh durch die Welt, sündloser Wegeskundiger.
Erhebe deine Stimme, Herr; viele werden dein Wort verstehn.‹

1. Sahampati ist bei den Buddhisten der stehende Beiname des Brahman; das Wort ist nicht mit Sicherheit zu erklären.
2. Ein Zeichen der Ehrfurcht.

(Buddha stellt der Aufforderung Brahmans die Zweifel und Sorgen entgegen, die ihm ein Verkündigen der Wahrheit als fruchtloses Unterfangen erscheinen lassen. Brahman wiederholt seine Bitte dreimal; endlich gewährt sie Buddha):

Gleichwie in einem Lotusteich die einen Wasserrosen, blaue Lotusblumen, weiße Lotusblumen, im Wasser geboren, im Wasser emporgewachsen, aus dem Wasser nicht hervorragen und in der Tiefe blühen andere Wasserrosen, blaue Lotusblumen, weiße Lotusblumen, im Wasser geboren, im Wasser emporgewachsen, bis an den Wasserspiegel reichen – andere Wasserrosen, blaue Lotusblumen, weiße Lotusblumen, im Wasser geboren, im Wasser emporgewachsen, aus dem Wasser emporragen und das Wasser ihre Blüte nicht befeuchtet: also auch, wie der Erhabene mit dem Blick eines Buddha über die Welt hinschaute, erblickte er Wesen, deren Seelen rein waren und deren Seelen nicht rein waren vom Staube des Irdischen, von scharfen Sinnen und von stumpfen Sinnen, von edlem Wesen und von unedlem Wesen, gute Hörer und schlechte Hörer, manche, die in Furcht lebten vor dem Jenseits und vor Sünden. Als er dies sah, sprach er zu Brahman Sahampati diesen Spruch:

›Geöffnet sei allen das Tor der Ewigkeit;
Wer Ohren hat, höre das Wort und glaube.
Vergebliche Mühe zu meiden hab' ich
Das edle Wort noch nicht der Welt verkündet.‹

Da sah Brahman Sahampati: der Erhabene hat meine Bitte gewährt; er wird die Lehre predigen. Da neigte er sich vor dem Erhabenen, umschritt ihn ehrfurchtsvoll und verschwand.«

So hat die Legende ihren Helden zum Sieg auch über das letzte Hindernis, das zwischen ihm und seinem Erlöserberuf steht, zum Sieg über alles Zweifeln und Zagen geführt; der Entschluß, der Welt die Erkenntnis zu predigen, in der er selbst den Frieden gefunden, steht jetzt fest.

Die Predigt von Benares

Wer soll der erste sein, die neue Verkündigung zu hören? Die Legende läßt Buddha zuvörderst an jene beiden Lehrer denken, deren Leitung er sich einst als Jüngling anvertraut hatte. Wenn er ihnen seine Lehre predigte, sie würden ihn verstehen. Eine Gottheit bringt ihm die Kunde, daß sie beide tot sind – vielleicht waren sie es in der Tat; in jedem Fall ist der Sinn dieses Zuges der Legende klar. Niemand konnte ein höheres Anrecht darauf haben, der erste Hörer des Evangeliums zu werden, als jene beiden. Es wäre Undankbarkeit gewesen, hätte Buddha nicht sie vor allen anderen zu Teilhabern seines selbsterrungenen Besitzes gemacht. Aber man wußte nichts davon, daß er so gehandelt; man kannte oder nannte andere als die ersten Bekehrten. So durften jene beiden nicht mehr am Leben gewesen sein, als Buddha seine Lehre zu predigen anfing.

Können die, welche einst die Lehrer Buddhas gewesen sind, sich nicht als seine ersten Jünger zu ihm bekehren, so können es doch die einstigen Genossen seines Suchens und Ringens, jene fünf Asketen, die lange Zeit in Kasteiungen mit ihm gewetteifert und ihn dann verlassen haben, als sie sahen, daß er es aufgab, auf dem Weg der Selbstpeinigung das Heil zu suchen (s. S. 38). Sie weilen bei Benares, und dorthin läßt unsere Erzählung jetzt Buddha wandern. Benares hat in der buddhistischen Welt von jeher den Ruhm genossen, daß dort die Predigt von der Erlösung zuerst gehört und geglaubt worden ist. Noch jetzt bezeichnet nördlich von der Stadt, zu Sarnath, die mächtige Ziegel- und Steinmasse des Dhamek Stupa, umgeben von Resten zahlreicher geistlicher Gebäude, die durch Ausgrabungen ans Licht gefördert sind, die Stätte, an welche eine wohl glaubwürdige Erinnerung den unvergleichlich folgenreichen Vorgang verlegt.

Die Geschichte von der ersten Predigt Buddhas zu Benares lautet in der feierlich umständlichen Erzählungsweise, die den heiligen Texten der Buddhisten eigen ist, folgendermaßen[1]:

1. Mahavagga I, 6, 10 ff.

»Und der Erhabene, von Ort zu Ort wandernd, kam nach Benares, zum Wildpark Isipatana, wo die fünf Mönche weilten. Da sahen die fünf Mönche den Erhabenen, der von fern herankam; als sie ihn sahen, redeten sie einander zu: ›Freunde, dort kommt der Asket Gotama, der im Überfluß lebt, der sein Streben aufgegeben und sich dem Überfluß zugewandt hat. Wir wollen ihm keine Ehrerbietung beweisen, nicht vor ihm aufstehen, ihm nicht seine Almosenschale und sein Obergewand abnehmen; aber wir wollen einen Sitz für ihn hinstellen; wenn er will, mag er sich setzen.‹

Je mehr und mehr aber der Erhabene den fünf Mönchen sich näherte, umso weniger konnten die fünf Mönche bei ihrem Entschluß bleiben: sie gingen dem Erhabenen entgegen; einer nahm dem Erhabenen die Almosenschale und das Obergewand ab, ein anderer bereitete ihm einen Sitz, ein dritter stellte ihm Fußwasser, eine Fußbank, einen Fußschemel hin. Der Erhabene setzte sich nieder auf den Sitz, der für ihn bereitet war; als er sich gesetzt hatte, wusch der Erhabene seine Füße.

Jene aber redeten den Erhabenen mit seinem Namen an und nannten ihn Freund. Da sie so redeten, sprach der Erhabene zu den fünf Mönchen: ›Ihr Mönche, redet den Vollendeten[1] nicht mit seinem Namen an und nennt ihn nicht Freund. Der Vollendete, ihr Mönche, ist der heilige, höchste Buddha. Tut euer Ohr auf, ihr Mönche; die Erlösung vom Tod ist gefunden; ich unterweise euch, ich predige die Lehre. Wenn ihr nach der Unterweisung wandelt, wird euch über eine kleine Zeit das, um dessen willen edle Jünglinge von ihrer Heimat in die Heimatlosigkeit gehen, die höchste Vollendung heiligen Strebens zuteil werden; ihr werdet noch in diesem Leben die Wahrheit selbst erkennen und von Angesicht zu Angesicht schauen.‹

Da er so redete, sprachen die fünf Mönche zu dem Erhabenen: ›Hast du durch jenes Streben, Freund Gotama, durch jenen

1. Das Wort, das ich »der Vollendete« übersetze (tathagata), ist das, welches wahrscheinlich Buddha zu brauchen pflegte, wenn er von sich selbst redete. Die Wortbedeutung ist »der so Gegangene« – nämlich so wie man gehen soll.

Wandel, durch jene Kasteiungen die übermenschliche Vollkommenheit, die volle Herrlichkeit des Wissens und Schauens der Heiligen nicht erreichen können, wie willst du jetzt, wo du im Überfluß lebst, wo du dein Streben aufgegeben und dich dem Überfluß zugewandt hast, die übermenschliche Vollkommenheit, die volle Herrlichkeit des Wissens und Schauens der Heiligen erreichen?‹

Da sie so redeten, sprach der Erhabene zu den fünf Mönchen: ›Der Vollendete, ihr Mönche, lebt nicht im Überfluß; er hat nicht sein Streben aufgegeben und sich dem Überfluß zugewandt. Der Vollendete, ihr Mönche, ist der heilige, höchste Buddha. Tut euer Ohr auf, ihr Mönche; die Erlösung vom Tod ist gefunden; ich unterweise euch, ich predige die Lehre. Wenn ihr nach der Unterweisung wandelt, wird euch über eine kleine Zeit das, um dessen willen edle Jünglinge von ihrer Heimat in die Heimatlosigkeit gehen, die höchste Vollendung heiligen Strebens zuteil werden; ihr werdet noch in diesem Leben die Wahrheit selbst erkennen und von Angesicht zu Angesicht schauen.‹

(Ein zweites und drittes Mal wiederholen sich dieselben Wechselreden.)

Da sie so redeten, sprach der Erhabene zu den fünf Mönchen: ›Gestehet ihr mir zu, ihr Mönche, daß ich niemals zuvor also zu euch geredet habe?‹

›Das hast du nicht, Herr.‹

›Der Vollendete, ihr Mönche, ist der heilige, höchste Buddha. Tut euer Ohr auf, ihr Mönche, die Erlösung vom Tod ist gefunden‹, usw.

Da hörten die fünf Mönche von neuem auf den Erhabenen; sie taten ihr Ohr auf und richteten ihre Gedanken auf die Erkenntnis.

Da sprach der Erhabene zu den fünf Mönchen: ›Zwei Enden gibt es, ihr Mönche, denen muß, wer ein geistliches Leben führt, fern bleiben. Welche zwei Enden sind das? Das eine ist ein Leben in Lüsten, der Lust und dem Genuß ergeben; das ist niedrig, unedel, ungeistlich, unwürdig, nichtig. Das andere ist ein Leben der Selbstpeinigung; das ist leidenreich, unwürdig, nichtig. Von diesen beiden Enden, ihr Mönche, ist der Vollendete fern und hat den Weg, der in der Mitte liegt, erkannt, den Weg, der das Auge auftut und den Geist auftut, der zur Ruhe, zur Erkenntnis, zur Erleuchtung, zum Nirvana führt. Und welches, ihr Mönche, ist dieser Weg in der Mitte, den der Vollendete erkannt hat, der das Auge auftut und den Geist auftut, der zur Ruhe, zur Erkenntnis, zur Erleuchtung, zum Nirvana führt? Es ist dieser heilige, achtteilige Pfad, der da heißt: rechtes Glauben, rechtes Entschließen, rechtes Wort, rechte Tat, rechtes Leben, rechtes Streben, rechtes Gedenken, rechtes Sichversenken. Dies, ihr Mönche, ist der Weg in der Mitte, den der Vollendete erkannt hat, der das Auge auftut und den Geist auftut, der zur Ruhe, zur Erkenntnis, zur Erleuchtung, zum Nirvana führt.

Dies, ihr Mönche, ist die heilige Wahrheit vom *Leiden:* Geburt ist Leiden, Alter ist Leiden, Krankheit ist Leiden, Tod ist Leiden, mit Unliebem vereint sein ist Leiden, von Liebem getrennt sein ist Leiden, nicht erlangen, was man begehrt, ist Leiden, kurz die fünferlei Objekte des Ergreifens[1] sind Leiden.

Dies, ihr Mönche, ist die heilige Wahrheit von der *Entstehung des Leidens:* es ist der Durst, der von Wiedergeburt zu Wiedergeburt führt, samt Freude und Begier, der hier und dort seine Freude findet: der Lüstedurst, der Werdedurst, der Vergänglichkeitsdurst[2].

Dies, ihr Mönche, ist die heilige Wahrheit von der *Aufhebung des Leidens:* die Aufhebung dieses Durstes durch gänzliche Vernichtung des Begehrens, ihn fahren lassen, sich seiner entäußern, sich von ihm lösen, ihm keine Stätte gewähren.

1. Die fünf Gruppen von Elementen, aus denen das leiblich-geistige Dasein des Menschen besteht: Körperlichkeit, Empfindungen, Vorstellungen (einschließlich der Wahrnehmungen), Gestaltungen und Erkennen. Der Unerlöste ergreift diese Elemente und haftet mit seinem Innern an ihnen.

2. »Werdedurst« und »Vergänglichkeitsdurst« wird erklärt als die Begierde, sofern sich diese mit dem Glauben an beständige Fortdauer des Werdens und Befriedigung über diese Fortdauer, oder andererseits mit dem Glauben, daß mit dem Tod alles zu Ende ist, verbindet. Daß »Vergänglichkeitsdurst« zu verstehen ist und nicht »Durst nach Macht« (vgl. Rhys Davids, Sacred Books of the Buddhists III, 340), wird durch alte Tradition bezeugt und m. E. besonders durch Itivuttaka p. 43 gesichert.

Dies, ihr Mönche, ist die heilige Wahrheit von dem *Weg zur Aufhebung des Leidens:* es ist dieser heilige, achtteilige Pfad, der da heißt: rechtes Glauben, rechtes Entschließen, rechtes Wort, rechte Tat, rechtes Leben, rechtes Streben, rechtes Gedenken, rechtes Sichversenken.

›Dies ist die heilige Wahrheit vom Leiden‹: also, ihr Mönche, ging mir über diese Begriffe, von denen zuvor niemand vernommen hatte, das Auge auf, ging mir die Erkenntnis, die Kunde, das Wissen, der Blick auf. ›Diese heilige Wahrheit vom Leiden muß man verstehen‹ – ›diese heilige Wahrheit vom Leiden habe ich verstanden‹: also, ihr Mönche, ging mir über diese Begriffe, von denen zuvor niemand vernommen hatte, das Auge auf, ging mir die Erkenntnis, die Kunde, das Wissen, der Blick auf.

(Es folgen ähnliche Ausdrücke über die anderen drei Wahrheiten.)

›Und so lange ich, ihr Mönche, nicht von diesen vier heiligen Wahrheiten diese dreifach gegliederte, zwölfteilige[1], wahrhaftige Erkenntnis und Einsicht in voller Klarheit besaß, so lange, ihr Mönche, wußte ich auch, daß ich noch nicht in dieser Welt samt den Götterwelten, samt Maras und Brahmans Welt, unter allen Wesen, samt Asketen und Brahmanen, samt Göttern und Menschen die höchste Buddhaschaft errungen hatte. Seit ich aber, ihr Mönche, von diesen vier heiligen Wahrheiten diese dreifach gegliederte, zwölfteilige Erkenntnis und Einsicht in voller Klarheit besitze, seitdem weiß ich, ihr Mönche, daß ich in dieser Welt samt den Götterwelten, samt Maras und Brahmans Welt, unter allen Wesen, samt Asketen und Brahmanen, samt Göttern und Menschen die höchste Buddhaschaft errungen habe. Und ich habe es erkannt und geschaut: unverlierbar ist meines Geistes Erlösung; dies ist meine letzte Geburt; nicht gibt es hinfort für mich neue Geburten.‹

1. Von jeder der vier Wahrheiten besitzt Buddha eine dreifach gegliederte Erkenntnis, z. B. von der ersten: »dies ist die heilige Wahrheit vom Leiden»; »diese heilige Wahrheit vom Leiden muß man verstehen«; »diese heilige Wahrheit vom Leiden habe ich verstanden«.

Also redete der Erhabene; froh priesen die fünf Mönche des Erhabenen Rede.« –

Dies ist die Predigt von Benares, die der Überlieferung nach die Lehrtätigkeit Buddhas eröffnet, durch welche er, wie seine Jünger sich ausdrückten, »das Rad der Lehre in Bewegung gesetzt hat«.

Als Buddha seine Rede geendet, geht von der Erde empor durch alle Götterwelten der Ruf, daß zu Benares der Heilige das Rad der Lehre hat rollen lassen. Die fünf Mönche, ihnen voran Kondanna, der von da an den Namen »Kondanna der Erkenner« erhalten hat, bitten Buddha, ihnen als Bekennern seiner Lehre die Weihe zu erteilen, und er tut dies mit den Worten: »Kommt herzu, ihr Mönche; wohl verkündigt ist die Lehre; wandelt in Heiligkeit, allem Leiden ein Ende zu machen.« So ist die Gemeinde der Jünger Buddhas ins Dasein getreten; die Fünf sind ihre ersten Glieder. Eine neue Rede Buddhas von der Unbeständigkeit und Wesenlosigkeit alles Irdischen bewirkt, daß die Seele der fünf Jünger den Stand der sündlosen Heiligkeit erreicht. »Um jene Zeit«, so schließt dieser Bericht, »gab es sechs Heilige in der Welt« – Buddha selbst und die fünf Jünger.

ZWEITES KAPITEL

Reden und Verse vom Leben und der Person des Buddha

Die Rede von den Flammen der Sinnenglut

Eine Menge weiterer Bekehrungen ist erfolgt, darunter die von tausend brahmanischen Asketen (»Jatilas« d. h. Haarflechtenträgern) zu Uruvela. Jetzt hält Buddha vor diesen die folgende Rede, zu der nach jüngerer Überlieferung ein Waldbrand die Veranlassung gegeben haben soll.

Der Erhabene aber, als er in Uruvela verweilt hatte, solange es ihm gefiel, machte sich auf die Wanderschaft nach (dem Berg) Gayasisa (»Haupt von Gaya«) mit einer großen Mönchsschar, mit tausend Mönchen, lauter früheren Jatilas. Da verweilte nun der Erhabene zu Gaya, auf dem Gayasisa, mit den tausend Mönchen. Da sprach der Erhabene zu den Mönchen also:

»Alles, ihr Mönche, steht in Flammen? Und was alles, ihr Mönche, steht in Flammen? Das Auge, ihr Mönche, steht in Flammen. Die sichtbaren Dinge stehen in Flammen. Das Erkennen vermöge des Auges steht in Flammen. Die Berührung des Auges (mit sichtbaren Dingen) steht in Flammen. Das Empfinden, das infolge der Berührung des Auges (mit dem Sichtbaren) entsteht, sei es Freude, sei es Schmerz, sei es nicht Schmerz noch Freude: auch dies steht in Flammen. Wodurch ist es entflammt? Durch der Begierde Feuer, durch des Hasses Feuer, durch der Verblendung Feuer ist es entflammt, durch Geburt, Alter, Tod, Schmerz, Klagen, Leid, Kümmernis und Verzweiflung ist es entflammt: also sage ich.

Das Ohr steht in Flammen … *die ganze vorher über das Auge und das Sichtbare gegebene Ausführung kehrt über Ohr und Töne wieder.*

Die Nase (bzw. die Gerüche) …

Die Zunge (bzw. der Geschmack) …

Der Körper (bzw. das Berührbare) …

Das Denken (bzw. die Gedankendinge) …

Wer es also ansieht, ihr Mönche, ein weiser, edler Hörer des Worts wendet sich ab vom Auge, wendet sich ab vom Sichtbaren, wendet sich ab vom Erkennen vermöge des Auges, wendet sich ab von der Berührung des Auges (mit dem Sichtbaren), wendet sich ab vom Empfinden, das infolge der Berührung des Auges (mit dem Sichtbaren) entsteht, sei es Freude, sei es Schmerz, sei es nicht Schmerz noch Freude. *Dasselbe von den übrigen Sinnen.* Indem er sich davon abwendet, wird er frei von Begehren. Durch Freiheit von Begehren wird er erlöst. Im Erlösten entsteht die Erkenntnis: Ich bin erlöst. Vernichtet ist die Geburt, vollendet der heilige Wandel, erfüllt die Pflicht; keine Rückkehr gibt es mehr zu dieser Welt: also erkennt er.«

Und als diese Lehrrede vorgetragen ward, wurden die Seelen dieser tausend Mönche, vom Ergreifen (des Daseins) ablassend, von aller Verderbnis erlöst.

Die Gewinnung der beiden vornehmsten Jünger

Zu dieser Zeit hielt sich der Wandermönch Sanjaya in Rajagaha[1] auf zusammen mit einer großen Schar von Wandermönchen, zwei und einem halben Hundert von Wandermönchen. Zu der Zeit nun übten Sariputta und Moggallana geistlichen Wandel bei Sanjaya, dem Wandermönch. Die hatten die Verabredung getroffen: wer unter uns zuerst die Erlösung vom Tod findet, soll es dem andern sagen.

Der ehrwürdige Assaji[2] aber kleidete sich des Morgens an, nahm Almosenschale und Obergewand und ging nach Rajagaha hinein, Almosen zu sammeln. Sein Kommen und Gehen, sein Hin- und Herblicken, das Einziehen und Ausstrecken seiner Glieder erweckte Wohlgefallen. Er hatte die Augen niedergeschlagen und zeigte sich schicklich in jeder Haltung. Da sah Sariputta, der

1. Die Hauptstadt des Magadhalandes (Bihar), heute Rajgir.
2. Einer der zuerst bekehrten fünf Mönche, an die die Predigt von Benares gerichtet war.

Wandermönch, den ehrwürdigen Assaji, wie er in Rajagaha Almosen sammelte – wie sein Kommen und Gehen … Wohlgefallen erweckte, er die Augen niedergeschlagen hatte und sich schicklich zeigte in jeder Haltung. Wie er ihn sah, sprach er zu sich: »Dieser Mönch muß einer von denen sein, die in der Welt heilig sind oder den Pfad der Heiligkeit erreicht haben. Ich will zu diesem Mönch hingehen und ihn fragen: ›In wessen Nachfolge, Freund, hast du das Weltleben verlassen? Wer ist dein Meister? Wessen Lehre bekennst du?‹« Da aber dachte Sariputta, der Wandermönch: »Jetzt ist nicht die rechte Zeit, diesen Mönch zu fragen. Er ist zu den Häusern hineingegangen, Almosen zu sammeln. Ich will hinter diesem Mönch fort und fort einherfolgen auf dem Weg, wie Bedürftige es gewohnt sind.« Der ehrwürdige Assaji aber, als er in Rajagaha den Almosengang vollbracht hatte, nahm die gesammelten Almosen und machte sich auf den Rückweg. Da ging Sariputta, der Wandermönch, zum ehrwürdigen Assaji hin, begrüßte sich mit dem ehrwürdigen Assaji, wechselte mit ihm begrüßende, freundliche Rede und trat zur Seite hin. Zur Seite stehend, sprach Sariputta, der Wandermönch, zum ehrwürdigen Assaji also: »Hell, Freund, ist deiner Züge Ausdruck. Rein und klar ist deine Farbe. In wessen Nachfolge, Freund, hast du das Weltleben verlassen? Wer ist dein Meister? Wessen Lehre bekennst du?« »Es ist der große Asket, Freund, der Sakyasohn, der vom Sakyahaus kommend die Welt verlassen hat. Ihm, dem Erhabenen, folgend, habe ich die Welt verlassen. Er, der Erhabene, ist mein Meister. Seine, des Erhabenen Lehre bekenne ich.« »Und was sagt, Ehrwürdiger, dein Meister? Und was lehrt er?« »Ich bin noch ein Neuling, Freund, habe noch nicht lange die Welt verlassen und bin erst vor kurzem zu dieser Lehre und Ordnung herzugekommen. Ausführlich kann ich dir die Lehre nicht künden, aber ihren kurzen Sinn will ich dir sagen.« Da sprach Sariputta, der Wandermönch, zum ehrwürdigen Assaji: »Es sei, Freund, sage mir wenig oder viel; aber vom Sinn sprich mir; nach dem Sinn habe ich Verlangen. Was willst du dich viel an den Buchstaben kehren?« Da sprach der ehrwürdige Assaji zu Sariputta, dem Wandermönch, dieses Wort der Lehre:

»Die Wesenheiten, die verursacht sind –
Was ihre Ursach' ist, lehrt der Vollendete,
Und wie sie aufgehoben werden:
Dies ist des großen Mönches Lehre[1].«

Als aber Sariputta, der Wandermönch, dies Wort der Lehre hörte, ging ihm der Wahrheitsblick frei von Dunst und Unreinheit auf: was immer dem Gesetz des Entstehens untertan ist, alles das ist auch dem Gesetz des Vergehens untertan.

»Ist auch die ganze Lehre dies allein nur,
Hast du die Stätt' erreicht, wo alles Leid verschwindet,
Die Stätte, die kein Auge mocht erschauen,
Drob hingegangen Myriaden, Myriaden Weltenjahre.«

Sariputta aber, der Wandermönch, ging hin zu Moggallana, dem Wandermönch. Da sah Moggallana, der Wandermönch, Sariputta, den Wandermönch, wie er von fern einherkam. Ihn erblikkend, sprach er zu Sariputta, dem Wandermönch: »Hell, Freund, ist deiner Züge Ausdruck. Rein und klar ist deine Farbe. Hast du die Erlösung vom Tod gefunden, Freund?« »Ja, Freund, ich habe die Erlösung vom Tod gefunden!« »Und wie hast du die Erlösung vom Tod gefunden, Freund?« »Ich sah, Freund, den Mönch Asaji, wie er in Rajagaha Almosen sammelte« *folgt Erzählung das Vorgangs wörtlich, wie er oben berichtet ist, bis zu dem Verse: Die Wesenheiten, die verursacht sind, usw.*

Als aber Moggallana, der Wandermönch, dies Wort der Lehre hörte, ging ihm der Wahrheitsblick *usw. wie oben, bis: Myriaden Weltenjahre.*

1. Der Spruch weist auf die Verkettung von Ursachen und Wirkungen hin. Daß dies als kürzester Sinn der Buddhalehre vorgetragen wird, ist bezeichnend dafür, welche fundamentale Bedeutung dem Glauben an die Gesetzmäßigkeit alles Geschehens im Buddhismus zukommt. Die hier vorliegende Formel ist zu unzähligen Malen als kurzgefaßtes Glaubensbekenntnis des Buddhismus wiederholt worden.

Da sprach Moggallana, der Wandermönch, zu Sariputta, dem Wandermönch: »Laß uns gehen, Freund, und vor den Erhabenen treten. Er, der Erhabene, ist unser Meister.« »Diese Wandermönche, zwei und ein halbes Hundert, Freund, weilen hier, auf uns sich verlassend, auf uns hinblickend. Denen müssen wir es kundtun; sie können sich dann verhalten, wie es ihnen recht scheint.« Da gingen Sariputta und Moggallana zu jenen Wandermönchen hin und sprachen zu ihnen: »Wir wollen gehen, Freunde, und vor den Erhabenen treten. Er, der Erhabene, ist unser Meister.« »Wir weilen hier, auf euch, ihr Ehrwürdigen, uns verlassend, auf euch hinblickend. Wenn ihr, Ehrwürdige, bei dem großen Asketen den heiligen Wandel üben wollt, wollen wir alle bei dem großen Asketen heiligen Wandel üben.« Da gingen Sariputta und Moggallana zu Sanjaya, dem Wandermönch, und sprachen zu ihm: »Wir wollen gehen, Freund, und vor den Erhabenen treten. Er, der Erhabene, ist unser Meister.« »Nicht also, Freunde, geht nicht! Zu dreien wollen wir die Leiter dieser Schar sein.« Und zum zweitenmal ... und zum drittenmal *dieselben Worte der beiden an Sanjaya und dieselbe Antwort*. Da nahmen Sariputta und Moggallana jene Wandermönche, zwei und ein halbes Hundert, mit sich und gingen hin zum Veluvana[1]. Dem Wandermönch Sanjaya aber brach an jenem Ort ein heißer Blutstrom aus dem Mund.

Da sah der Erhabene die beiden, Sariputta und Moggallana, wie sie von fern einherkamen. Sie erblickend, sprach er zu den Mönchen also: »Da kommen jene beiden Genossen, ihr Mönche, Kolita, und Upatissa[2] Dies wird mein Jüngerpaar sein, ein höchstes, herrliches Paar.«

1. »Bambushain« bei Rajagaha, vom Magadhakönig der Mönchsgemeinde Buddhas gestiftet.

2. Andere Namen von Moggallana bzw. Sariputta. Wenn in einer der ältesten den Buddhismus betreffenden Inschriften, einem Erlaß des Königs Asoka (um die Mitte des 3. Jahrhunderts v. Chr.) an die Gemeinde, unter den heiligen Texten, deren Studium der König empfiehlt, »die Frage des Upatissa« genannt wird, ist da nicht die hier vorliegende Erzählung von Sariputtas Frage an Assaji gemeint?

Was tiefem Erkennen sich offenbart,
Jeder Seinsbestimmtheit gänzlicher Untergang:
Dadurch erlöst, kamen sie hin zum Veluhain.
Und der Meister sprach über sie die Verkündigung:
»Die Genossen, Kolita, Upatissa kommen dort.
Mein Jüngerpaar,
Ein höchstes, herrliches Paar wird dieses sein.«

Sariputta aber und Moggallana gingen hin zum Erhabenen, fielen nieder, ihr Haupt zu den Füßen des Erhabenen neigend, und sprachen zum Erhabenen: »Wir möchten, Herr, vom Erhabenen die niedere Weihe und möchten die höhere Weihe empfangen.« »Kommt her, ihr Mönche!« so sprach der Erhabene. »Wohl verkündet ist die Lehre. Wandelt in Heiligkeit, allem Leiden ein Ende zu machen.« Das war die höhere Weihe dieser Ehrwürdigen.

Zu dieser Zeit übten viele angesehene Söhne edler Familien im Magadhaland bei dem Erhabenen heiligen Wandel. Die Leute waren unwillig, murrten und entrüsteten sich: »Daß die Väter keine Söhne haben: darauf geht der Mönch Gotama aus. Daß die Frauen Witwen werden: darauf geht der Mönch Gotama aus. Daß die Geschlechter zugrunde gehen: darauf geht der Mönch Gotama aus. Jetzt hat er die tausend Jatilas dahin gebracht, daß sie die Welt verlassen haben. Und er hat diese Wandermönche des Sanjaya zwei und ein halbes Hundert, dahin gebracht, daß sie die Welt verlassen haben. Und nun üben so viele angesehene Söhne edler Familien im Magadhaland beim Mönch Gotama heiligen Wandel.« Und wo sich die Mönche sehen ließen, sang man sie an mit dem Spruch:

»Es kam der große Mönch wandernd
Zu der Magadhas Bergesstadt.
Alle Safijayas her führt' er.
Wen er wohl heut herführen wird?«

Da hörten die Mönche, wie die Leute unwillig waren, murrten und sich entrüsteten. Und die Mönche sagten es dem Erhabenen.

»Der Lärm wird nicht lange dauern, ihr Mönche. Sieben Tage nur wird er dauern, und nach sieben Tagen wird es still werden. Wenn euch denn, ihr Mönche, die Leute mit dem Vers ansingen: ›es kam der große Mönch …‹, so singt ihr sie wieder an mit diesem Spruch:

›Nur durch der Wahrheit Wort führen
Die Helden, die Vollendeten.
Die gehorsam dem Wort folgen,
Wer tadelt die Erkennenden?‹«

Zu dieser Zeit nun sangen die Leute, wo sich die Mönche sehen ließen, sie mit dem Spruch an: »Es kam der große Mönch …« Die Mönche aber sangen die Leute wieder an mit diesem Spruch: »Nur durch der Wahrheit Macht …«

Da sahen die Leute: »Die Asketen, die dem Sakyasohn anhängen, führen die Menschen durch Wahrheit, nicht durch Unwahrheit.« Und jener Lärm dauerte nur sieben Tage, und nach sieben Tagen wurde es still.

Weib und Kind des Buddha

Der Erhabene aber blieb in Rajagaha solange es ihm gefiel und machte sich dann auf die Wanderschaft nach Kapilavatthu[1]. Und von Ort zu Ort wandernd, gelangte er nach Kapilavatthu. Da verweilte er denn im Sakyaland, zu Kapilavatthu, im Nigrodhagarten[2] Der Erhabene aber kleidete sich am Morgen an, nahm Obergewand und Almosenschale und ging zum Haus Suddhodanas des Sakya[3]; dort setzte er sich auf einem Sitz nieder, der da bereitet war.

1. Dies ist bekanntlich seine Heimatstadt.
2. D. h. im Garten der indischen Feigenbäume – jener Bäume mit den sich herabsenkenden und zu neuen Stämmen werdenden Luftwurzeln.
3. Dies ist der Vater des Buddha.

Die Mutter des Rahula aber, die Fürstin[1] sprach zum Knaben Rahula: »Das ist dein Vater, Rahula. Geh hin und sprich ihn um dein Erbe an!«

Da ging der Knabe Rahula zum Erhabenen, trat vor ihn hin und sprach: »Dein Schatten, Asket, tut mir wohl!«

Der Erhabene aber stand von seinem Sitz auf und ging von dannen. Da ging der Knabe Rahula Schritt für Schritt hinter dem Erhabenen einher und sprach: »Gib mir mein Erbteil, Asket! Gib mir mein Erbteil, Asket!« Da sprach der Erhabene zum ehrwürdigen Sariputta: »So erteile denn, Sariputta, dem Knaben Rahula die niedere Weihe!«[2]

»Wie soll ich, Herr, dem Knaben Rahula die niedere Weihe erteilen?«

Der Erhabene aber, nachdem er aus dieser Veranlassung und bei dieser Gelegenheit eine Lehrrede gehalten, sprach zu den Mönchen: »Ich ordne an, ihr Mönche, die Novizenweihe durch das dreifache Nehmen der Zuflucht. Und also, ihr Mönche, ist diese Weihe zu erteilen. Zuerst befiehlt man dem Aufzunehmenden sich Haar und Bart scheren zu lassen, die gelben Gewänder anzulegen, die eine Schulter vom Obergewand zu entblößen, die Füße der Mönche zu verehren, niederzukauern und die zusammengelegten Hände zu erheben. Dann sagt man zu ihm: ›Folgendermaßen mußt du sprechen: Ich nehme meine Zuflucht beim Buddha. Ich nehme meine Zuflucht bei der Lehre. Ich nehme meine Zuflucht bei der Gemeinde. Zum zweitenmal … Zum drittenmal nehme ich meine Zuflucht beim Buddha. Zum drittenmal nehme ich meine Zuflucht bei der Lehre. Zum drittenmal nehme ich meine Zuflucht bei der Gemeinde.‹ Ich ordne an, ihr Mönche, die Novizenweihe durch dies dreifache Nehmen der Zuflucht.«

Und der ehrwürdige Sariputta erteilte dem Knaben Rahula die niedere Weihe.

1. Es handelt sich um die Gemahlin seines früheren Weltlebens und um seinen ersten Sohn.

2. Die erste Weihe ist gemeint, die den weltlich Lebenden in einen Asketen verwandelt, nicht die eigentliche Ordination, durch die man vollberechtigter Mönch wird.

Da ging Suddhodana der Sakya zum Erhabenen hin, brachte ihm seinen ehrfurchtsvollen Gruß und setzte sich zur Seite nieder. Und zur Seite sitzend sprach Suddhodana der Sakya zum Erhabenen: »Herr, ich begehre einen Wunsch an den Erhabenen zu tun.« »Die Vollendeten, Gotama, sind darüber erhaben Wünsche zu gewähren[1].« »Es ist zulässig und untadelhaft, was ich begehre, Herr.« »So sprich, Gotama.« »Als der Erhabene die Welt verließ, Herr, war es mir kein geringer Schmerz; ebenso bei Nanda[2]; ein übergroßer Schmerz war es bei Rahula. Die Liebe zum Sohn, Herr, schneidet in die Oberhaut, hat sie in die Oberhaut geschnitten, schneidet sie in die Unterhaut; hat sie in die Unterhaut geschnitten, schneidet sie ins Fleisch ... in die Sehnen ... in die Knochen; hat sie in die Knochen geschnitten, trifft sie das Mark und setzt sich in ihm fest. So bitte ich, Herr: mögen die edlen Herren[3] einem Sohn nicht ohne Erlaubnis seines Vaters und seiner Mutter die niedere Weihe erteilen!« Der Erhabene aber unterwies Suddhodana den Sakya mit Reden über die Lehre, trieb ihn an, ermahnte ihn und erfreute ihn. Suddhodana aber der Sakya, vom Erhabenen mit Reden über die Lehre unterwiesen, angetrieben, ermahnt und erfreut, stand von seinem Sitz auf, brachte dem Erhabenen ehrfurchtsvollen Gruß, umwandelte ihn rechtshin gewandt und ging von dannen. Der Erhabene aber, nachdem er aus dieser Veranlassung und bei dieser Gelegenheit eine Lehrrede gehalten, sprach zu den Mönchen: »Einem Sohn, ihr Mönche, darf man nicht ohne Erlaubnis seines Vaters und seiner Mutter die niedere Weihe erteilen. Wer sie ihm erteilt, ist einer Übertretung schuldig.«

Man bemerke die von allem Pathos entfernte Einfachheit dieses Berichts über das erste Wiedersehen des Buddha mit den Seinen, die er lange Jahre vorher, als er zum Asketen wurde, verlassen hatte. Sehr anders die jüngeren Gestalten dieser Erzählung.

1. D. h. solange sie den Inhalt des Wunsches nicht kennen, verträgt es sich nicht mit ihrer Heiligkeit, ihn zu gewähren. – Man bemerke, wie Buddha seinen Vater mit dem Familiennamen Gotama anredet, den er auch selbst trägt.
2. Ein Halbbruder des Buddha, Sohn seiner Mutterschwester Mahapajapati.
3. Die buddhistischen Mönche.

Devadatta

Devadatta, der Vetter des Buddha, ist in seinen Orden eingetreten. Er spielt in diesem die Rolle des Judas Ischariot. Er konspiriert mit dem Königssohn Ajatasattu. Dieser soll seinen Vater töten, um selbst König zu werden; er selbst will den Buddha töten, um an seine Stelle zu treten.

Devadatta aber ging zum Prinzen Ajatasattu und sprach zum Prinzen Ajatasattu also: »Gib deinen Leuten Befehl, großer König, daß sie den Asketen Gotama ums Leben bringen.« Da gab der Prinz Ajatasattu den Männern den Befehl: »Hört! Was euch der edle Devadatta sagt, das müßt ihr tun.« Da befahl Devadatta einem Mann: »Geh, mein Freund; an der und der Stelle hält sich der Asket Gotama auf. Den bringe ums Leben und komme auf dem und dem Weg zu mir zurück.« Auf jenem Weg nun stellte er zwei Männer auf und befahl ihnen: »Wenn ein Mann auf diesem Weg kommt, so bringt ihn ums Leben und kommt auf dem und dem Weg zu mir zurück.«

Ebenso dann vier Männer, um die beiden Männer zu töten. Dann acht Männer, dann sechzehn Männer.

Der eine Mann aber ergriff Schwert und Schild, hing sich Bogen und Köcher um und ging hin, wo der Erhabene war. Dort angelangt, blieb er unweit von dem Erhabenen stehen, in Furcht, Aufregung, Angst, Zittern, Erstarrung. Da sah der Erhabene den Mann, wie er in Furcht, Aufregung, Angst, Zittern, Erstarrung dastand. Wie er ihn sah, sprach er zu dem Mann: »Komm, Freund, fürchte dich nicht!« Da tat der Mann Schwert und Schild beiseite, warf Bogen und Köcher von sich, ging zu dem Erhabenen hin, fiel vor ihm nieder, das Haupt zu seinen Füßen neigend, und sprach zum Erhabenen: »Schuld, Herr, ist über mich gekommen als über einen Toren, einen Verirrten, einen Übeltäter, daß ich mit schlimmen Gedanken, mit Mordsgedanken hierher gekommen bin. So möge, Herr, der Erhabene es von mir annehmen, daß ich meine Schuld als Schuld bekenne, um in Zukunft mich davor zu hüten!«

»Freilich, Freund, ist Schuld über dich gekommen als über einen Toren, einen Verirrten, einen Übeltäter, daß du mit schlimmen Gedanken, mit Mordsgedanken hierher gekommen bist. Da du aber, Freund, die Schuld als Schuld erkennst und sie, wie es recht ist, gut machst, so nehmen wir das von dir an. Denn das, Freund, ist Wachstum in der Ordnung des Edlen, wenn jemand seine Schuld als Schuld erkennt, sie, wie es recht ist, gut macht und in Zukunft sich davor hütet.«

Der Erhabene aber redete zu dem Mann vom einen nach dem andern, als da ist: die Rede vom Geben, die Rede von guter Sitte, die Rede von der Himmelswelt; der Lüste Elend, Eitelkeit, Verderblichkeit, den Segen des Freiseins von Lüsten verkündete er. Als der Erhabene aber erkannte, daß die Seele des Mannes geschickt, geschmeidig, von Hemmung frei, erhoben, gläubig gestimmt war, da verkündete er ihm, was die vornehmste Lehre der Buddhas ist: das Leiden, die Entstehung des Leidens, die Aufhebung des Leidens, den Weg zur Aufhebung des Leidens[1]. Wie ein reines Gewand, das von schwarzen Flecken frei ist, ganz und gar die Farbe in sich aufnimmt, so ging jenem Mann, wie er dort saß, der Wahrheitsblick frei von Dunst und Unreinheit auf: ›Was immer dem Gesetz des Entstehens untertan ist, alles das ist auch dem Gesetz des Vergehens untertan.‹ Jener Mann aber, die Wahrheit schauend, zur Wahrheit hingelangt, die Wahrheit verstehend, die Wahrheit durchdringend, den Zweifel überwindend, dem Schwanken entnommen, zur Kundigkeit hingelangt, von keinem andern abhängig in bezug auf die Verkündigung des Meisters, sprach zum Erhabenen also: »Herrlich, Herr! Herrlich, Herr! Gleich wie man, o Herr, das Niedergebeugte aufrichtet, oder das Verborgene enthüllt, oder dem Verirrten den Weg zeigt, oder in der Finsternis eine Leuchte hinhält, damit, wer Augen hat, die Gestalten der Dinge sehe, also hat der Erhabene in mancherlei Weise die Lehre verkündet. Ich nehme, Herr, meine Zuflucht beim Erhabenen und bei der Lehre und bei der Gemeinde der

1. Die vier »edlen Wahrheiten«. Der Bericht über solche Bekehrung mit der Voranstellung der allgemeinen zugänglichen Lehren, auf die dann die Predigt der vier Wahrheiten folgt, kehrt in den Texten stehend wieder.

Mönche. Als seinen Verehrer (Laienjünger) halte mich der Erhabene von heute an, solange mein Leben währt, der ich meine Zuflucht bei ihm genommen habe[1].« Der Erhabene aber sprach zu dem Mann: »Geh nicht auf diesem Weg, mein Freund! Geh auf jenem Weg!« – so sandte er ihn auf einem andern Weg von sich.

Die zwei, vier acht, sechzehn Männer, die dann in Tätigkeit treten sollten, werden ebenso bekehrt.

Der eine Mann aber ging hin zu Devadatta und sprach zu ihm: »Ich bin nicht imstande, Herr, den Erhabenen ums Leben zu bringen. Von großer Wunderkraft ist der Erhabene, und groß ist seine Gewalt.« »Schon gut, Freund, bringe du den Asketen Gotama nicht ums Leben. Ich selbst werde den Asketen Gotama ums Leben bringen.«

Zu der Zeit wandelte der Erhabene im Schatten des Berges Gjjhakuta (»Geierspitze«) auf und ab. Devadatta aber bestieg den Berg Gjjhakuta und warf einen mächtigen Felsblock hinab: »Damit will ich den Asketen Gotama ums Leben bringen.« Da neigten sich zwei Bergspitzen zusammen und fingen den Felsblock auf. Ein herabfallendes Stück aber sprang davon und traf den Fuß des Erhabenen, so daß sein Blut floß. Da blickte der Erhabene in die Höhe und sprach zu Devadatta: »Große Schuld hast du auf dich geladen, du Tor, daß du mit schlimmen Gedanken, mit Mordsgedanken das Blut des Vollendeten hast fließen lassen.« Und der Erhabene redete zu den Mönchen also: »Dies, ihr Mönche, ist die erste Todsünde[2], mit der sich Devadatta beladen hat, daß er mit schlimmen Gedanken, mit Mordsgedanken das Blut des Vollendeten hat fließen lassen.«

*

Zu der Zeit war in Rajagaha ein Elefant mit Namen Nalagiri, der war wild, ein Töter von Menschen. Da ging Devadatta nach Rajagaha hinein, ging zum Elefantenstall und sprach zu den Elefan-

1. Die stehende Formel, durch die man sich als Laienjünger des Buddha erklärt.
2. Wörtlich: eine Sünde, die unmittelbare Bestrafung findet (nicht erst in einer künftigen Existenz). Dies wurde von gewissen schwersten Sünden angenommen.

tenwärtern: »Hört, ihr Männer, wir sind gut Freund mit dem König und können machen, daß jemand von niederer Stellung zu hoher Stellung befördert, seine Verpflegung gebessert, sein Lohn vermehrt wird. Also hört! Wenn der Asket Gotama diese Straße betritt, dann laßt diesen Elefanten Nalagiri los und laßt ihn durch diese Straße laufen!« »Ja, Herr« – so nahmen die Elefantenwärter den Befehl des Devadatta entgegen. Der Erhabene aber kleidete sich des Morgens an, nahm Almosenschale und Obergewand und ging mit vielen Mönchen nach Rajagaha hinein, Almosen zu sammeln. Da betrat der Erhabene jene Straße. Die Elfantenwärter aber sahen, daß der Erhabene jene Straße betrat; da ließen sie den Elefanten Nalagiri los und ließen ihn durch jene Straße laufen. Da sah der Elefant Nalagiri den Erhabenen, wie er von fern herankam. Wie er ihn sah, erhob er seinen Rüssel, richtete Ohren und Schwanz in die Höhe und lief gegen den Erhabenen an. Und die Mönche sahen den Elefanten Nalagiri, wie er von fern herankam. Wie sie ihn sahen, sprachen sie zum Erhabenen: »Da läuft, Herr, der wilde Elefant Nalagiri, der menschentötende, durch diese Straße. Möge, Herr, der Erhabene umkehren, möge der Wohlwandelnde umkehren!« »Kommt, ihr Mönche, fürchtet euch nicht. Das ist unmöglich, ihr Mönche, es ist ausgeschlossen, daß fremde Gewalt den Vollendeten ums Leben brächte. Unberührt von Gewalt, ihr Mönche, gehen die Vollendeten in das Nirvana ein.« Und zum zweitenmal … und zum drittenmal … *dieselben Worte der Mönche und Antwort des Buddha.*

Zu der Zeit waren die Menschen in die Obergeschosse der Paläste und der Häuser und auf die Dächer gestiegen. Und die ungläubigen, unbekehrten, unerleuchteten Menschen sagten: »Der schöne große Asket wird durch den Elefanten zu Schaden kommen.« Die gläubigen, bekehrten, klugen, erleuchteten Menschen aber sagten: »Da kann man lange warten, ihr Guten, bis der Elefant mit dem Elefanten[1] kämpfen wird.« Der Erhabene aber

1. Mächtige Menschen liebt der Inder mit Elefanten zu vergleichen.

entsandte gegen den Elefanten Nalagiri die Kraft seines freundlichen Denkens. Da senkte der Elefant Nalagiri, vom Erhabenen mit der Kraft freundlichen Denkens getroffen, seinen Rüssel, ging zum Erhabenen und stellte sich vor ihm hin. Der Erhabene aber berührte mit der rechten Hand die Erhöhung auf der Stirn des Elefanten Nalagiri und sprach zum Elefanten Nalagiri die Sprüche:

»Den Elefanten[1] greife nicht an, mein Elefant,
Denn anzugreifen, mein Elefant, den Elefanten bringet Leid.
Denn wer jenen schlägt, mein Elefant,
Kein Heil für ihn es im Jenseits gibt.

Vor wilder Brunst, vor Lässigkeit[2] sei auf der Hut:
Kein Heil erwartet den, der sich in Lässigkeit verliert.
Doch deine Taten werden solche sein,
Daß du den Weg des Heiles gehen wirst.«

Da hob der Elefant Nalagiri mit seinem Rüssel den Staub von den Füßen des Erhabenen auf, streute ihn sich über das Haupt und ging zurück, rückwärts gebeugt, solange er den Erhabenen sah. Und der Elefant Nalagiri ging zum Elefantenstall und stellte sich dort an seinen Platz, und fortan war der Elefant Nalagiri zahm. Zu der Zeit sangen die Menschen den Spruch:

»Die Einen mit dem Stab bänd'gen,
Mit Haken und mit Peitschenhieb.
Ohn Stab und Wehr vom Hochweisen
Der Elefant gebändigt ist.«

*

1. Natürlich wieder der menschliche Elefant.
2. Im Pali ein in der Übersetzung nicht wiederzugebendes Wortspiel *(mado und pamado)*.

Devadatta aber ging dahin, wo Kokalika, Katamorakatissaka, der Khandadevi Sohn des Samuddadatta[1] waren, und sprach zu ihnen: »Kommt, Freunde, laßt uns Spaltung in der Gemeinde und Herrschaft des Asketen Gotama hervorrufen.« Als er so redete, sprach Kokalika zu Devadatta: »Der Asket Gotama, Freund, ist von großer Wunderkraft, und groß ist seine Gewalt. Wie wollen wir Spaltung in der Gemeinde und Herrschaft des Asketen Gotama hervorrufen?« »Kommt, Freunde, wir wollen zum Asketen Gotama gehen und diese fünf Satzungen von ihm fordern: ›Der Erhabene, Herr, verkündigt auf mannigfaltige Weise das Lob des Bescheidenen, Zufriedenen, des Ausrotters und Abschüttlers der Sünde, des gläubig Gestimmten, der Ehrerbietigkeit, der Kraftanspannung. Diese fünf Satzungen nun, Herr, führen auf mannigfaltige Weise zur Bescheidenheit, Zufriedenheit, Ausrottung und Abschüttlung der Sünde, gläubiger Stimmung, Ehrerbietigkeit, Kraftanspannung.

Wohlan, Herr, laß die Mönche ihr Leben lang das Gelübde des Waldlebens befolgen; wer in der Nähe des Dorfs lebt, den möge Schuld treffen.

Laß sie ihr Leben lang das Gelübde des Almosensammelns befolgen; wer eine Einladung annimmt, den möge Schuld treffen.

Laß sie ihr Leben lang das Gelübde des Lumpengewandes[2] befolgen; wer eines Hausvaters Gewand annimmt, den möge Schuld treffen.

Laß sie ihr Leben lang das Gelübde des Wohnens am Fuß der Bäume befolgen; wer unter ein Dach geht, den möge Schuld treffen.

Laß sie ihr Leben lang sich des Fischfleisches enthalten; wer Fischfleisch ißt, den möge Schuld treffen[3]‹«. »Dem wird der Asket Gotama nicht zustimmen. Wir aber wollen den Leuten diese fünf

1. Freunde des Devadatta.

2. Das Gelübde, sich in ein aus aufgesammelten Lumpen verfertigtes Gewand zu kleiden.

3. Überwiegend handelt es sich bei den fünf Punkten um strengere Ordnungen, denen sich der buddhistische Mönch unterwerfen *konnte,* die aber Devadatta obligatorisch machen wollte.

Satzungen kundgeben. Es wird möglich sein, ihr Freunde, mit diesen fünf Satzungen Spaltung in der Gemeinde und Herrschaft des Asketen Gotama herbeizuführen, denn die Leute, ihr Freunde, pflegen das Strenge zu lieben.« Und Devadatta ging samt seinem Gefolge zum Erhabenen hin, brachte dem Erhabenen seinen ehrfurchtsvollen Gruß und setzte sich zur Seite nieder. Zur Seite sitzend, sprach Devadatta zum Erhabenen also: »Der Erhabene, Herr, verkündigt ...« *wie oben, Forderung der fünf Punkte.*

»Nicht also, Devadatta! Wer will, mag das Gelübde des Waldlebens befolgen; wer will, mag in der Nähe des Dorfs leben. Wer will, mag das Gelübde des Almosensammelns befolgen; wer will, mag Einladungen annehmen. Wer will, mag das Gelübde des Lumpengewandes befolgen; wer will, mag eines Hausvaters Gewand annehmen. Für acht Monate[1] Devadatta, habe ich Wohnen am Fuß der Bäume erlaubt. Unter drei Bedingungen ist Fischfleisch rein: wenn man es nicht gesehen, nicht davon gehört, keinen Verdacht hat.« Devadatta aber, erfreut und glücklich, daß der Erhabene jene fünf Satzungen ablehnte, stand mit seinem Gefolge vom Sitz auf, brachte dem Erhabenen ehrfurchtsvollen Gruß, umwandelte ihn rechtshin gewandt und ging von dannen.

Und Devadatta ging mit seinem Gefolge nach Rajagaha hinein und gab den Leuten die fünf Satzungen kund: »Wir sind, ihr Freunde, zum Asketen Gotama gegangen und haben diese fünf Satzungen von ihm gefordert: ›Der Erhabene, Herr, verkündigt ...‹ diesen fünf Satzungen will der Asket Gotama nicht zustimmen. Wir aber wollen diese fünf Satzungen annehmen und danach leben.«

Da sagten die ungläubigen, unbekehrten, unerleuchteten Menschen: »Unter den Asketen, die dem Sakyasohn anhangen, sind es diese, die die Sünde abgeschüttelt und sie aus ihrem Leben ausgerottet haben. Der Asket Gotama aber lebt im Überfluß und ist auf den Überfluß bedacht.« Die gläubigen, bekehrten, klugen, erleuchteten Menschen aber waren unwillig, murrten und entrüsteten sich: »Wie kann Devadatta sich darum bemühen, in des

1. Die Zeit außer den vier Regenmonaten.

Erhabenen Gemeinde und Herrschaft Spaltung hervorzurufen!« Die Mönche aber hörten, wie die Leute unwillig waren, murrten und sich entrüsteten. Und die Bescheidenen unter den Mönchen wurden auch unwillig, murrten und entrüsteten sich: »Wie kann Devadatta sich darum bemühen, in dieser Gemeinde und Herrschaft Spaltung hervorzurufen!« Die Mönche aber sagten dem Erhabenen von der Sache. »Ist es wahr, Devadatta, daß du dich bemühst, in meiner Gemeinde und Herrschaft Spaltung hervorzurufen?« »Es ist wahr, Erhabener.« »Nicht also, Devadatta. Laß nicht Spaltung der Gemeinde dir gefallen. Ein schlimmes Ding, Devadatta, ist Spaltung der Gemeinde. Wer die einträchtige Gemeinde spaltet, Devadatta, begeht eine Sünde, deren Strafe durch das Weltalter reicht; das Weltalter hindurch wird er in der Hölle gepeinigt werden. Wer aber, Devadatta, in der gespaltenen Gemeinde die Eintracht herstellt, tut ein gutes Werk, Brahmas würdig; das Weltalter hindurch wird er Himmelsfreuden genießen. Nicht also, Devadatta. Laß nicht Spaltung der Gemeinde dir gefallen. Ein schlimmes Ding, Devadatta, ist Spaltung der Gemeinde.«

Der ehrwürdige Ananda aber kleidete sich des Morgens an, nahm Almosenschale und Obergewand und ging nach Rajagaha hinein Almosen zu sammeln. Da sah Devadatta den ehrwürdigen Ananda wie er in Rajagaha Almosen sammelte. Ihn erblickend, ging er zum ehrwürdigen Ananda hin und sprach zu ihm: »Vom heutigen Tag an, Freund Ananda, werde ich getrennt vom Erhabenen und getrennt von der Mönchsgemeinde die Beichtfeier halten und die Gemeindeakte vollziehen.« Der ehrwürdige Ananda aber, als er in Rajagaha Almosen gesammelt hatte, nach dem Mahl, vom Almosengang zurückgekehrt, ging zum Erhabenen hin, brachte ihm seinen ehrfurchtsvollen Gruß und setzte sich zur Seite nieder; zur Seite sitzend sprach der ehrwürdige Ananda zum Erhabenen also *folgt Bericht über das eben erzählte Erlebnis genau in den obigen Worten. Zum Schluß der Satz* »Heute, Herr, wird Devadatta die Gemeinde spalten!« Der Erhabene aber, wie er dies erfuhr, tat zu der Zeit den Ausruf:

»Guten die gute Tat leicht ist;
Schwer ist Bösen die gute Tat.
Leicht ist die böse Tat Bösen;
Schwer ist Edlen die böse Tat.«

Devadatta aber, als der Fasttag gekommen war, stand von seinem Sitz auf und verteilte Stimmtäfelchen: »Wir sind, Freunde, zum Asketen Gotama gegangen … *wie oben S. 69*. Diesen fünf Satzungen will der Asket Gotama nicht zustimmen. Wir aber wollen diese fünf Satzungen annehmen und danach leben. Welchen unter euch Ehrwürdigen diese fünf Satzungen gefallen, der möge ein Stimmtäfelchen nehmen.« Zu der Zeit nun waren da fünfhundert Vajjiputtaka-Mönche (Söhne des Vajjigeschlechts) von Vesali, Neulinge und ohne Einsicht in das, um was es sich handelte. Die dachten: »Dies ist die Lehre, dies die Ordnung, dies die Verkündigung des Meisters«, und sie nahmen die Stimmtäfelchen. Devadatta aber, nachdem er die Gemeinde gespalten hatte, nahm die fünfhundert Mönche mit sich und machte sich auf den Weg nach Gayasisa.

Sariputta aber und Moggallana gingen zum Erhabenen hin, brachten dem Erhabenen ehrfurchtsvollen Gruß und setzten sich zur Seite nieder. Zur Seite sitzend aber sprach der ehrwürdige Sariputta zum Erhabenen: »Devadatta, Herr, hat die Gemeinde gespalten, fünfhundert Mönche mit sich genommen und sich auf den Weg nach Gayasisa gemacht.« »Werdet ihr denn nicht, ihr Sariputtas, mit diesen Neulingen unter den Mönchen Mitleid haben? Geht hin, ihr Sariputtas, ehe jene Mönche in Unheil und Verderben verfallen.« »Ja, Herr« – so nahmen Sariputta und Moggallana den Befehl des Erhabenen entgegen, standen von den Sitzen auf, brachten dem Erhabenen ehrfurchtsvollen Gruß, umwandelten ihn rechtshin gewandt und gingen nach Gayasisa.

Zu der Zeit stand ein Mönch nicht fern vom Erhabenen weinend da. Der Erhabene aber sprach zu jenem Mönch: »Warum weinst du, Mönch?« »Selbst die vornehmsten Jünger des Erhabenen, Herr, Sariputta und Moggallana – selbst die gehen zu Devadatta hin und nehmen Devadattas Lehre an.« »Das ist unmöglich, Mönch, es ist ausgeschlossen, daß Sariputta und Moggallana des Devadatta Lehre annehmen könnten. Vielmehr sind sie hingegangen, die Mönche zu unterweisen.«

Zu der Zeit nun saß Devadatta, umgeben von großem Gefolge und predigte seine Lehre. Da sah Devadatta den Sariputta und Moggallana, wie sie von ferne herankamen. Wie er sie sah, sprach er zu den Mönchen also: »Sehet, Mönche, wie wohlverkündet meine Lehre ist. Selbst die vornehmsten Jünger des Asketen Gotama, Sariputta und Moggallana – selbst die kommen zu mir und nehmen meine Lehre an.« Als er so gesprochen hatte, sagte Kokalika zu Devadatta: »Vertraue nicht auf Sariputta und Moggallana, Freund Devadatta! Sariputta und Moggallana führen Böses im Schilde; unter der Herrschaft böser Absichten stehen sie!« »Laß gut sein, Freund; mir soll willkommen sein, wer meine Lehre annimmt.« Und Devadatta bot dem ehrwürdigen Sariputta die Hälfte seines eigenen Sitzes an: »Komm, Sariputta, setze dich hier nieder!« »Schon gut, Freund«, erwiderte der ehrwürdige Sariputta, nahm einen andern Sitz und setzte sich zur Seite nieder. Und auch der ehrwürdige Mahamoggallana nahm einen Sitz und setzte sich zur Seite nieder. Devadatta aber unterwies bis tief in die Nacht hinein die Mönche mit Reden über die Lehre, trieb sie an, ermahnte sie und erfreute sie. Darauf aber forderte er den ehrwürdigen Sariputta auf: »Die Mönchsgemeinde, Freund Sariputta, zeigt noch keine Abspannung und Müdigkeit. Laß dir, Freund Sariputta, eine Rede der Lehre für die Mönche einfallen. Mein Rücken ist ermüdet, den will ich ausstrecken.« »Ja, Freund« – so nahm der ehrwürdige Sariputta den Wunsch des Devadatta entgegen. Devadatta aber ließ sich das Kleid vierfach falten und legte sich auf seine rechte Seite nieder. Und müde, unwachsam und gedankenlos verfiel er augenblicks in Schlaf.

Da spendete der ehrwürdige Sariputta den Mönchen Ermahnung und Unterweisung durch Predigt der Lehre, von den Wundern der Verkündigung handelnd. Und der ehrwürdige Mahamoggallana spendete den Mönchen Ermahnung und Unterweisung durch Predigt der Lehre, von den Wundern der Wunderkräfte handelnd. Wie aber jenen Mönchen vom ehrwürdigen Sariputta Ermahnung und Unterweisung gespendet wurde durch Predigt der Lehre, von den Wundern der Verkündigung handelnd und vom ehrwürdigen Mahamoggallana durch Predigt der Lehre, von den Wundern der Wunderkräfte handelnd, ging ihnen der Wahrheitsblick frei von Dunst und Unreinheit auf: was immer dem Gesetz des Entstehens untertan ist, alles das ist auch dem Gesetz des Vergehens untertan. Der ehrwürdige Sariputta aber sprach zu den Mönchen: »Laßt uns, Freunde, zum Erhabenen hingehen. Wer des Erhabenen Lehre annimmt, möge kommen!« Da nahmen Sariputta und Moggallana jene fünfhundert Mönche mit sich und gingen zum Veluvana[1]. Kokalika aber weckte den Devadatta auf: »Steh auf, Freund Devadatta! Sariputta und Moggallana haben dir deine Mönche entführt! Habe ich es dir nicht gesagt, Freund Devadatta: Vertraue nicht auf Sariputta und Moggallana! Sariputta und Moggallana führen Böses im Schilde; unter der Herrschaft böser Absichten stehen sie!«

Dem Devadatta aber brach an jenem Ort ein heißer Blutstrom aus dem Mund.

*

Und der Erhabene sprach zu den Mönchen also:

»Es war einmal, ihr Mönche, an einer Stätte im Wald ein großer Teich. An dem lebten Elefanten; die tauchten in den Teich hinab, rissen mit dem Rüssel Wurzelschossen und Wurzeln der Lotus aus, spülten sie sorgfältig ab, und wenn sie von Schlamm frei waren, kauten und verzehrten sie sie. Davon wurden sie schön und stark, und sie verfielen auf diese Weise nicht dem Tod oder todesgleichen Leiden. Da waren nun aber auch, ihr Mönche, junge Elefantenkälber, die es jenen großen Elefanten nachtun wollten. Die tauchten in den Teich hinab, rissen mit dem Rüssel Wurzelschossen und Wurzeln der Lotus aus, spülten sie aber nicht

1. Dem Park, in dem Buddha weilt.

sorgfältig ab, und schlammbedeckt wie sie waren, kauten und verzehrten sie sie. Davon wurden sie nicht schön und stark, sondern sie verfielen auf diese Weise dem Tod und todesgleichen Leiden. So, ihr Mönche, will auch Devadatta tun wie ich, und er wird elend sterben.

Dem Rieseneber[1], der die weite Erd' umwühlt,
Dem Lotusfresser, der im Strom die Nacht durchwacht,
Will es das Junge gleichtun, schluckt den Schlamm und stirbt.
So elend stirbt, wer sich vermißt zu tun wie ich.«

Nach einer in der älteren Textschicht nicht vorliegenden Erzählung fand Devadatta sein Ende, indem Flammen aus der Halle hervorschlugen und ihn lebendig verzehrten.

Die Nonne Sundari

Also habe ich gehört[2].

Einstmals verweilte der Erhabene zu Savatthi[3], im Jetavana, dem Garten des Anathapindika. Zu der Zeit wurde der Erhabene gefeiert und hochgehalten, ihm wurde Achtung, Ehre, Hochschätzung bewiesen, und er empfing Gaben alles dessen, was er bedurfte: Mönchsgewänder, Speise, Lager und Sitz, Arzneien für Krankheitsfälle. Und auch die Gemeinde der Mönche wurde gefeiert ... *wie oben*. Die andersgläubigen Asketen aber wurden nicht gefeiert ... Da konnten die andersgläubigen Asketen es nicht länger mit ansehen, wie man den Erhabenen und die Gemeinde der Mönche feierte, und sie gingen zur Wandernonne Sundari und sprachen zu ihr: »Bist du wohl imstande, Schwester, den Deinen einen Dienst zu leisten?« »Was soll ich tun, ihr Her-

1. Der »Rieseneber« ist natürlich der Elefant.
2. Dies die stehenden Eingangsworte eines Lehrtextes.
3. Diese Kosala–Hauptstadt, von Buddha sehr oft besucht, lag wahrscheinlich an der Stelle des heutigen Sahet-Mahet, an der Grenze der Distrikte von Bahraich und Gonda.

ren? Was bin ich nicht für euch zu tun imstande? Auch mein Leben bin ich bereit für die Meinen hinzugeben!« »So gehe denn, Schwester, recht häufig in das Jetavana.« »Das will ich tun, ihr Herren«, so willigte die Wandernonne Sundari in das Begehren der andersgläubigen Asketen und ging immer wieder in das Jetavana. Als nun die andersgläubigen Asketen dessen gewiß waren, daß viele Leute die häufigen Gänge der Wandernonne Sundari nach dem Jetavana bemerkt hatten, brachten sie sie ums Leben und vergruben sie ebendort in einem Brunnen in dem Graben, der das Jetavana umgab. Dann gingen sie zu Pasenadi, dem Kosalakönig und sprachen zu ihm: »Jene Wandernonne Sundari, großer König, ist verschwunden!« »Wo denkt ihr denn, wo sie sein kann?« »Im Jetavana, großer König!« »So durchsucht das Jetavana!« Da durchsuchten die andersgläubigen Asketen das Jetavana und zogen sie so, wie sie sie dort versenkt hatten, aus dem Brunnen des Grabens hervor. Dann legten sie sie auf eine Bahre, brachten sie nach Savatthi hinein, zogen dort von Straße zu Straße und von Platz zu Platz und erregten die Wut der Leute, indem sie sprachen: »Seht, ihr Herren, wie die Anhänger des Sakyasohnes es treiben! Schamlos sind diese Asketen, die dem Sakyasohn anhangen, lasterhaft, böse, verlogen; unheiligen Wandel führen sie! Die wagen es zu tun, als wandelten sie in Tugend, Frieden, Heiligkeit, als wären sie wahrhaft, sittlich, von guter Art! Bei ihnen ist ja von Asketentum keine Rede, von Brahmanentum keine Rede! Ihr Asketentum, ihr Brahmanentum ist nichts wert! Woher käme wohl bei ihnen Asketentum und Brahmanentum? Weit entfernt sind sie von Asketentum, von Brahmanentum! Welcher Mann wird denn tun, was die Männer zu tun pflegen, und darauf das Weib ums Leben bringen!« So oft da nun die Leute in Savatthi Mönche sahen, schalten, schmähten, beleidigten, quälten sie sie mit rohen Schimpfreden: »Schamlos sind diese Asketen . . .« *(wie oben).*

Da gingen viele Mönche, nachdem sie sich am Morgen angekleidet und Almosenschale und Obergewand genommen hatten, nach Savatthi hinein, um Almosen zu sammeln. Als sie ihren

Almosengang getan hatten, nach dem Mahl, vom Almosengang zurückgekehrt, gingen sie zum Erhabenen, brachten ihm ihren ehrfurchtsvollen Gruß und setzten sich zur Seite nieder. Zur Seite sitzend sprachen die Mönche zum Erhabenen: »Wenn jetzt in Savatthi die Leute Mönche sehen, schelten, schmähen, beleidigen, quälen sie sie ...« »Der Lärm wird nicht lange dauern, ihr Mönche. Sieben Tage nur wird er dauern, und nach sieben Tagen wird es still werden. Wo auch denn, ihr Mönche, die Leute, wenn sie Mönche sehen, schelten ..., denen antwortet mit dem Spruch:

›Wer spricht, was unwahr ist, kommt in die Hölle,
Und wer ableugnet, was er hat begangen:
Die beiden leiden sterbend gleiche Strafe
Für solches sünd'ge Tun in Jenseitswelten.‹«

Die Mönche nun, wie sie diesen Spruch vom Erhabenen empfangen hatten, antworteten den Schmähungen in der angegebenen Weise.

Da dachten die Leute: »Diese Asketen des Sakyasohnes haben es nicht getan; die Asketen des Sakyasohnes schwören, daß sie es nicht getan haben.« Und jener Lärm dauerte nicht lange; er dauerte nur sieben Tage, und nach sieben Tagen wurde es still.

Da gingen viele Mönche zum Erhabenen, brachten ihm ihren ehrfurchtsvollen Gruß und setzten sich zur Seite nieder. Zur Seite sitzend sprachen die Mönche zum Erhabenen: »Wunderbar, Herr! Staunenswert, Herr! Wie richtig, Herr, hat der Erhabene doch gesagt: ›Der Lärm wird nicht lange dauern ... nach sieben Tagen wird es still werden.‹ Jetzt ist es still geworden, Herr!«

Solches sehend, tat der Erhabene zu der Zeit den Ausruf:

»Man greift einander an mit Worten zügellos,
Wie einen Elefanten auf dem Schlachtgefild.
Hört er das rohe Wort, das wider ihn man spricht,
Ertrage es der Mönch mit unverstörtem Sinn.«

Wir begegnen hier zum erstenmal dem Jetavana, einem Lieblingsaufenthalt des Buddha. Über diesen Park sei ein alter Vers angeführt:

»Das Jetavana, hier ist es,
Durchwandelt von der Seher Schar,
Der Ort, der mir das Herz froh macht,
Des Wahrheitsfürsten Aufenthalt.«

Mara versucht Buddha mit Herrschermacht

Also habe ich gehört.

Einstmals verweilte der Erhabene im Kosalaland, im Himalaya, in einer Waldhütte.

Als der Erhabene sich da einmal in Verborgenheit und Einsamkeit zurückgezogen hatte, stieg in seinem Geist dieser Gedanke auf: »Möglich ist es fürwahr, als König mit Gerechtigkeit zu regieren, ohne daß man tötet oder töten läßt, ohne daß man Bedrükkung übt oder sie üben läßt, ohne daß man Schmerzen leidet oder andern Schmerzen zufügt.«

Da erkannte Mara der Böse in seinem Geist den Gedanken, der im Geist des Erhabenen aufgestiegen war. Und er ging zum Erhabenen und sprach zu ihm: »Möge der Erhabene als König regieren, möge der Wohlwandelnde als König regieren mit Gerechtigkeit, ohne daß er tötet oder töten läßt, ohne daß er Bedrückung übt oder sie üben läßt, ohne daß er Schmerzen leidet oder andern Schmerzen zufügt!«

»Was hast du denn im Auge, Böser, daß du so zu mir sprichst: ›Möge der Erhabene ...‹?«

»Der Erhabene, Herr, hat ja alle vier Teile der Wundermacht erworben, entfaltet, in Gang gebracht, begründet, geübt, sich zu eigen gemacht, zu voller Vollendung geführt. Wenn der Erhabene wollte, so könnte er fügen, daß der Himalaya, der König der Berge, zu Gold würde, und er würde zu Gold werden.«

»Wenn ein Gebirg von Gold wäre,
Ganz von Golde – gedoppelt selbst[1]
Ein Begier'ger zu klein fänd' es:
Danach handle, wer dies erkennt.

Ein Weiser, der durchschaut des Leidens Ursprung,
Wie könnt' ein solcher sich den Lüsten neigen?
Wissend, daß Haften ist des Daseins Quelle,
Mög' üben er, was ihn von Haften frei macht.«

Da sah Mara, der Böse: »Der Erhabene kennt mich. Der Wohlwandelnde kennt mich.« Und traurig und unmutig verschwand er von selbiger Stätte.

Mara als Ackersmann

Buddha verweilt in Savatthi

Zu der Zeit unterwies der Erhabene die Mönche mit Lehrreden über das Nirvana, ermahnte sie, trieb sie an und erfreute sie. Und die Mönche nahmen seine Rede gläubig an, beherzigten sie, erwogen sie mit allen ihren Gedanken und taten ihr Ohr auf, die Lehre zu hören.

Da dachte Mara, der Böse: »Dieser Asket Gotama unterweist die Mönche mit Lehrreden über das Nirvana ... Ich will zum Asketen Gotama hingehen, um ihm das Augenlicht zu rauben.«

Da nahm Mara, der Böse, die Gestalt eines Ackersmannes an, nahm einen großen Pflug auf die Schulter, nahm einen langen Treibstock in die Hand, und mit wirrem Haar, in hänfenes Gewand gekleidet, die Füße von Lehm beschmutzt, ging er zum Erhabenen und sprach zu ihm:

»Hast du vielleicht Stiere gesehen, Asket?«

»Was willst du mit Stieren, Böser?«

1. Die wahre Textgestalt ist hier zweifelhaft und die Übersetzung darum unsicher.

»Mein ist das Auge, Asket. Mein ist alles Sichtbare. Mein ist das Reich des Erkennens, das aus der Berührung des Auges mit Sichtbarem entsteht. Wohin willst du gehen, Asket, von mir frei zu werden?

Mein ist das Ohr … die Nase … die Zunge … der Leib … das Denken, Asket. Mein sind alle Gedankendinge. Mein ist das Reich des Erkennens, das aus der Berührung des Denkens mit Gedankendingen entsteht. Wohin willst du gehen, Asket, von mir frei zu werden?«

Buddha erwidert

»Dein ist das Auge, Böser. Dein ist alles Sichtbare. Dein ist das Reich des Erkennens, das aus der Berührung des Auges mit Sichtbarem entsteht. Wo es aber kein Auge gibt, Böser, und kein Sichtbares, und kein Reich des Erkennens, das aus der Berührung des Auges mit Sichtbarem entsteht, dahin ist der Weg dir verschlossen, Böser.«

Dasselbe für die andern Sinne, einschließlich des Denkens.

Mara spricht

»Wovon die Welt sagt: ›Mein ist es‹,
Und die so reden: ›Es ist mein‹;
Wenn darauf sich dein Sinn richtet,
Kommst du, o Mönch, nicht los von mir«,

Buddha erwidert

»Wovon sie reden – mein ist's nicht.
Die so reden, die bin ich nicht.
So sei dir denn gesagt, Böser:
Nicht wirst erschauen du meinen Pfad.«

Mara verschwindet unmutig.

Der kranke Mönch

Einstmals verweilte der Erhabene zu Rajagaha, im Veluvana, dem Kalandakanivapa (»Futterplatz der Eichhörnchen«).

Zu der Zeit verweilte der ehrwürdige Vakkali im Haus eines Töpfers, krank, von Leiden und schwerer Krankheit heimgesucht.

Da sprach der ehrwürdige Vakkali zu seinen Pflegern: »Macht euch auf, Freunde, und geht zum Erhabenen. Neigt euch in meinem Namen mit dem Haupt zu den Füßen des Erhabenen und sprecht: ›Der Mönch Vakkali, Herr, ist krank, von Leiden und schwerer Krankheit heimgesucht. Er neigt sich mit seinem Haupt zu den Füßen des Erhabenen.‹ Und sprecht weiter also: Wohlan, Herr, möge der Erhabene zum Mönch Vakkali gehen aus Erbarmen für ihn.‹«

»Ja, Freund« – so nahmen die Mönche die Bitte des ehrwürdigen Vakkali entgegen, gingen zum Erhabenen, brachten ihm ihren ehrfurchtsvollen Gruß und setzten sich zur Seite nieder. Und zur Seite sitzend sprachen die Mönche zum Erhabenen: »Der Mönch Vakkali, Herr, ist krank, von Leiden und schwerer Krankheit heimgesucht. Er neigt sich mit seinem Haupt zu den Füßen des Erhabenen und spricht also: ›Wohlan, Herr, möge der Erhabene zum Mönch Vakkali kommen aus Erbarmen für ihn.‹«

Der Erhabene gab durch Stillschweigen seine Zusage.

Und der Erhabene kleidete sich an, nahm Almosenschale und Obergewand und ging zum ehrwürdigen Vakkali. Da sah der ehrwürdige Vakkali den Erhabenen von fern herankommen. Wie er ihn sah, raffte er sich von seinem Bett auf.

Der Erhabene aber sprach zum ehrwürdigen Vakkali: »Schon gut, Vakkali! Raffe dich nicht von deinem Bett auf! Hier sind Sitze bereitet; da werde ich mich setzen.« Und der Erhabene setzte sich nieder auf einen Sitz, der dort bereitet war. Und wie er dort saß, sprach er zum ehrwürdigen Vakkali: »Geht es dir wohl, Vakkali? Findest du zu leben? Nehmen die Schmerzen ab und nicht zu? Bemerkst du Abnahme von ihnen und keine Zunahme?«

»Es geht mir nicht wohl, Herr, ich finde nicht zu leben. Heftige Schmerzen nehmen bei mir zu und nicht ab. Ich bemerke Zunahme von ihnen und keine Abnahme.«

»Du empfindest doch nicht, Vakkali, über irgend etwas Unruhe oder Reue?«

»Freilich, Herr, empfinde ich keine kleine Unruhe und keine kleine Reue.«

»Dir macht doch nicht, Vakkali, dein Gewissen einen Vorwurf in bezug auf die Tugend deines Wandels?«

»Nein, Herr, mein Gewissen macht mir keinen Vorwurf in bezug auf die Tugend meines Wandels.«

»Wenn dir also dein Gewissen, Vakkali, keinen Vorwurf macht in bezug auf die Tugend deines Wandels, worüber empfindest du denn Unruhe und Reue?«

»Schon lange, Herr, hatte ich den Wunsch, zum Erhabenen zu gehen, ihn zu sehen. Aber meines Leibes Kraft war nicht groß genug, daß ich zum Erhabenen hätte gehen können, ihn zu sehen.«

»Laß es gut sein, Vakkali. Was soll es dir, ob du diesen verweslichen Leib siehst? Wer die Lehre sieht, Vakkali, der sieht mich, und wer mich sieht, der sieht die Lehre. Denn die Lehre sehen, Vakkali, heißt mich sehen, und mich sehen, heißt die Lehre sehen.«

Buddha hält nun die oft wiederkehrende Predigt über die Unbeständigkeit von Körperlichkeit, Empfindungen, Vorstellungen, Gestaltungen und Erkennen. Vakkali endet wie Godhika und geht wie dieser in das Nirvana ein.

Der abgefallene Mönch

Also habe ich gehört.

Einstmals verweilte der Erhabene bei Rajagaha auf dem Berg Gijjhakuta (»Geierspitze«).

Zu der Zeit war ein Wandermönch Sarabha mit Namen, der war vor nicht lange von dieser Lehre und Ordnung abgefallen.

Der führte zu Rajagaha vor den Leuten solche Reden: »Ich habe die Lehre der Asketen, die dem Sakyasohn anhangen, erkannt. Und da ich die Lehre der Asketen, die dem Sakyasohn anhangen, erkannt habe, bin ich von dieser Lehre und dieser Ordnung abgefallen.«

Nun kleideten sich viele Mönche am Morgen an, nahmen Almosenschale und Obergewand und gingen nach Rajagaha hinein, um Almosen zu sammeln.

Sie hören von den Reden, die Sarabha führt, und berichten darüber an Buddha. Sie sprechen zu diesem:

»Wohlan, Herr, möge der Erhabene sich erbarmen und zum Ufer der Sappinika gehen, zum Garten der Wandermönche, zum Wandermönch Sarabha.«

Der Erhabene drückte durch Schweigen seine Einwilligung aus.

Und am Abend erhob sich der Erhabene aus der Zurückgezogenheit und ging zum Ufer der Sappinika, zum Garten der Wandermönche, zum Wandermönch Sarabha. Als er dorthin gekommen war, ließ er sich auf einen Sitz nieder, der da bereitet war. Wie er da saß, sprach der Erhabene zu Sarabha, dem Wandermönch also:

»Ist es wahr, Sarabha, daß du solche Reden führst: ›Ich habe die Lehre … und dieser Ordnung abgefallen‹?«

Als er so sprach, schwieg der Wandermönch Sarabha.

Und zum zweitenmal sprach der Erhabene zu Sarabha, dem Wandermönch, also: »Sage mir, Sarabha, als was hast du denn die Lehre der Asketen, die dem Sakyasohn anhangen, erkannt? Wenn dir etwas darin fehlt, werde ich es dir voll machen. Wenn dir aber nichts fehlt, werde ich dir meinen Beifall zollen.«

Und zum zweitenmal schwieg der Wandermönch Sarabha.

Und zum drittenmal sprach der Erhabene zu Sarabha, dem Wandermönch, also: »Mir, Sarabha, ist die Lehre der Asketen, die dem Sakyasohn anhangen, bekannt. Sage mir, Sarabha, als was hast du denn die Lehre der Asketen, die dem Sakyasohn anhangen, erkannt? Wenn dir etwas darin fehlt, werde ich es dir voll machen.

Wenn dir aber nichts fehlt, werde ich dir meinen Beifall zollen.«

Und zum drittenmal schwieg der Wandermönch Sarabha.

Da sprachen die Wandermönche von Rajagaha zum Wandermönch Sarabha: »Eben das, was du wohl vom Asketen Gotama erbitten möchtest, das bietet der Asket Gotama dir an. Sage, Sarabha, als was hast du denn die Lehre der Asketen, die dem Sakyasohn anhangen erkannt? Wenn dir etwas darin fehlt, wird der Asket Gotama es dir voll machen. Wenn dir aber nichts fehlt, wird der Asket Gotama dir seinen Beifall geben.«

Als sie so sprachen, saß der Wandermönch Sarabha stumm und verdrießlich da, zusammengesunken, zu Boden blickend, in Gedanken verloren, unfähig zu antworten.

Als nun der Erhabene den Wandermönch Sarabha stumm und verdrießlich sah, zusammengesunken, zu Boden blickend, in Gedanken verloren, unfähig zu antworten, sprach er zu jenen Wandermönchen:

»Wenn ein Wandermönch zu mir sagte: ›Du behauptest, der höchste Buddha (»Erleuchtete«) zu sein, aber auf die und die Dinge erstreckt sich deine Erleuchtung nicht‹, so würde ich ihn genau ausfragen und ins Verhör nehmen und mit ihm reden. Und wenn ich ihn dann so genau ausfragte und ins Verhör nähme und mit ihm redete, so wäre es unmöglich, es wäre ausgeschlossen, daß die Sache nicht mit ihm auf die eine oder die andere von drei Weisen ein Ende nähme. Er würde entweder vom einen zum andern abschweifen, das Gespräch anderswohin wenden. Oder er würde seinen Zorn und Haß und Unglauben verraten. Oder er würde stumm und verdrießlich, zusammengesunken, zu Boden blikkend, in Gedanken verloren, unfähig zu antworten, dasitzen wie hier der Wandermönch Sarabha.

Und wenn ein Wandermönch zu mir sagte: ›Du behauptest von allem Verderblichen erlöst zu sein, aber von den und den Verderblichkeiten bist du nicht frei‹, so würde ich ihn genau befragen … *wie oben.*

Und wenn ein Wandermönch zu mir sagte: ›Um welches Zieles willen du deine Lehre vorträgst, das erreicht der nicht, der danach handelt: allem Leiden ein Ende zu machen‹, so würde ich ihn genau befragen … *wie oben.*«

Da ließ der Erhabene am Ufer der Sappinika, im Garten der Wandermönche, dreimal sein Löwengebrüll erschallen und stieg empor in die Luft.

Nicht lange aber, nachdem der Erhabene von dannen gegangen war, spotteten[1] die Wandermönche von allen Seiten den Wandermönch Sarabha mit herabwürdigenden Reden in Grund und Boden: »Das war ja, Freund Sarabha, wie wenn im großen Wald ein alter Schakal sagte: ›Ich will brüllen wie ein Löwe‹ und dann nur heulte wie ein Schakalchen, wie ein Goldwölfchen. Ebenso hast du, Freund Sarabha, als der Asket Gotama nicht da war, gesagt: ›Ich will brüllen wie ein Löwe‹, und dann hast du nur geheult wie ein Schakalchen, wie ein Goldwölfchen. Das war ja, Freund Sarabha, wie wenn ein kleines Küken sagte: ›Ich will krähen wie ein Hahn‹, und dann eben nur piepte wie ein Küken. Ebenso hast du, Freund Sarabha, als der Asket Gotama nicht da war, gesagt: ›Ich will krähen wie ein Hahn‹, und dann hast du nur gepiept wie ein Küken. Wie ein Stier, Freund Sarahba, im leeren Kuhstall findet, daß er gewaltig brüllen müsse, so hast du auch, Freund Sarabha, als der Asket Gotama nicht da war, gefunden, daß du mächtig brüllen müssest.« Und die Wandermönche spotteten von allen Seiten den Wandermönch Sarabha mit herabwürdigenden Reden in Grund und Boden.

Der Brunnen

Also habe ich gehört.

Einstmals wanderte der Erhabene im Land der Mallas[2] mit einer großen Mönchsschar und kam nach Thūna, einem Brahmanendorf der Mallas. Da hörten die Brahmanen und Bauern von

1. Ich kann dies Wort nur vermutungsweise und annähernd wiedergeben.
2. Die Mallas herrschten zu Kusinara, wo später Buddha gestorben ist.

Thūna: »Der Asket Gotama, der vom Sakyahaus kommend, die Welt verlassen hat, wandert im Land der Mallas mit einer großen Mönchsschar und ist nach Thūna gekommen.« Und sie füllten den Brunnen bis zum Rand mit Gras und Spreu und sagten zueinander: »Dies kahlköpfige Mönchspack soll nicht zu trinken finden.«

Der Erhabene aber verließ den Weg und ging zu eines Baumes Fuß. Dort ließ er sich auf den Sitz nieder, der für ihn bereitet war. Wie er nun da saß, sprach der Erhabene zum ehrwürdigen Ananda: »Ich bitte dich, Ananda, hole mir aus jenem Brunnen Wasser zum Trinken.« Auf dieses Wort erwiderte der ehrwürdige Ananda dem Erhabenen: »Eben, Herr, haben die Brahmanen und Bauern von Thūna diesen Brunnen bis zum Rand mit Gras und Spreu gefüllt, und haben zueinander gesagt: ›Dies kahlköpfige Mönchspack soll nicht zu trinken finden.‹« *Zum zweitenmal derselbe Befehl des Buddha, dieselbe Antwort. Dann der Befehl zum drittenmal.* »Ja, Herr«, so nahm Ananda den Befehl des Erhabenen entgegen, ergriff die Schale und ging zum Brunnen. Der Brunnen aber, wie der ehrwürdige Ananda herzukam, spie alles Gras und alle Spreu aus seiner Öffnung aus und stand da voll bis zum Rand von reinem, ungetrübtem, klarem Wasser – überfließend, hätte man meinen sollen. Da dachte der ehrwürdige Ananda: »Wunderbar, fürwahr, staunenswert fürwahr ist es, wie wundermächtig und hochgewaltig der Erhabene ist: hat doch dieser Brunnen, wie ich hinzukam, alles Gras ...« er schöpfte mit seiner Schale Wasser, ging zum Erhabenen und sprach zu ihm: »Wunderbar fürwahr ... Möge der Erhabene das Wasser trinken, möge der Wohlwandelnde das Wasser trinken.«

Solches sehend, tat der Erhabene zu der Zeit den Ausruf:

»Fände sich überall Wasser,
Wozu täte der Brunnen Not?
Hat man vertilgt des Dursts Wurzel,
Was ist's, das noch zu suchen bleibt?«

Buddha hört ein Liebeslied an

Also habe ich gehört.

Einstmals verweilte der Erhabene im Land der Magadhas. Da liegt östlich von Rajagaha ein Brahmanendorf mit Namen Ambasanda (»Mangogehölz«). Von diesem nördlich weilte er auf dem Berg Vediyaka in der Indasalahöhle.

Zu der Zeit nun bekam Sakka, der Inda der Götter[1], Lust, den Erhabenen zu sehen.

Er macht sich mit einem Gefolge von Göttern, vor allem mit dem Gandhabba (Sanskrit Gandharva, halbgöttliches Wesen, Musiker der Götterwelt) Pancasikha, nach dem Berg Vediyaka auf.

Da leuchtete mächtiger Glanz über dem Berg Vediyaka und über dem Brahmanendorf Ambasanda auf, würdig der Göttermacht der Götter. Und in den Dörfern ringsumher sprachen die Leute: »In Flammen steht heute der Berg Vediyaka; in Brand steht heute der Berg Vediyaka; ein Feuermeer ist heute der Berg Vediyaka. Wie kommt es nur, daß heute solch mächtiger Glanz über dem Berg Vediyaka leuchtet und über dem Brahmanendorf Ambasanda?« Und sie wurden von Schreck befallen, und ihr Haar sträubte sich.

Sakka aber, der Inda der Götter, sprach zum Gandhabba Pancasikha: »Für unsereinen ist es schwer, mein Sohn Pancasikha, bei einem Vollendeten Zutritt zu erhalten. Die Vollendeten leben in Versenkung, der Versenkung froh und in sie zurückgezogen. Du solltest, mein Sohn Pancasikha, zuvor den Erhabenen in gnädige Stimmung versetzen. Wenn du ihn zuvor gnädig gestimmt hast, dann könnten wir herzugehen, den Erhabenen zu besuchen, den heiligen, höchsten Buddha.«

»So soll es geschehen, mein hoher Herr« – nahm der Gandhabba Pancasikha den Befehl Sakkas, des Inda der Götter, entgegen. Und er ergriff seine weiße Laute aus Beluvaholz und ging zur Indasalahöhle. Dort, an einer Stelle, wo er dachte: »Hier ist der

1. Der Indra (Pali Inda) der alten Mythologie, auch Sakra (Pali Sakka genannt).

Erhabene nicht mehr fern von mir und nicht zu nah, und er wird meine Musik hören können«, stellte er sich zur Seite hin. Und zur Seite stehend, schlug der Gandhabba Pancasikha seine weiße Laute aus Beluvaholz und sang dieses Lied, in dem des Buddha gedacht wurde, und der Lehre gedacht wurde, und der Heiligen gedacht wurde, und der Liebe gedacht wurde.

»Voll Ehrfurcht grüß ich deinen Vater, Schöne[1].
Timbaru[2], Jungfrau Sonnenschein, begrüß ich,
Der, Holde, dich erzeugt hat,
Dich meines Herzens höchste Freud' und Wonne.

Wie kühle Luft den Schweißgebadeten erquickt,
Wie Trank den Durstenden,
Bist du, Angirastochter[3], teuer mir,
Wie Heiligen der Wahrheit Wort.

Wie man dem Kranken Arzenei,
Wie Speise man dem Hungrigen mag reichen,
So spende Lindrung, Schöne,
Den Glutenqualen, die mein Herz verzehren …

Wie zu des Teiches kaltem Naß,
Darein des Lotus Blütenstaub geregnet,
Der Elefant gequält von Hitze eilt,
Laß mich an deines Busens Kühle sinken …

Mein Herz an dich gekettet ist;
Durch dich ist's umgewandelt.
Ich kann nicht von dir weichen,
Dem Fisch gleich, den die Angel hält gefangen.

1. Die »Schöne« und »Sonnenschein« sind Eigennamen der Halbgöttin, die das Lied feiert.
2. Timbaru ist König der Gandhabbas.
3. Die Angirasen sind ein in mythische Ferne zurückreichendes Brahmanengeschlecht, dem hier die Göttin zugerechnet wird.

In deine Arme schließe mich, Schönhüftige,
Du Holde mit dem sanften, leisen Blick,
In deine Arme schließe mich:
Das ist der Wunsch, den ich im Herzen hege …

Der guten Taten Lohn, die ich getan
An Heiligen, Vollendeten:
O würde, du allschönes Weib,
Mir sein Genuß zuteil mit dir vereint!

Der guten Taten Lohn, die ich getan
Auf diesem weiten Erdenrund:
O würde, du allschönes Weib,
Mir sein Genuß zuteil mit dir vereint!

Wie tief versenkt der Sakyasohn,
In sich geschlossen, weise, wachen Geistes
Sich des Gewinns des Ewigen erfreut,
So strebe ich dir zu, du Sonnenschein!

Wie Seligkeit des Weisen Herz erfüllt,
Wenn der Erleuchtung höchstes Heil ihm worden,
So wär' auch ich beseligt,
Dürft' ich mit dir in Liebe mich vereinen.

Wenn Sakka mir wollt' einen Wunsch gewähren,
Der dreiunddreißig Götter Herr,
Dich würd' allein ich wählen:
So will's die Liebe, die mich hält gefangen.

Dein Vater, weise Jungfrau, gleicht dem Salbaum,
Der prangt in frischer Blütenpracht.
Ich neige mich in Ehrfurcht
Ihm, der ein solches Kind gezeugt, du Schöne!«

Als er so gesungen, sprach der Erhabene zum Gandhabba Pancasikha: »Deiner Saiten Klang, Pancasikha, eint sich schön mit des Gesanges Klang, und des Gesanges Klang mit dem Klang der Saiten. Und deiner Saiten Klang, Pancasikha, übertönt nicht des Gesanges Klang, und des Gesanges Klang nicht den Klang der Saiten. Wann hast du dieses Lied erdacht, Pancasikha, in dem des Buddha gedacht wird, und der Lehre gedacht wird, und der Heiligen gedacht wird, und der Liebe gedacht wird?«

»Es war einst, Herr, als der Erhabene zu Uruvela verweilte, am Ufer des Flusses Neranjara, am Fuß des Ajapala-Feigenbaumes (»Baum der Ziegenhirten«), kurz nachdem er die Erleuchtung erlangt hatte. Zu der Zeit war da die Tochter des Gandhabbakönigs Timbaru, mit Namen Bhadda Suriyavaccasa (»die Schöne, Sonnenschein«); die liebte ich. Diese Schwester[1] aber liebte einen andern, Sikhaddhi, den Sohn Matalis, des Wagenlenkers[2]: den liebte sie. Und als ich, Herr, jene Schwester auf keine Weise erlangen konnte, nahm ich meine weiße Laute aus Beluvaholz, ging zum Haus des Gandhabbakönigs Timbaru und schlug die weiße Laute aus Beluvaholz, indem ich jenes Lied sang, in welchem des Buddha gedacht wird, und der Lehre gedacht wird, und der Heiligen gedacht wird, und der Liebe gedacht wird:

›Voll Ehrfurcht grüß' ich …‹

Als ich so gesungen, Herr, sprach Bhaddha Suriyavaccasa zu mir: ›Ich habe, edler Herr, den Erhabenen nicht selbst von Angesicht gesehen. Aber ich habe von dem Erhabenen gehört, als ich in Sudhamma tanzte, der Halle im Himmel der dreiunddreißig Götter. Und weil du, edler Herr, den Erhabenen preisest, so will ich mich heute mit dir vereinen.‹ Dieses eine Mal, Herr, bin ich mit jener Schwester vereint gewesen, und niemals später ein zweites Mal.«

1. Ein Ausdruck, in dem besonders in geistlicher Sprache von einer Frau gesprochen wird, um die Reinheit des Verhältnisses von ihr zu betonen.
2. M. ist Wagenlenker des Sakka.

Man sieht natürlich, wie nicht erst hervorgehoben zu werden braucht, daß dies Liebeslied, »in dem des Buddha gedacht wird, und der Lehre gedacht wird, und der Heiligen gedacht wird, und der Liebe gedacht wird«, kein ganz echtes Liebeslied ist, sondern Mönchspoesie. Und doch kann es uns wohl von der Liebeslyrik der altbuddhistischen Zeit eine Vorstellung geben. Die anmutige Szene, wie der himmlische Spielmann dies Lied dem großen Heiligen vorsingt und von ihm mit freundlicher Anerkennung gehört wird, war ein beliebter Gegenstand für die altbuddhistische Kunst. Es sei vor allem auf ein reizendes Relief von gräko-indischem Stil hingewiesen, jetzt im Museum von Kalkutta. In der Mitte, in einer Felshöhle, wie in einer Nische, die mächtige Gestalt des Buddha, thronend, in sich versunken, mit dem Heiligenschein. Flammen umspielen die Wände der Grotte. Von der einen Seite tritt Indra mit großem Göttergefolge an ihn heran; der Sonnenschirm, der über ihn gehalten wird, kennzeichnet den Götterkönig. Auf der andern Seite, voranstehend unter mehreren Gestalten, die leider halbzerstörte des Pancasikha, mit den Resten der Laute. Rund umher Felsen und Bäume ein Löwe friedlich neben einer Antilope, ein Pfau, Affen, die durch die Nähe des Heiligen dazu gebracht sind, gleich ihm die Haltung der Meditation einzunehmen, und die in der Tat großen religiösen Ernst zeigen …

Buddha und Dhaniya der Herdenbesitzer

Dhaniya spricht
»Mein Reis ist gekocht, gemolken die Milch«
(sprach Dhaniya der Hirt)
»An der Mahi wohn' ich mit Freundesschar.
Bedacht ist die Hütte, das Feuer entflammt.
Nun regne, Gott, was du regnen magst!«

Buddha spricht
»Zorn ist mir entschwunden, mein Starrsinn getilgt[1]«,
(sprach der Erhabene),
»An der Mahi weil' ich jetzt hier, jetzt dort.
Ohn' Dach ist die Hütte, das Feuer gelöscht.
Nun regne, Gott, was du regnen magst!« …

Dhaniya spricht
»Mein Weib ist gehorsam und ohne Falsch,
Mir in Liebe vereint durch lange Zeit.
Nie hat sie ein böses Wort mir gesagt.
Nun regne, Gott, was du regnen magst!«

Buddha spricht
»Mein Sinn ist gehorsam, gelöst von der Welt,
Geläutert, gebändigt durch lange Zeit.
Nie wird etwas Böses erfunden in mir.
Nun regne, Gott, was du regnen magst!«

Dhaniya spricht
»Fest eingegraben die Pfähle sind;
Die Seile von Schilf sind neu und schön.
Da reißt sich kein Kalb von der Fessel los.
Nun regne, Gott, was du regnen magst!«

Buddha spricht
»Wie der Stier jegliches Band zersprengt,
Schlingpflanzen, vermorschte, der Elefant,
So kehr ich in Mutterschoß nicht zurück.
Nun regne, Gott, was du regnen magst!«

1. Im Palitext zeigen die Worte des Dhaniya und die Entgegnungen des Buddha häufig einen Gleichklang, der in der Übersetzung nicht wiedergebbar ist. In der ursprünglichen Fassung, im Magadhidialekt, muß dieser Gleichklang noch weiter gegangen sein als in dem uns vorliegenden Palitext.

Da strömten gewaltige Güsse herab,
Überflutend die Tiefen und die Höhn.
Wie nun das Rauschen er vernahm
Des Regens, sprach Dhaniya dies Wort:

»Kein kleiner Gewinn ist dies für uns,
Daß wir den Erhabenen durften schau'n.
Du bist unsre Zuflucht, Allsehender!
Unser Meister, großer Weiser, sei!

Wir wollen gehorsam, mein Weib und ich,
In Heiligkeit leben nach deinem Gebot,
Und hinter uns lassend Geburt und Tod
Alles Leids Überwinder wollen wir sein.«

Mara spricht[1]
»Freud' hat an den Söhnen, wer Söhne besitzt«
(sprach Mara der Böse),
»An den Herden hat Freude der Herden Herr
Weltdasein bereitet Freude dem Mann;
Wer davon sich löst, keine Freude hat.«

Buddha spricht
»Schmerz hat von den Söhnen, wer Söhne besitzt«
(sprach der Erhabene),
»Von den Herden hat Schmerz der Herden Herr.
Weltdasein bereitet Schmerzen dem Mann;
Wer davon sich löst, keine Schmerzen hat.«

1. Wie das plötzliche Auftreten Maras in diesem Zusammenhang motiviert zu denken ist, steht dahin.

Buddha als Ackersmann

Also habe ich gehört.

Einstmals verweilte der Erhabene im Land der Magadhas, zu Dakkinagiri (»Südberg«), in Ekanala, einem Brahmanendorf. Zu der Zeit waren beim Brahmanen Kasibharadvaja (»Bharadvaja dem Ackersmann«) fünfhundert Pflüge angespannt; es war die Zeit der Aussaat.

Der Erhabene aber kleidete sich morgens an, nahm Almosenschale und Obergewand und ging hin, wo des Brahmanen Kasibharadvaja Feldarbeiten getan wurden. Beim Brahmanen Kasibharadvaja fand nun eben die Speisung der Arbeiter statt. Da ging der Erhabene hin, wo die Speisung geschah, und stellte sich zur Seite. Und der Brahmane Kasibhradvaja sah den Erhabenen, wie er zur Seite dastand, auf ein Almosen wartend, und sprach zu ihm: »Ich pflüge und säe, Asket. Und wenn ich gepflügt und gesät habe, esse ich. Pflüge und säe du auch, und hast du gepflügt und gesät, dann iß.« »Auch ich, Brahmane, pflüge und säe und esse, nachdem ich gepflügt und gesät habe.« »Wir sehen beim Herrn Gotama doch kein Joch und keinen Pflug und keine Pflugschar und keinen Treibstock und keine Stiere, und trotzdem sagt der Herr Gotama: ›Auch ich, Brahmane, pflüge und säe und esse, nachdem ich gepflügt und gesät habe.‹« Und der Brahmane Kasibharadvaja sprach zum Erhabenen diesen Spruch:

»Du seist ein Ackersmann, sprichst du.
Doch daß du ackerst, sehn wir nicht.
Wo ackerst du dein Feld? frag' ich.
Laß mich kennen den Acker dein.«

Buddha spricht
»Glaub' ist mein Samen, strenge Zucht ist Regen,
Mein Joch und Pflug ist weisheitsreiches Wesen,
Die Deichsel heil'ge Scheu, der Riemen Denken,
Pflugschar und Treibstock ist des Geistes Wachsein.

Des Körpers Tun, die Rede sorgsam hütend,
Knapp in der Nahrung, die dem Leib gewährt wird,
Jät' ich mit Wahrheit aus des Ackers Unkraut,
Ab spann ich (?) meinen Pflug mit güt'ger Sanftmut.
Kraftvolles Streben joch' ich an als Zugtier.
Zur höchsten Friedensstätte geht die Fahrt hin,
Vorwärts beständig, nie zurück sich wendend,
Zum Ziel, wo altes Leid sein Ende findet.

So tu' als Ackersmann ich meine Arbeit.
Frucht der Unsterblichkeit ist's, was ich ernte.
Und die gleich mir bestellten ihren Acker,
Erlösung finden sie von allem Leiden.«

Da schöpfte der Brahmane Kasibharadvaja Reismilch mit einer großen Messingschale und bot sie dem Erhabenen dar: »Möge der Herr Gotama die Reismilch essen. Ein Ackersmann ist er. Denn der Herr Gotama pflügt den Acker, der die Frucht der Unsterblichkeit trägt …«

Die Gewalt der Buddhaverkündigung

»Der Löwe, ihr Mönche, der König der Tiere, geht um die Abendzeit von seinem Lagerplatz. Ist er von seinem Lagerplatz gegangen, so gähnt er, blickt um sich nach den vier Himmelsgegenden und erhebt dreimal sein Löwengebrüll. Hat er dreimal sein Brüllen erhoben, geht er auf Beute aus.

Wenn nun die Tiere, ihr Mönche, den Löwen, den König der Tiere, brüllen hören, so werden sie in großer Zahl von Furcht, Schrecken, Zittern befallen. Die Höhlenbewohner gehen in ihre Höhlen, die Wassertiere ins Wasser, die Waldtiere in den Wald, die Vögel erheben sich in die Lüfte.

Und des Königs Elefanten, ihr Mönche, die in Dörfern und Flecken und Königsstädten mit festen Seilen angebunden sind, die zerreißen und zersprengen ihre Fesseln, und voll Furcht, Urin und Kot von sich lassend, fliehen sie hierhin und dorthin.

So hochmächtig, ihr Mönche, ist der Löwe, der König der Tiere, über allem Getier, von so hoher Gewalt und Majestät.

So ist es nun auch, ihr Mönche, wenn in der Welt ein Vollendeter erscheint, ein erhabener höchster Buddha, begabt mit Wissen und rechtem Tun, ein Wohlwandelnder, ein Welterkenner, ein Höchster, der Ungebändigten Bändiger und Lenker, der Götter und Menschen Lehrer, ein erhabener Buddha. Er verkündigt die Lehre: Dies ist die Körperlichkeit, dies der Körperlichkeit Entstehung, dies der Körperlichkeit Aufhebung. Dies sind die Empfindungen … die Vorstellungen … die Gestaltungen … das Erkennen, dies des Erkennens Entstehung, dies des Erkennens Aufhebung.

Wenn nun die Götter, ihr Mönche, die langlebigen, schönheitsreichen, in Freuden schwimmenden, die droben in ihren Götterwohnungen langen Daseins sich freuen, des Vollendeten Verkündigung hören, so werden auch sie in großer Zahl von Furcht, Schrecken, Zittern befallen: ›So sind wir denn vergänglich und haben geglaubt, wir wären unvergänglich. So haben wir denn kein bleibendes Sein und haben geglaubt, wir hätten bleibendes Sein. So sind wir denn nicht ewig und haben geglaubt, wir wären ewig. Vergänglich also sind wir, ohne bleibendes Sein, nicht ewig, in das Weltdasein verflochten!‹

So hochmächtig, ihr Mönche, ist der Vollendete über der Welt samt den Göttern, von so hoher Gewalt und Majestät.«

So sprach der Erhabene. Als so der Wohlwandelnde geredet hatte, sprach der Meister weiter also:

»Als, der die Wahrheit fand, Buddha,
Das Rad der Lehre rollen ließ,
Der Erdwelt und der Welt droben
Meister, der unvergleichliche –

Als des Weltdaseins Aufhebung
Und sein Entstehn er kündete,
Den edlen Pfad von acht Gliedern,
Der zu des Leidens Ende führt:

Da waren auch die langleb'gen
Götter, die schönen, herrlichen,
Voll Schrecken, furchterfaßt, zitternd,
Wie vor dem Löwen das Getier,

Als sie des Heil'gen Wort hörten,
Des erlösten, vollendeten:
›Uns trifft das Los des Weltdaseins,
Vergänglichkeit ist unser Teil! …‹«

Vom Wesen des Buddha

Einzelne Versgruppen und Verse.

Buddha spricht zum Brahmanen Sela
»König, Sela, fürwahr bin ich« – sprach der Erhabene –
»Ohnegleichen, der Wahrheitsfürst.
Der Lehre Rad laß' ich rollen,
Dies Rad, das niemand hemmen kann.«

Sela
»Daß ein Buddha du seist, kündst du« – sprach der Brahmane [Sela –
»Ohnegleichen, ein Wahrheitsfürst.
›Der Lehre Rad laß' ich rollen‹:
So zu mir sprichst du, Gotama.

Wer ist nun, Herr, dein Feldhauptmann,
Jünger, Genosse deines Werkes?

Wer läßt mit dir das Rad rollen
Der Lehre, so wie du es tust?«

Buddha
»Wie ich lasse das Rad rollen – o Sela«, sprach der Erhabene –
»Der Lehre ohnegleiches Rad,
Sariputta mit mir rollt es,
Der Nächste den Vollendeten.

Was man erkennen soll, kenn ich.
Was man vollziehn soll, ich vollzog's.
Was man zu lassen hat, ließ ich:
So erwarb ich die Buddhaschaft.

Laß den Zweifel an mir schwinden;
Glauben, Brahmane, weck in dir.
Einen Buddha zu schaun, selten
Wird dieses Glück der Welt zuteil.

Der in der Welt zu schaun schwer ist,
Dieweil gar selten er erscheint:
Ich bin's, Brahmane, bin Buddha,
Allen Wunden der beste Arzt.«

Sabhiya, ein andersgläubiger Asket, ist bekehrt und preist den Buddha
»Hochgeborner, dir sei Ehre,
Ehre, höchster der Männer, dir!
An Hoheit kommt dir gleich niemand
Hienieden und im Götterreich.

Der Buddha bist du, bist Meister;
Maras Bezwinger, Weiser du:
Von Wollen frei, am Ziel bist du,
Führst zum Ziel der Geschöpfe Schar.

Hinaus über das Weltdasein
Schreitest du, tilgst, was uns verderbt.
Freiheitsgewohnt, ein Leu bist du,
Von Furcht und Schrecken unberührt.

Nicht zu netzen vermag Wasser
Der Lotusblume Lieblichkeit.
So nicht Gutes und nicht Böses –
Beides dich nicht benetzen kann.
Held, deinen Fuß mir darbiete:
Sabhiya seinen Meister grüßt!«

Dessen Sieg allunbesiegbar ist,
Dem obzusiegen keinem ist gegeben:
Buddha, Ihn, der Unendlichkeit Durchschreiter,
Den Spurlosen, wie mögt ihr ihn erspüren?

Den die netzwerfende Hafterin,
Die Begierde fortzureißen keine Macht hat:
Buddha, Ihn, der Unendlichkeit Durchschreiter,
Den Spurlosen, wie mögt ihr ihn erspüren?

Der Sonne Licht bei Tag leuchtet.
Bei Nacht erstrahlt des Mondes Schein.
Trägt er Waffen, der Held leuchtet,
Der Weise, wenn er sich versenkt.
Doch Tag und Nacht ohn Aufhören
Strahlt der Buddha mit seinem Glanz.

Ein Brahmane hat Buddha nach dem Geschlecht gefragt, dem er entstammt.
»Bin nicht Brahmane, nicht von Fürstenstamme,
Nicht vom Geschlecht der Bürger oder Bauern.
Wohl kenn ich der Alltagsmenschen Sippe.
Fremd jedem Etwas wandle ich als Weiser.

Im Mönchsgewande, ohne Haus und Heimstatt,
Geschornen Hauptes, weltentnommnen Geistes
Schreit' ich, den Menschenkindern unberührbar.
Wie magst nach meiner Abkunft mich, Brahmane, fragen?«

Aus der Erzählung über die letzten Wanderungen des Buddha und über sein Eingehen in das Nirvana

Der Erhabene aber, als er im Hain der Ambapali[1] geweilt hatte, solange es ihm gefiel, sprach zum ehrwürdigen Ananda: »Wir wollen uns aufmachen, Ananda; wir wollen zum Beluvadorf gehen.« »Ja, Herr« – so stimmte der ehrwürdige Ananda dem Erhabenen zu. Der Erhabene aber ging mit einer großen Mönchsschar zum Beluvadorf.

Da sprach der Erhabene zu den Mönchen: »Geht, ihr Mönche. Tretet um Vesali herum, wie ihr miteinander befreundet und bekannt seid und einander anhängt, die Regenzeit an. Ich aber werde hier im Beluvadorf die Regenzeit antreten.«

»Ja, Herr«, so nahmen die Mönche den Befehl des Erhabenen entgegen. Und wie sie miteinander befreundet und bekannt waren und einander anhingen, so traten sie um Vesali herum die Regenzeit an. Der Erhabene aber trat ebendort im Beluvadorf die Regenzeit an.

Als nun der Erhabene die Regenzeit angetreten hatte, befiel ihn eine schwere Krankheit. Heftige Schmerzen erhoben sich, die ihn dem Tod nah brachten. Denen gab der Erhabene wachsam und bewußt Raum und ließ sich durch sie nicht anfechten.

Da sprach der Erhabene zu sich: »Das würde mir nicht anstehen, daß ich in das Nirvana einginge, ohne zu denen geredet zu

1. Die Hetäre Ambapali hatte diesen bei Vesali gelegenen Hain der Mönchsgemeinde gestiftet. Das Beluvadorf (doch wohl benannt von einem Beluva-[Bilva-]Gehölz) muß, wie der Zusammenhang zeigt, ein Vorort von Vesali gewesen sein. Die große und glänzende Freistadt Vesali selbst scheint an der Stelle des heutigen Besarh (Nord-Bihar) gelegen zu haben.

haben, die für mich sorgten, und ohne es der Gemeinde der Mönche kundgetan zu haben. Ich will diese Krankheit mit Macht unterdrücken und im Festhalten am Lebenswillen verharren. Da unterdrückte der Erhabene die Krankheit mit Macht und verharrte im Festhalten am Lebenswillen. Da legte sich jene Krankheit des Erhabenen.

Der Erhabene aber, als er von der Krankheit aufgestanden war, nicht lange nachdem er aufgestanden war von jenem Kranksein, trat heraus aus dem Mönchshaus und setzte sich im Schatten des Mönchshauses nieder auf den Sitz, der für ihn bereitet war. Der ehrwürdige Ananda aber ging zum Erhabenen hin, brachte dem Erhabenen seinen ehrfurchtsvollen Gruß und setzte sich zur Seite nieder. Zur Seite sitzend, sprach der ehrwürdige Ananda zum Erhabenen also: »Welches Glück, Herr, daß dem Erhabenen besser geworden ist! Welches Glück, Herr, daß es dem Erhabenen gut geht! Mein Körper, Herr, war wie erstarrt (?). Mir war schwindlig, ich konnte keinen Gedanken fassen wegen der Krankheit des Erhabenen. Aber den einen Trost hatte ich doch, Herr: Der Erhabene wird nicht in das Nirvana eingehen, ehe nicht der Erhabene über die Gemeinde der Mönche noch sein Wort gesprochen hat.«

»Was erwartet denn die Gemeinde der Mönche noch von mir, Ananda? Ich habe die Lehre verkündet, Ananda, und habe keinen Unterschied gemacht zwischen drinnen und draußen; nicht hat der Vollendete, Ananda, mit seiner Lehre gegeizt. Wer es so meint, Ananda, ›Ich will die Gemeinde der Mönche leiten‹, oder ›Nach mir soll die Gemeinde der Mönche sich richten‹, der möchte über die Gemeinde der Mönche sein Wort sprechen. Der Vollendete aber, Ananda, meint es nicht so: ›Ich will die Gemeinde der Mönche leiten‹ oder ›Nach mir soll die Gemeinde der Mönche sich richten‹. Was soll da der Vollendete über die Gemeinde der Mönche noch sein Wort sprechen? Ich bin jetzt hinfällig, Ananda; ich bin alt, ich bin ein Greis, der seinen Weg gemacht und sein Alter erreicht hat. Achtzig Jahre bin ich alt. Wie ein gebrechlicher Karren, Ananda, nur noch durch Stricke (?) und solcherlei Notbehelf zusammenhält, so hält auch, Ananda, des Vollendeten Körper, möchte ich sagen, nur durch Stricke (?) und solcherlei Notbehelf zusammen …

So verharrt denn also, Ananda, daß ihr eure eigne Leuchte und eure eigne Zuflucht seid, daß nichts andres eure Zuflucht ist, daß die Lehre eure Leuchte, die Lehre eure Zuflucht, nichts andres eure Zuflucht ist …

Denn welche Mönche jetzt, Ananda, oder nach meinem Hingang also verharren werden, daß sie ihre eigne Leuchte und ihre eigne Zuflucht sind, daß nichts andres ihre Zuflucht ist, daß die Lehre ihre Leuchte, die Lehre ihre Zuflucht, nichts andres ihre Zuflucht ist: die, Ananda, werden auf der Höhe stehen, alle die, die dem rechten Wandel nachtrachten.«

*

Nicht lange aber, nachdem der ehrwürdige Ananda fortgegangen war, ging Mara, der Böse, zum Erhabenen und trat zur Seite hin. Zur Seite stehend aber sprach Mara, der Böse, zum Erhabenen: »Möge jetzt, Herr, der Erhabene in das Nirvana eingehen! Möge der Wohlwandelnde in das Nirvana eingehen! Jetzt, Herr, ist für den Erhabenen die Zeit des Nirvana gekommen. Der Erhabene, Herr, hat dies Wort gesprochen: ›Ich werde nicht in das Nirvana eingehen, du Böser, ehe nicht Mönche meine Jünger geworden sind, weise und unterwiesen, kundig, reich an Wissen, Kenner der Lehre, der Lehre beflissen, rechten Verhaltens beflissen, der Lehre nachwandelnd, die, was sie von ihrem Meister gehört haben, weiter verkünden, lehren, bekanntmachen, aufstellen, enthüllen, ordnen, auseinander legen, den Widerspruch, der sich erhebt, durch die Lehre vernichten und ganz zunichte machen, unter Wundertun (?) die Lehre verkünden‹. Jetzt aber, Herr, sind Mönche des Erhabenen Jünger geworden, weise und unterwiesen … So möge denn jetzt, Herr, der Erhabene in das Nirvana eingehen! Jetzt, Herr, ist für den Erhabenen die Zeit des Nirvana gekommen!«

Mara wiederholt die Mahnung zum Eingehen in das Nirvana, indem er für »Mönche« nacheinander setzt »Nonnen«, »Laienbrüder«, »Laienschwestern«. Endlich fährt er fort:

»Der Erhabene, Herr, hat dies Wort gesprochen: ›Ich werde nicht in das Nirvana eingehen, du Böser, ehe nicht dieser heilige Wandel, den ich lehre, gediehen ist und zugenommen hat und sich verbreitet hat über alles Volk und im Schwang geht und in helles Licht gesetzt ist, soweit Götter und Menschen wohnen‹. Jetzt aber, Herr, ist der heilige Wandel, den du lehrst … soweit Götter und Menschen wohnen. So möge denn jetzt, Herr, der Erhabene in das Nirvana eingehen! Möge der Wohlwandelnde in das Nirvana eingehen! Jetzt, Herr, ist für den Erhabenen die Zeit des Nirvana gekommen!«

Als er so geredet hatte, sprach der Erhabene zu Mara, dem Bösen, also: »Laß dich das nicht kümmern, du Böser! Über nicht lange wird des Vollendeten Nirvana sein. Von jetzt an über drei Monate wird der Vollendete in das Nirvana eingehen.«

Da entließ der Erhabene beim Capala Cetiya wachsamen und bewußten Geists von sich den Lebenswillen[1]. Und als der Erhabene den Lebenswillen von sich entlassen hatte, geschah ein großes Erdbeben, ein furchtbares, Haarsträuben erregendes, und die Trommeln der Götter erdröhnten. Der Erhabene aber, wie er dies wahrnahm, tat zu dieser Zeit den Ausruf:

»Sei's gleicher, sei's ungleicher Art, Entstehen
Und Werdewillen tat von sich der Weise,
Zerbrach, in sich befriedet, fest gesammelt
Gleich einem Panzerkleid des Selbsts Entstehen.«

*

»Habe ich es dir nicht im voraus gesagt, Ananda: von allem, was uns lieb und wert ist, müssen wir uns trennen, müssen uns von ihm abscheiden, es muß anders damit werden? Wie wäre es denn, Ananda, möglich, daß, was geboren, geworden, gestaltet, der Auflösung untertan ist, sich nicht auflöste? Das kann nicht sein. Und weiter, Ananda, was der Vollendete aufgebeben, ausgespieen, von

1. Wörtlich: den Sankhara, d. h. die »Gestaltung«.

sich gelöst, verlassen, abgetan hat – der Lebenswille, den er von sich entlassen hat, das bestimmte Wort, das der Vollendete gesprochen hat: ›Über nicht lange wird des Vollendeten Nirvana sein. Von jetzt an über drei Monate wird der Vollendete in das Nirvana eingehen‹: daß der Vollendete dies Wort um des Lebens willen wieder zurückschlucken sollte, das kann nicht sein.

Wir wollen uns aufmachen, Ananda; wir wollen zum ›Großen Wald‹, zur Kutagarahalle gehen.«

»Ja, Herr« – so stimmte der ehrwürdige Ananda dem Erhabenen zu. Der Erhabene aber ging mit dem ehrwürdigen Ananda zum »Großen Wald«, zur Kutagarahalle. Dorthin gelangt, sprach er zum ehrwürdigen Ananda also: »Geh, Ananda; laß alle Mönche, die sich in der Nähe von Vesali aufhalten, in die Empfangshalle zusammenkommen.« »Ja, Herr« – so nahm der ehrwürdige Ananda den Befehl des Erhabenen entgegen, ließ alle Mönche, die sich in der Nähe von Vesali aufhielten, in der Empfangshalle zusammenkommen, ging zum Erhabenen, brachte ihm seinen ehrfurchtsvollen Gruß und trat zur Seite hin. Zur Seite stehend, sprach der ehrwürdige Ananda zum Erhabenen: »Die Mönchsgemeinde, Herr, ist versammelt. Der Erhabene, Herr, tue, was er jetzt an der Zeit hält.«

Der Erhabene aber ging zur Empfangshalle und setzte sich auf den Sitz nieder, der für ihn bereitet war. Wie er dort saß, sprach der Erhabene zu den Mönchen also:

»So mögt ihr denn, ihr Mönche, alle die Dinge, die ich erkannt und euch gelehrt habe, recht erfassen, danach wandeln, sie verwirklichen, sie ausbreiten, auf daß dieser heilige Wandel dauern und lange währen möge: das gereiche zu Vieler Wohl, zur Freude Vieler, zum Erbarmen für die Welt, zum Besten, zum Wohl, zur Freude von Göttern und Menschen. Und was sind die Dinge, ihr Mönche, die ich erkannt und euch gelehrt habe, die ihr recht erfassen, danach wandeln, sie verwirklichen, sie ausbreiten sollt, auf daß ...? Es ist die vierfache Wachsamkeit, das vierfache rechte Streben, die vier Teile der Wunderkraft, die fünf Organe, die fünf Kräfte, die sieben Glieder der Erleuchtung, der edle achtgliedrige Pfad. Dies sind die Dinge, ihr Mönche, die ich erkannt und euch gelehrt habe ...«

Der Erhabene aber sprach zu den Mönchen also: »Wohlan, ihr Mönche, ich sage euch: der Vergänglichkeit untertan sind alle Gestaltungen. Laßt niemals nach in eurem Streben. Über nicht lange wird des Vollendeten Nirvana sein. Von jetzt an über drei Monate wird der Vollendete zum Nirvana eingehen.«

So sprach der Erhabene. Als so der Wohlwandelnde geredet hatte, sprach der Meister weiter also:

»Mein Leben seinem Ziel zureift,
Mir bleibt nur kurzer Daseinsrest.
Euch verlassend, hinweg geh' ich;
Den Zufluchtsort erschafft' ich mir.

Seid ohne Unterlaß wachsam,
Geht in Tugend den rechten Pfad.
Wohlgesammelt, entschlußkräftig
Behütet, Jünger, euren Geist.

Wer unwandelbar treu feststeht
In dieser Lehr' und dieser Zucht,
Verlassend der Geburt Irrweg
Erreicht er alles Leidens Ziel.«

Der Erhabene aber kleidete sich des Morgens an, nahm Almosenschale und Obergewand und ging nach Vesali hinein, Almosen zu sammeln. Als er in Vesali den Almosengang vollbracht hatte, nach dem Mahl, vom Almosengang zurückgekehrt, blickte er nach Elefantenart[1] auf Vesali hin und sprach zum ehrwürdigen Ananda also:

»Dies, Ananda, wird des Vollendeten letzter Blick auf Vesali gewesen sein. Wir wollen uns aufmachen, Ananda; wir wollen nach Bhandagama gehen!«

1. Ein Buddha dreht, wenn er sich umsehen will, nicht den bloßen Kopf zurück, sondern den ganzen Körper.

»Ja, Herr« – so stimmte der ehrwürdige Ananda dem Erhabenen zu. Der Erhabene aber ging mit einer großen Mönchsschar nach Bhandagama. Dort verweilte der Erhabene zu Bhandagama.

Da sprach der Erhabene zu den Mönchen also: »Weil wir vier Dinge, ihr Mönche, nicht erkannt hatten und nicht in sie eingedrungen waren, habe ich und habt ihr diesen langen Weg durchwandern und durchirren müssen. Was sind diese vier Dinge? Weil wir edle Sittenzucht ... edle Sammlung ... edle Weisheit ... edle Erlösung nicht erkannt hatten ... *wie eben, bis* ... durchirren müssen. Nun aber ist diese edle Sittenzucht ... edle Sammlung ... edle Weisheit ... edle Erlösung erkannt und sind wir in sie eingedrungen. Vernichtet ist der Werdedurst; zerstört, was zum Werden führt; nicht mehr gibt es jetzt neues Werden.«

So sprach der Erhabene. Als so der Wohlwandelnde geredet hatte, sprach der Meister weiter also:

»Sitte, Sammlung, dazu Weisheit
Und Erlösung, das höchste Gut
Durch Erleuchtung ist es erkannt
Von Gotama, dem Herrlichen.

Und wie er es erkannt, kündet
Buddha solches der Jüngerschar,
Der Meister, alles Leids Ender,
Der Seher, der Erloschene.«

Die Wanderung geht weiter. Man kommt nach Pava.

Da hörte Cunda, des Schmiedes Sohn: »Der Erhabene ist nach Pava gekommen und verweilt in Pava in meinem Mangohain.« Da ging Cunda, des Schmiedes Sohn, hin zum Erhabenen, brachte dem Erhabenen ehrfurchtsvollen Gruß und setzte sich zur Seite nieder. Wie er zur Seite dasaß, unterwies der Erhabene Cunda, des Schmiedes Sohn, mit geistlicher Rede, trieb ihn an, ermahnte ihn und erfreute ihn. Cunda aber, des Schmiedes Sohn, vom Erhabenen mit geistlicher Rede unterwiesen, angetrieben, ermahnt und erfreut, sprach zum Erhabenen: »Möge mir, Herr, der Erhabene, für morgen zum Mahl sein Kommen zusagen samt der Mönchsschar.« Der Erhabene gab seine Zusage, indem er schwieg. Cunda aber, des Schmiedes Sohn, als er erkannt hatte, daß der Erhabene zusagte, stand von seinem Sitz auf, brachte dem Erhabenen seinen ehrfurchtsvollen Gruß, umwandelte ihn rechtshin gewandt und ging von dannen.

Als aber die Nacht vergangen war, ließ Cunda, des Schmiedes Sohn, in seiner Behausung erlesene Speisen, feste und flüssige, zubereiten und treffliches weiches Eberfleisch[1], und ließ dem Erhabenen die Mahlzeit ansagen: »Es ist Zeit, Herr, das Mahl ist bereit.«

Der Erhabene aber kleidete sich des Morgens an, nahm Almosenschale und Obergewand und ging mit der Mönchsschar zur Behausung Cundas, des Schmiedsohnes. Dort setzte er sich auf den Sitz nieder, der für ihn bereit war. Wie er dort saß, sprach der Erhabene zu Cunda, des Schmiedes Sohn, also: »Das weiche Eberfleisch, Cunda, das bei dir bereitet ist, damit bewirte mich. Die andere, feste und flüssige Speise aber, die bereitet ist, damit bewirte die Mönchsschar.«

»Ja, Herr« – so nahm Cunda, des Schmiedes Sohn, den Befehl des Erhabenen entgegen. Und mit dem weichen Eberfleisch, das bereitet war, bewirtete er den Erhabenen; mit der andern festen und flüssigen Speise aber, die bereitet war, bewirtete er die Mönchsschar.

Der Erhabene aber sprach zu Cunda, des Schmiedes Sohn: »Was von deinem weichen Eberfleisch übrig geblieben ist, Cunda, das vergrabe in einer Grube. Ich weiß niemanden, Cunda, in der Welt samt Göttern, samt Mara, samt Brahma, unter allen Wesen samt Asketen und Brahmanen, samt Göttern und Menschen, der, wenn er dies gegessen, es richtig verdauen könnte, außer dem Vollendeten.«

1. Diese Übersetzung halte ich für wahrscheinlich; ähnlich *R. O. Franke.* Doch enthält der Schlußbestandteil des Worts, das buchstäblich »Eber-Weichheit« bedeutet, offenbar die genauere, nicht wiedergebbare technische Bezeichnung der betreffenden aus Eberfleisch bereiteten Speise. Nach andern meines Erachtens weniger wahrscheinlich – wäre vielmehr eine trüffelartige Speise gemeint.

»Ja, Herr« – so nahm Cunda, des Schmiedes Sohn, den Befehl des Erhabenen entgegen, und was von dem weichen Eberfleisch übrig geblieben war, das vergrub er in einer Grube. Darauf ging er hin zum Erhabenen, brachte dem Erhabenen ehrfurchtsvollen Gruß und setzte sich zur Seite nieder. Wie er zur Seite dasaß, unterwies der Erhabene Cunda, des Schmiedes Sohn, mit geistlicher Rede, trieb ihn an, ermahnte ihn und erfreute ihn. Darauf stand er von seinem Sitz auf und ging von dannen.

Als aber der Erhabene die Speise Cundas, des Schmiedsohnes, genossen hatte, befiel ihn eine schwere Krankheit, die Ruhr. Heftige Schmerzen erhoben sich, die ihn dem Tod nah brachten. Denen gab der Erhabene wachsam und bewußt Raum und ließ sich durch sie nicht anfechten. Der Erhabene aber sprach zum ehrwürdigen Ananda: »Wir wollen uns aufmachen, Ananda; wir wollen nach Kusinara gehen.« »Ja, Herr« – so stimmte der ehrwürdige Ananda dem Erhabenen zu.

Als er Cundas, des Schmieds Speise
Verzehrt – so habe ich gehört –,
Schwere Krankheit, den Tod drohend,
Den weisen Meister überkam.

Wie er des Ebers weiches Fleisch genossen,
Heftiger Krankheit Schmerzen ihn befielen.
Und er entleerte sich und sprach, der Hohe:
»Nach Kusinara will, der Stadt, ich gehen.«

Auf dem Weg nach Kusinara[1] trug sich der im folgenden berichtete Vorfall zu, der, so unbedeutend er an sich ist, doch als allem Anschein nach in getreuer Erinnerung bewahrt, hier hervorgehoben sei.

Der Erhabene aber ging mit einer großen Mönchsschar zum Fluß Kakuttha. Dort tauchte er in den Fluß Kakuttha hinab, badete, trank, stieg wieder heraus und ging zum Mangohain. Dort

1. Kusinara pflegt mit dem heutigen Kasia, im Distrikt Gorakhpur, identifiziert zu werden.

angelangt, sprach er zum ehrwürdigen Cundaka[1]: »Bitte, Cundaka, lege mir das Kleid vierfach gefaltet hin. Ich bin müde, Cundaka. Ich will mich niederlegen.« »Ja, Herr« – so nahm der ehrwürdige Cundaka den Befehl des Erhabenen entgegen und legte ihm das Kleid vierfach gefaltet hin. Und der Erhabene legte sich auf seine rechte Seite, wie ein Löwe liegt, einen Fuß über dem andern, und wachsam und bewußt hielt er den Gedanken fest, wieder aufstehen zu wollen. Der ehrwürdige Cundaka aber setzte sich daselbst vor dem Erhabenen nieder.

Gewandert kam Buddha zum Flusse Kakuttha,
Dem ruhigen, reinen, mit klarem Wasser.
Ins Wasser stieg müde hinab der Meister,
Der höchste Vollendete, ohnegleiche.
Als er gebadet, trank er, entstieg dem Flusse
Der Meister, umringt von den Jüngerscharen.
Der heilige Meister, der Wahrheit Künder,
Der Weise ging hin zu dem Mangowalde.
Drauf sprach er zu Cunda, dem Mönche: Falte
Das Kleid mir vierfach, daß ich mich niederlege.
Und Cunda tat nach dem Gebot des Heil'gen,
Vierfach gefaltet breitet' er schnell das Kleid aus.
Da legte der Meister sich hin, der müde,
Und Cunda auch setzte sich vor ihm nieder.

*

Der Erhabene aber sprach zum ehrwürdigen Ananda also: »Wir wollen uns aufmachen, Ananda. Wir wollen zum andern Ufer des Flusses Hirannavati, nach Kusinara, zum Upavattana, dem Salahain der Mallas[2] gehen.« »Ja, Herr« – so stimmte der ehrwür-

1. Dieser Mönch Cundaka oder Cunda ist natürlich von dem vorher und bald, an einer hier nicht übersetzten Stelle, auch nachher erwähnten Cunda, des Schmiedes Sohn, verschieden.
2. Die Mallas sind das herrschende Adelsgeschlecht von Kusinara. – Sala: ein stattlicher Baum (Vatica robusta).

dige Ananda dem Erhabenen zu. Der Erhabene aber ging mit einer großen Mönchsschar zum andern Ufer des Flusses Hirannavati, nach Kusinara, zum Upavattana, dem Salahain der Mallas. Dort angelangt sprach er zum ehrwürdigen Ananda also: »Bitte, Ananda, bereite mir zwischen zwei Salazwillingsbäumen ein Ruhebett mit dem Kopfende nach Norden. Ich bin müde, Ananda. Ich möchte mich niederlegen.« »Ja, Herr« – so nahm der ehrwürdige Ananda den Befehl des Erhabenen entgegen und bereitete zwischen zwei Salazwillingsbäumen ein Ruhebett mit dem Kopfende nach Norden. Und der Erhabene legte sich auf seine rechte Seite, wo ein Löwe liegt, einen Fuß über dem andern, wachsam und bewußt. Zu der Zeit aber waren die beiden Salazwillingsbäume über und über mit Blüten bedeckt, obwohl es dafür nicht die Jahreszeit war. Die bestreuten, überstreuten, überschütteten den Leib des Vollendeten, dem Vollendeten zu Ehren. Und himmlische Mandaravablüten[1] fielen aus der Luft herab. Die bestreuten … Und himmlischer Sandelstaub fiel aus der Luft herab. Der bestreute … Und himmlische Musikinstrumente erklangen im Luftraum dem Vollendeten zu Ehren. Und himmlische Gesänge erschollen im Luftraum dem Vollendeten zu Ehren.

Der Erhabene aber sprach zum ehrwürdigen Ananda also: »Die beiden Salazwillingsbäume, Ananda, sind über und über mit Blüten bedeckt … *wie eben, bis* dem Vollendeten zu Ehren. Dem Vollendeten aber, Ananda, gebührt andre Verherrlichung, andre Achtung, andre Huldigung, andre Ehre, andre Ehrfurcht. Welcher Mönch, Ananda, oder welche Nonne, welcher Laienjünger oder welche Laienjüngerin der Lehre beflissen lebt, rechten Verhaltens beflissen, der Lehre nachwandelnd: die verherrlichen den Vollendeten, bezeugen ihm ihre Achtung, huldigen ihm, ehren ihn mit höchster Ehre. Deshalb, Ananda, der Lehre beflissen zu leben, rechten Verhaltens beflissen, der Lehre nachwandelnd: darin, Ananda, müßt ihr euch üben.«

1. Der Mandarava ist ein im Himmelreich wachsender Baum.

Zu dieser Zeit stand der ehrwürdige Upavana vor dem Erhabenen und fächelte den Erhabenen. Der Erhabene aber wies den ehrwürdigen Upavaa fort: »Geh weg, Mönch, stehe nicht vor mir!«

Da sprach der ehrwürdige Ananda zu sich: »Dieser ehrwürdige Upavana hat lange Zeit dem Erhabenen gedient, ist um ihn bemüht gewesen und hat in seiner Nähe geweilt. Und nun zu allerletzt hat der Erhabene den ehrwürdigen Upavana fortgewiesen und gesprochen: ›Geh weg, Mönch, stehe nicht vor mir!‹ Was ist nur der Grund, was die Ursache, daß der Erhabene den ehrwürdigen Upavana fortgewiesen und gesprochen hat: ›Geh weg, Mönch, stehe nicht vor mir!‹«?

Da sprach der ehrwürdige Ananda zum Erhabenen: »Dieser ehrwürdige Upavana … *wie eben, bis stehe nicht vor mir!«?*

»Aus den zehn Weltsystemen, Ananda, sind zu allermeist die Gottheiten zusammengeströmt, den Vollendeten zu sehen. So weit, Ananda, um Kusinara und um Upavattana, den Salahain der Mallas, sich ein Umkreis von zwölf Meilen erstreckt, ist kein Fleck auch nur so klein wie der Stich einer Haarspitze, der nicht von hochmächtigen Gottheiten besetzt ist. Die Gottheiten aber, Ananda, sind unwillig: ›Von fernher sind wir gekommen, den Vollendeten zu sehen. Nur dann und wann, nur selten erscheinen in der Welt die Vollendeten, die heiligen höchsten Buddhas. Und in der heutigen Nacht, in der letzten Nachtwache wird des Vollendeten Nirvana sein. Da steht nun dieser hochmächtige Mönch vor dem Erhabenen und verbirgt ihn uns; es wird uns nicht zuteil, im letzten Augenblick den Vollendeten zu sehen‹; so sind die Gottheiten, Ananda, unwillig.«

*

Ananda fragt »Wie sollen wir, Herr, uns gegen ein weibliches Wesen verhalten?«

»Sie nicht ansehen, Ananda!«

»Und wenn wir sie sehen müssen, Erhabener, wie sollen wir uns dann verhalten?«

»Nicht zu ihr reden, Ananda!«

»Und wer zu ihr redet, Herr, wie soll er sich verhalten?«

»Er soll Wachsamkeit üben, Ananda!«

*

Der ehrwürdige Ananda aber ging hinein in das Mönchshaus, lehnte sich gegen den Türverschluß[1] und stand weinend da: »Ich muß noch an mir arbeiten und habe das Ziel nicht erreicht, und mein Meister wird in das Nirvana eingehen, der sich meiner erbarmte!«

Der Erhabene aber sprach zu den Mönchen: »Ihr Mönche, wo ist denn Ananda?«

»Der ehrwürdige Ananda, Herr, ist in das Mönchshaus hineingegangen«, … *wie oben.*

Der Erhabene aber sprach zu einem der Mönche: »Gehe hin, Mönch, und sprich in meinem Namen zu Ananda: ›Der Meister ruft dich, Freund Ananda!‹«

»Ja, Herr« – so nahm jener Mönch den Befehl des Erhabenen. entgegen, ging zum ehrwürdigen Ananda hin und sprach zu ihm: »Der Meister ruft dich, Freund, Ananda!«

»Ja, Freund« – so nahm der ehrwürdige Ananda das Wort des Mönchs entgegen, ging zum Erhabenen hin, brachte dem Erhabenen ehrfurchtsvollen Gruß und setzte sich zur Seite nieder. Wie er da zur Seite da saß, sprach der Erhabene zum ehrwürdigen Ananda also:

»Nicht also, Ananda, klage nicht, jammere nicht! Habe ich es dir nicht im voraus gesagt, Ananda: von allem, was uns lieb und wert ist, müssen wir uns trennen, müssen uns von ihm abscheiden, es muß anders damit werden? Wie wäre es denn möglich, Ananda, daß was geboren, geworden, gestaltet, der Auflösung untertan ist, sich nicht auflöste? Das kann nicht sein. Du aber, Ananda, hast lange Zeit dem Vollendeten gedient mit freundschaftsreichem Tun, in Güte und Freude, ohne Falsch, ohne En-

1. Wörtlich: »Affenkopf«.

de, in Gedanken, Worten und Werken. Du hast Gutes getan, Ananda. Strebe nur dem Heil nach! Bald hast du alle Verderbnis überwunden.«

*

Der Erhabene aber sprach zum ehrwürdigen Ananda also: »Es möchte sein, Ananda, daß ihr so zu euch sprächet: ›Unsrer Lehre Meister ist hingegangen. Wir haben keinen Meister mehr!‹ So müßt ihr es nicht ansehen, Ananda. Die Lehre und Ordnung, Ananda, die ich euch verkündigt und festgesetzt habe, die ist euer Meister nach meinem Hingang …«

Der Erhabene aber sprach zu den Mönchen also: »Es möchte sein, ihr Mönche, daß vielleicht auch nur *ein* Mönch einen Zweifel oder eine Ungewißheit fühlte über den Buddha, oder die Lehre, oder die Gemeinde, oder den Pfad, oder die Übung. Fragt, ihr Mönche, damit ihr nicht hinterher voll Reue zu euch sprechen müßt: ›Von Angesicht zu Angesicht haben wir den Meister gesehen, aber wir haben es nicht über uns vermocht, ihn, wie er vor uns stand, zu befragen‹.«

Als er so geredet hatte, schwiegen die Mönche.

Und zum zweitenmal … und zum drittenmal sprach der Erhabene zu den Mönchen also: »Es möchte sein, ihr Mönche«, … Und zum drittenmal schwiegen die Mönche.

Da sprach der Erhabene zu den Mönchen also: »Es möchte sein, ihr Mönche, daß ihr aus Ehrfurcht vor dem Erhabenen nicht fragen wollt. Dann möge ein Genosse, ihr Mönche, es seinem Genossen sagen.«

Als er so geredet hatte, schwiegen die Mönche.

Der ehrwürdige Ananda aber sprach zum Erhabenen: »Wunderbar, Herr! Staunenswert, Herr! Solchen Glauben habe ich, Herr: in dieser Mönchsgemeinde gibt es nicht auch nur bei *einem* Mönch einen Zweifel oder eine Ungewißheit über den Buddha, oder die Lehre, oder die Gemeinde, oder den Pfad, oder die Übung.«

»Aus Glauben redest du also, Ananda. Wissen aber hierüber besitzt, Ananda, der Vollendete: in dieser Mönchsgemeinde gibt es nicht auch nur bei *einem* Mönch einen Zweifel oder eine Ungewißheit über den Buddha, oder die Lehre, oder die Gemeinde, oder den Pfad, oder die Übung. Denn unter diesen Fünfhunderten von Mönchen, Ananda, ist selbst der geringste Mönch in die Bahn gelangt, der Gefahr des Versinkens nicht unterworfen, sicher, des höchsten Erleuchtungszieles gewiß[1].«

Der Erhabene aber sprach zu den Mönchen also: »Wohlan, ihr Mönche, ich sage euch: der Vergänglichkeit untertan sind alle Gestaltungen. Laßt niemals nach in eurem Streben!«

Dies war des Vollendeten letztes Wort.

Da ging der Erhabene in die erste Versenkung ein. Aus der ersten Versenkung erhob er sich und ging in die zweite ... dritte ... vierte Versenkung ... zur Stufe der Raumunendlichkeit ... zur Stufe der Erkenntnisunendlichkeit ... zur Stufe der Nichtirgendetwasheit ... zur Stufe von weder Vorstellen noch Nichtvorstellen ... zur Aufhebung von Vorstellen und Empfinden ein.

Der ehrwürdige Ananda aber sprach zum ehrwürdigen Anuruddha: »Der Erhabene, Herr Anuruddha[2] ist in das Nirvana eingegangen.« »In das Nirvana, Freund Ananda, ist der Erhabene nicht eingegangen, sondern nur zur Aufhebung von Vorstellen und Empfinden.«

Buddha durchmißt jetzt dieselbe Reihe der Versenkungen rückwärts bis zur ersten Versenkung, dann wieder vorwärts von der ersten bis zur vierten Versenkung.

Aus der vierten Versenkung erhob sich der Erhabene und ging unmittelbar in das Nirvana ein.

Als der Erhabene in das Nirvana eingegangen war, im Augenblick seines Nirvana geschah ein großes Erdbeben, ein furchtba-

1. Diese Ausdrücke geben die stehende Beschreibung dessen, der auf der untersten der vier Heiligkeitsstufen steht, des Sotapanna d. h. des in die Bahn (eigentlich in den Strom) Gelangten. Er ist davor sicher, in der Seelenwanderung zu einer der niederen, qualvollen Existenzformen hinabzusinken.

2. Anuruddha ist dem geistlichen Alter nach der Höherstehende, und wird darum mit »Herr«, Ananda dagegen mit »Freund« angeredet.

res, Haarsträuben erregendes, und die Trommeln der Götter erdröhnten.

Als der Erhabene in das Nirvana eingegangen war, im Augenblick seines Nirvana sprach Brahma Sahampati diesen Spruch:

»Die Leiblichkeit einst ablegen
In den Welten die Wesen all,
Wie jetzt Buddha, dem nichts gleichkommt,
Der höchste Meister in der Welt,
Der Vollendete, Kraftreiche
Zum Nirvana ist gangen ein.«

Als der Erhabene in das Nirvana eingegangen war, im Augenblick seines Nirvana sprach Sakka, der Indra der Götter[1] diesen Vers:

»Alle Gestaltung, ach, wechselnd
Dem Entstehen, dem Vergehn gehört.
Was geworden, muß hinschwinden.
Selig des Werdens End' und Ruh!«

Als der Erhabene in das Nirvana eingegangen war, im Augenblick seines Nirvana sprach der ehrwürdige Anuruddha diese Verse:

»Die Atemzüge still standen
Des Festgeist'gen, des Heiligen,
Als unbewegt zur Ruh einging
Der Weise, wie die Stunde kam.

Da gab es kein Zurückweichen;
So ertrug er den letzten Schmerz.
Wie hellen Lichtes Schein auslischt,
Ging zur Erlösung ein sein Geist.«

1. Der Gott, der als Gewittergott in der Vedapoesie hoch verehrt wird. Der alte, wilde Dreinschläger und Somatrinker hat sich, wie man sieht, stark verändert, bis er an Buddhas Leiche diese abgeklärte Weisheit verkünden konnte.

Als der Erhabene in das Nirvana eingegangen war, im Augenblick seines Nirvana sprach der ehrwürdige Ananda diesen Vers:

»Da entstand in der Welt Schrecken,
Und Haarsträuben entstand allda,
Als an Herrlichkeit reich Buddha
Zum Nirvana ist gangen ein.«

Als der Erhabene in das Nirvana eingegangen war, da streckten manche Mönche, die von Leidenschaften noch nicht frei waren, die Arme aus, weinten, warfen sich jählings zu Boden, wälzten sich hierhin und wälzten sich dorthin: »Allzu früh ist der Erhabene in das Nirvana eingegangen! Allzu früh ist der Wohlwandelnde in das Nirvana eingegangen! Allzu früh hat sich das Auge in der Welt geschlossen!« Die Mönche aber, die von Leidenschaften frei waren, die nahmen in Wachsein und Bewußtsein hin, was geschehen war: »Der Vergänglichkeit untertan sind die Gestaltungen. Wie wäre es anders möglich?«

Der ehrwürdige Anuruddha aber sprach zu den Mönchen also: »Nicht also, Freunde, klagt nicht, jammert nicht! Hat es der Erhabene nicht im voraus gesagt, Freunde: von allem, was uns lieb und wert ist, müssen wir uns trennen, müssen uns von ihm abscheiden, es muß anders damit werden? Wie wäre es denn möglich, Freunde, daß, was geboren, geworden, gestaltet, der Auflösung untertan ist, sich nicht auflöste? Das kann nicht sein.«

DRITTES KAPITEL

Tägliches Leben Buddhas

Jahr für Jahr wiederholte sich für Buddha und seine Jünger der Wechsel zwischen einer Zeit des Wanderns und einer Zeit der Ruhe und Zurückgezogenheit. Wenn im Juni nach der dürren Gluthitze des indischen Sommers Wolkenmassen sich auftürmen und unter Donnerrollen das Herannahen des regenbringenden Monsuns sich ankündigt, rüstet der Inder heute wie vor alters sich und sein Haus für die Zeit, in der alles gewohnte Tun und Treiben durch den Regen unterbrochen wird; wochenlang halten dann die strömenden Güsse an vielen Orten die Bewohner in ihren Hütten oder doch in ihren Dörfern fest, deren Verbindung mit der Nachbarschaft durch die reißend angeschwollenen Bäche und durch Überschwemmungen abgeschnitten ist. »Die Vögel«, sagt ein altes buddhistisches Werk, »bauen ihre Nester in den Wipfeln der Bäume; darin schmiegen und verkriechen sie sich während der feuchten Zeit.« So war es denn für die Glieder der Mönchsorden, ohne Zweifel nicht erst seit Buddha, sondern seit es ein geistliches Wanderleben in Indien gegeben hat, unverbrüchliche Regel, die drei feuchten Monate hindurch das Wandern zu unterbrechen und in der Nähe von Städten oder Dörfern, wo man durch die Gaben Gläubiger sicheren Unterhalt fand, diese Zeit in stiller Zurückgezogenheit zu verbringen.

Hieran hielt man umso strenger fest, weil man gerade in der Regenzeit, die nach der ausdörrenden Sommerhitze überall unzähliges junges Pflanzen- und Tierleben erweckt, nicht wandern konnte, ohne das Gebot, das die Vernichtung auch des niedrigsten Lebens untersagte, auf jedem Schritt zu verletzen.

So hat Buddha Jahr für Jahr drei Monate lang »Regenzeit gehalten«, umgeben von Scharen seiner Jünger, die zusammenströmten, die feuchte Zeit in der Nähe des Meisters zu verleben. Könige und Reiche drängten sich zu der Ehre, ihn und die Jünger, die mit ihm waren, während dieser Zeit in den Behausungen und Gärten, die sie der Gemeinde gestiftet hatten, als Gäste aufzunehmen.

Endete die Regenzeit, so machte Buddha sich auf und zog von Ort zu Ort, »im gelben Kleid der heimatlose Wandrer.«

Wohl fast immer begleitete ihn ein großes Gefolge von Jüngern; die Texte pflegen, die wirklichen Zahlen vermutlich vergrößernd, bald von drei, bald von fünf Hunderten zu reden[1]. An den Hauptstraßen, auf denen die geistlichen Wanderer wie der kaufmännische Verkehr sich vorzugsweise bewegten, hatten vielfach die anwohnenden Gläubigen dafür gesorgt, daß Buddha und seinen Jüngern ein Obdach zur Verfügung stand; oder wo Mönche weilten, die der Lehre anhingen, fand man bei denen ein Nachtlager. War ein anderes Unterkommen nicht zu erlangen, fehlte es nicht an Mangos oder Bananen, an deren Fuß die Schar rasten oder übernachten konnte.

Das Gebiet, durch das sich diese Wanderungen vorzugsweise erstreckten, war der Kreis der »östlichen Lande«, d. h. vor allem die alten Königreiche der Magadha und der Kasi-Kosala samt den benachbarten Freistaaten, die heutigen Länder Bihar und Oudh mit dem angrenzenden Strich von Nepal. Dagegen wurden die Reiche des westlichen Hindostan, die alten Sitze vedischer Kultur und der exklusiven Macht eines den religiösen Bewegungen des Ostens fremd und feindlich gegenüberstehenden Brahmanenstandes, wenn die Überlieferung uns recht berichtet, von den Wanderungen Buddhas zwar berührt, aber doch nur selten und vorübergehend. Als die vornehmlichsten Hauptstationen dieser Reisen und zugleich nach Nordwesten und Südosten die ungefähren Grenzpunkte des Gebietes, das der regelmäßige Schauplatz von

1. Bei Gelegenheit einer Prophezeiung Buddhas über Metteyya, den nächsten Buddha, der in ferner Zukunft auf Erden erscheinen wird, heißt es: »Er wird der Führer einer Jüngersehar von Tausenden sein, wie ich jetzt der Führer einer Jüngerschar von *Hunderten* bin« (Digha Nikaya III, p. 76). An einer anderen Stelle ist von einer Versammlung zur Sündlosigkeit gelangter Jünger Buddhas die Rede; diese sollen 1250 an der Zahl gewesen sein (Mahapadanasuttanta; Digha Nikaya II, p. 52; vgl. auch Buddhavamsa. 26, 5 sowie Digha Nikaya I, p. 49.

Buddhas Wanderleben war, erscheinen die Residenzstädte der Könige von Kosala und Magadha, Savatthi (an der Rapti) und Rajagaha (heute Rajgir, südlich von Bihar)[1]. In der nächsten Umgebung dieser Städte besaß die Gemeinde zahlreiche und glänzende Parks, in denen Baulichkeiten aller Art für die Bedürfnisse des Gemeindelebens errichtet waren. »Nicht zu fern und nicht zu nah bei der Stadt«, so lautet in den heiligen Texten die stehende Beschreibung solcher Parks, »wohl versehen mit Eingängen und Ausgängen, leicht erreichbar für alles Volk, das dorthin verlangt, bei Tag nicht zu belebt, bei Nacht still, von Lärm und Menschendunst entfernt, ein Ort der Zurückgezogenheit, eine gute Stätte für einsame Betrachtung.« Solch ein Park war das Veluvana (»Bambuswald«), einst ein Lustwald des Königs Bimbisara und von ihm dann Buddha und der Gemeinde zum Geschenk gemacht; ein anderer war das noch berühmtere Jetavana (bei Savatthi), eine Gabe von Buddhas freigebigstem Verehrer, dem großen Kaufmann Anathapindika, jener Garten, von dem der alte Mönchspoet sagt:

»Jetavana, das liebliche,
Weisenscharendurchwandelte,
Wo gewohnt hat der Wahrheit Fürst,
Der Ort, der mir das Herz erfreut«[2].

1. Die Entfernung dieser beiden Hauptstädte ist nahezu der von Berlin und Frankfurt gleich. Außer ihnen werden in der Aufzählung der »großen Städte, in denen viele bedeutende Kshatriyas, bedeutende Brahmanen und bedeutende Bürger an den Vollendeten glauben« (Mahaparinibbana Sutta), noch Campa, Saketa, Kosambi und Benares genannt: alles Städte des östlichen Hindostan, bis auf Kosambi, welches aber nicht weit im Westen liegt und offenbar unter den westlichen Städten die von den buddhistischen Mönchen verhältnismäßig am meisten besuchte war. – Ein Vers des Samyutta Nikaya (vol. I, p. 199) antwortet auf die Frage, wo die Jünger Buddhas umherwandern: »Nach Magadha sind sie gegangen, nach Kosala sind sie gegangen; etliche aber wandern im Vajjiland (bei Vesali).«

2. Samyutta Nikaya vol. 1, p. 33 (= p. 55); Majjhima Nikaya vol. III, p. 262. – Der chinesische Pilger Fa Hian (im Anfang des 5. Jahrhunderts n. Chr.) schreibt über das Jetavana (nach Beals Übersetzung S. 75): »Das klare Wasser der Teiche, das üppige Grün und zahllose Blumen in mannigfaltigen Farben vereinen sich in dem Bilde von dem, was man den Vihara des Chi-un (Jeta) nennt.«

Wie die heiligen Texte, so zeigt auch die monumentale Überlieferung – unter anderem ein Relief des großen Stupa von Bharhut –, wie hoch gefeiert in der buddhistischen Gemeinde diese Gabe des Anathapindika von alters her gewesen ist. Es wird erzählt, daß Anathapindika nach einer Stätte suchte, die würdig wäre, Buddha und seinen Jüngern zum Aufenthalt zu dienen; der Park des Prinzen Jeta allein schien alle Vorzüge in sich zu vereinen, aber der Prinz weigerte sich, ihn zu verkaufen. Nach vielen Bemühungen erhielt Anathapindika den Park doch für so viel Gold, als hinreichte, den Grund und Boden des ganzen Jetavana damit zu bedecken. Er übergab ihn Buddha, dessen Lieblingsaufenthalt er seitdem gewesen ist. Unzählige Abschnitte der heiligen Texte, in denen von Reden und Aussprüchen Buddhas berichtet wird, heben an: »Zu der Zeit weilte der erhabene Buddha bei Savatthi, im Jetavana, dem Park des Anathapindika.«

Kann im heimatlosen Wanderleben Buddhas und seiner Jünger von einer Heimat die Rede sein, so dürfen vor allem Stätten wie das Veluvana und das Jetavana so genannt werden, nahe den großen Zentren des indischen Lebens und doch vom Getriebe der Großstädte unberührt, einst die stillen Ruheorte von Herrschern und Vornehmen, ehe die gelbgewandigen Bettelmönche darin einzogen und die »Gemeinde in den vier Weltgegenden, Anwesende und Abwesende« zur Herrin des königlichen Besitzes geworden ist. In diesen Gärten lagen die Wohnstätten der Brüder, Häuser, Hallen, Säle, Vorratsräume, umgeben von Lotusteichen, von duftenden Mangos, von zierlichen, hoch über alles andere Laub sich erhebenden Fächerpalmen und von dem tiefen Grün des Nyagrodhabaumes, dessen aus der Luft sich herabsenkende Wurzeln zu neuen Stämmen werden und mit ihren schattig kühlen Hallen und Laubgängen zum sinnenden Ruhen einzuladen scheinen.

Dies waren die Umgebungen, in denen Buddha einen großen Teil seines Lebens, vielleicht die an Wirken und Schaffen reichsten Zeiten zugebracht hat. Hier pflegte er zu sitzen und zu reden, während ein Jünger fächelnd hinter ihm stand. Hier strömten die

Massen des Volks zusammen, Mönche wie Laien, um ihn zu sehen. Es kamen pilgernde Mönche aus entfernten Gegenden, die Buddhas Lehre gehört hatten und, wenn die Regenzeit vergangen war, sich auf die Wanderung machten, um den Meister von Angesicht zu sehen. »Es ist Sitte«, lautet ein stehender Passus der Texte, »daß Mönche, wenn sie Regenzeit gehalten haben, sich aufmachen, den Erhabenen zu sehen. Es ist Sitte der erhabenen Buddhas, sich mit den Mönchen, die aus der Ferne kommen, zu begrüßen.« »Geht es euch wohl, ihr Mönche?« fragt dann Buddha die Kommenden, »findet ihr zu leben? Habt ihr in Frieden und Eintracht und ohne Streit die Regenzeit wohl zugebracht und keinen Mangel an Unterhalt gelitten?«

So hören wir von einem Gläubigen namens Sona, der fern von den Gegenden, in denen Buddha lebte, im Land Avanti[1] die Kunde von der neuen Lehre vernommen hatte und unter ihre Bekenner aufgenommen zu werden wünschte. Drei Jahre lang hatte er warten müssen, bis es ihm gelungen war, in diesem entfernten Land die zehn Mönche zusammenzubringen, deren Anwesenheit erforderlich war, um einem neu Eintretenden die Weihen zu erteilen. Da erwachte in ihm einst, als er in der Einsamkeit weilte, der Gedanke: »Ich habe wohl von dem Erhabenen gehört, so und so ist er, aber ich habe ihn nicht von Angesicht gesehen. Ich will gehen ihn zu schauen, den erhabenen, heiligen, höchsten Buddha, wenn mein Lehrer mich gehen läßt.« Und sein Lehrer, dem er seinen Wunsch aussprach, antwortete ihm: »Schön, schön, Sona; gehe hin, Sona, ihn zu schauen, den erhabenen, heiligen, höchsten Buddha. Du wirst ihn schauen, Sona, den Erhabenen, den Freudenbringer, den Freudenspender, dessen Sinne stille sind, dessen Seele stille ist, den höchsten Selbstbezwinger und Friedereichen, den Helden, der sich selbst bezwungen hat und über sich wacht, der seine Sinne im Zaum hält.« Und Sona machte sich auf die Reise nach Savatthi, den Meister im Jetavana, dem Garten des Anathapindika aufzusuchen.

1. Der Gegend von Ujjayini (Ujjain).

Solche Pilger strömten, wo Buddha weilte, zusammen, und die Begegnungen und Begrüßungen der ankommenden Scharen mit den am Ort weilenden geistlichen Brüdern, das Austauschen von Neuigkeiten, das Einrichten des Quartiers für die Reisenden rief dann wohl nicht selten jenen für abendländische Ohren so unerhörten Lärm hervor, der im Orient von solchen Gelegenheiten unzertrennlich scheint, und über den in den heiligen Texten mehr als einmal auf das ernstlichste geklagt wird.

Der Ruf von Buddhas Person zog auch Scharen von solchen, die außerhalb des engeren Kreises der Gemeinde standen, von nah und fern herbei. »Zum Asketen Gotama«, sagte man untereinander, »kommen die Leute durch Königreiche und durch Länder gezogen, um sich mit ihm zu befragen.« Oft, wenn er in der Nähe der königlichen Residenzen verweilte, kamen die Könige, Prinzen und Würdenträger zu Wagen oder auf Elefanten zu ihm heraus, ihm Fragen vorzulegen oder seine Lehre zu hören. Eine solche Szene ist uns im Eingang des »Sutra von der Frucht des Asketentums« beschrieben und kehrt in bildlicher Darstellung unter den Reliefs von Bharhut wieder. Das Sutra erzählt, wie König Ajatasattu von Magadha in der »Lotusnacht«, das ist in der Vollmondnacht des Oktober, der Zeit der blühenden Lotus, im Freien, auf dem platten Dach des Palastes saß, von seinen Räten umgeben. »Da tat«, heißt es in jenem Text, »der König von Magadha, Ajatasattu, der Sohn der Vedehi, diesen Ausruf: Schön fürwahr ist diese Mondnacht, lieblich fürwahr ist diese Mondnacht, herrlich fürwahr ist diese Mondnacht, herzerfreuend fürwahr ist diese Mondnacht, günstige Zeichen fürwahr trägt diese Mondnacht. Welchen Samana oder welchen Brahmanen soll ich gehen zu hören, daß, wenn ich ihn höre, meine Seele erfreut werde?« Der eine der Räte nannte diesen, der andere jenen Lehrer; Jivaka aber, des Königs Arzt, saß schweigend da. »Da sprach der König von Magadha, Ajatasattu, der Sohn der Vedehi, zu Jivaka Komarabhacca: Was schweigst du, Freund Jivaka? – In meinem Mangogarten, o Herr, weilt er, der erhabene, heilige, höchste Buddha mit einer großen Schar von Jüngern, mit zwölf und einem halben

Hundert von Mönchen. Von ihm, dem erhabenen Gotama, geht herrlicher Preis durch die Welt, solchergestalt: er der Erhabene ist der heilige, höchste Buddha, der Wissende, Gelehrte, der Gebenedeite, der die Welten kennt, der Höchste, der Ungebändigten Bändiger und Lenker, der Lehrer von Göttern und Menschen, der erhabene Buddha. Ihn den Erhabenen gehe zu hören, Herr; wohl mag, wenn du ihn den Erhabenen hörst, deine Seele, o Herr, erfreut werden.« – Und der König ließ für sich und die Königinnen Elefanten bereit machen, und bei Fackelschein zog der königliche Zug durch die Mondnacht aus dem Tor von Rajagaha hinaus zum Mangowald des Jivaka; dort soll Buddha mit dem König das berühmte Gespräch »von der Frucht des Asketentums« gehalten haben, an dessen Ende der König sich als Laiengenosse zur Gemeinde Buddhas bekannte.

Die Bilder, welche die heiligen Texte von Szenen wie dieser erhalten haben, sind überaus mannigfaltig; kein Zweifel, daß sich das Treiben, wie es sich um Buddhas Person bewegt hat, in ihnen tatsächlich widerspiegelt. Wenn Buddha zu den Freistädten kommt, pflegt von seinen Begegnungen mit den adligen Geschlechtern, die deren Herrschaft inne haben, die Rede zu sein. Aus Kusinara ziehen die Malla, die regierende Familie jener Stadt, ihm entgegen und erlassen ein Gebot: »Wer dem Erhabenen nicht entgegenzieht, bezahlt eine Strafe von fünfhundert.« Aus der glänzendsten der indischen Freistädte, dem üppig reichen Vesali, kommt die vornehme Jugend vom Haus der Licchavi mit ihren prächtigen Gespannen zu Buddha herausgefahren, die einen in weißen Kleidern und mit weißem Schmuck, die anderen gelb, schwarz, rot. Buddha sagt zu seinen Jüngern, als er die Licchavi von weitem kommen sieht: »Wer, ihr Jünger, unter euch die Götterschar der dreiunddreißig Götter nicht gesehen hat, der sehe die Schar der Licchavi, der blicke die Schar der Licchavi an, der schaue hin auf die Schar der Licchavi.« Und außer der adligen Jugend kommt mit nicht geringerer Pracht eine andere Berühmtheit der Stadt zu Buddha gefahren, die Kurtisane Ambapali; sie lädt Buddha samt seinen Jüngern zur Mahlzeit in ihrem Mangowald ein, und als sie dorthin kommen und das Mahl beendet ist, schenkt sie Buddha und der Gemeinde den Mangowald.

Das Bild von dem Publikum, das sich in Buddhas Umgebung zusammenfand, zu vervollständigen, dürfen weiter Gestalten wie der stattliche, vom König mit den Revenüen eines Dorfes dotierte Brahmane nicht unerwähnt bleiben, der mit großem Gefolge angefahren kommt; der junge Brahmane, der von seinem Lehrer ausgeschickt ist, ihm Kunde über den vielbesprochenen Gotama zu bringen, und den es lüstet, in einem dialektischen Gefecht mit dem berühmten Gegner sich Ruhm zu gewinnen; oder jene Gruppe von Brahmanenschülern, die von Buddha gehört haben und nun aus südindischem Land gewandert kommen, bis sie ihn erreichen, der sich nahe der Hauptstadt des Magadhalandes auf einem Berg aufhält:

»Wie zu kühlendem Trank Durst'ge, zum Schatten,
wen die Sonne quält,
zum Geldgewinne Kaufleute: so eilten sie den Berg hinan.
Da verweilte der Hochheil'ge, umgeben von der Jüngerschar,
Die er der Wahrheit Wort lehrte, wie Löwenstimm'
im Wald erdröhnt«[1].

Endlich ist hier auch der sophistischen »Haarspalter« geistlichen wie weltlichen Standes zu gedenken, die gehört haben, daß der Samana Gotama in der Nähe weilt, und die sich rüsten, in zweischneidigen Fragen ihm Schlingen zu legen und ihn, welche Antwort er auch geben mag, in Widersprüche zu verwickeln.

Ein häufiger Schluß der Unterredungen ist, daß die Verehrer oder überwundenen Gegner Buddhas ihn samt seinen Jüngern auf den folgenden Tag zum Mittagsmahl einladen: »Es möge, Herr, der Erhabene mir für morgen zum Mittagsmahl zusagen mit seinen Jüngern.« Und Buddha gibt durch Schweigen seine Zusage zu erkennen. Wenn dann am nächsten Tag gegen die Mit-

1. Sutta Nipata 1014 f.

tagstunde die Mahlzeit bereitet ist, schickt der Gastgeber einen Boten an Buddha: »Es ist Zeit, Herr, die Mahlzeit ist bereit«; und Buddha nimmt das Obergewand samt dem Almosentopf und geht mit seinen Jüngern in die Stadt oder das Dorf zur Wohnung seines Wirtes. Nach der Mahlzeit, bei der wohlhabende Gastgeber, von Fleischspeisen abgesehen, das Beste aufbieten, was die nicht eben luxuriöse Küche jener Zeit leistet, und bei welcher der Wirt selbst mit seiner Familie die Gäste bedient, nimmt, wenn die stehende Waschung der Hände vollzogen ist, der Wirt samt den Seinen an Buddhas Seite Platz, und Buddha richtet an sie Worte geistlicher Ermahnung und Belehrung.

Ist der Tag durch keine Einladung in Anspruch genommen, so macht Buddha in der Regel nach Mönchsbrauch seinen Bettelgang durch Dorf oder Stadt. Nachdem er wie seine Jünger früh aufgestanden ist, wenn das Morgenrot am Himmel erscheint, und die frühen Stunden in geistlichen Übungen oder im Verkehr mit den Jüngern zugebracht hat, geht er mit seinen Begleitern der Stadt zu. Als längst sein Ansehen auf der Höhe stand und sein Name durch Indien unter den Namen der Ersten genannt wurde, konnte man Tag für Tag den Mann, vor dem Könige sich neigten, sehen, wie er durch Straßen und Gassen, Haus für Haus, die Schale in der Hand, umherzog und ohne eine Bitte auszusprechen, mit niedergeschlagenem Blick, stehend und schweigend wartete, ob ihm ein Bissen Speise in seine Schale getan würde.

Wenn er dann von seinem Bettelgang zurückgekehrt war und die Mahlzeit gehalten hatte, folgte, wie das indische Klima gebot, eine Zeit der zurückgezogenen Ruhe. In stillem Gemach oder noch lieber im kühlen Dunkel dichter Waldgründe brachte er die schwülen, stillen Stunden des Nachmittags in einsamer Betrachtung, im heißen Sommer wohl auch im Schlaf[1] zu, bis der Abend hereinbrach und ihn vom »edlen Schweigen« in das Treiben von Freund und Feind zurückführte, vielleicht zu einem solchen Beisammensein mit den Jüngern, wie einer der heiligen Texte es

1. Majjhima Nikaya vol. I, p. 249.

schildert: »Als der Fasttag, die Mitte des Monats, gekommen war, saß der Erhabene in der Vollmondnacht im Freien, umgeben von der Gemeinde der Jünger. Da blickte der Erhabene über die schweigende, immer tiefer schweigende Gemeinde der Jünger hin und redete zu den Jüngern« …[1].

1. Sutta Nipata III, 12. – Mit dem hier Gesagten möge die mit mirakelhaften Ausschmückungen überladene, aber der Anmut nicht entbehrende Schilderung verglichen werden, die *Buddhaghosa* (5. Jahrhundert n. Chr.) von dem gewöhnlichen Tageslauf im Leben Buddhas gibt (Sumangala Vilasini I, p.45 f., übersetzt bei Warren, Buddhism in translations 91 f., und bei Rhys Davids, Buddhism, its history and literature 108 f.)

ZWEITER TEIL

DIE LEHRE

ERSTES KAPITEL

Reden von Weltleiden und Erlösung

Das Gleichnis vom Stab

»Wie ein Stab, ihr Mönche, den man in die Höhe wirft, einmal mit seinem unteren Ende zum Boden niederfällt, einmal mit der Mitte und einmal mit der Spitze: so steht es auch, ihr Mönche, mit den Wesen, die gehemmt vom Nichtwissen und gefangen vom Durst umherirren und wandern. Das eine Mal gehen sie von dieser Welt zum Jenseits; das andre Mal kehren sie vom Jenseits zu dieser Welt zurück. Und woher das? Weil sie die vier edlen Wahrheiten nicht erschaut haben, ihr Mönche. Welche vier? Die edle Wahrheit vom Leiden, die edle Wahrheit von der Entstehung des Leidens, die edle Wahrheit von der Aufhebung des Leidens, die edle Wahrheit vom Weg zur Aufhebung des Leidens.

Darum, ihr Mönche, müßt ihr eure Kraft daran setzen zu erkennen: ›Dies ist das Leiden‹ … und ihr müßt eure Kraft daran setzen zu erkennen: ›Dies ist der Weg zur Aufhebung des Leidens‹.«

Die Elefantenspur

Sariputta spricht

»Wie, ihr Freunde, die Fußspur von allem, was da läuft, in des Elefanten Fußspur Platz findet, und des Elefanten Fußspur für die höchste vor allen andern gilt nach ihrer Größe, so finden auch, ihr Freunde, welche heilsamen Wesenheiten es immer gibt, alle ihre Zusammenfassung in den vier edlen Wahrheiten. In welchen vieren? In der edlen Wahrheit vom Leiden, in der edlen Wahrheit von der Entstehung des Leidens, in der edlen Wahrheit von der Aufhebung des Leidens, und in der edlen Wahrheit vom Weg zur Aufhebung des Leidens.«

Welche Fragen Buddha nicht beantwortet

Also habe ich gehört.

Einstmals verweilte der Erhabene in Savatthi, im Jetavana, dem Garten des Anathapindika. Da erhob sich im Geist des ehrwürdigen Malunkyaputta, als er sich in Verborgenheit und Einsamkeit zurückgezogen hatte, diese Erwägung: »Die Ansichten, über die der Erhabene keine Erklärung gegeben, die er liegen gelassen und abgewiesen hat, als da ist ›die Welt ist ewig‹ und ›die Welt ist nicht ewig‹, ›die Welt ist endlich‹, ›die Welt ist nicht endlich‹, ›Seele und Leib sind dasselbe‹, ›Seele und Leib sind verschieden‹, ›der Vollendete ist nach dem Tod‹, ›der Vollendete ist nicht nach dem Tod‹, ›der Vollendete ist und ist nicht nach dem Tod‹, ›der Vollendete ist weder noch ist er nicht nach dem Tod‹ – darüber gibt der Erhabene mir keine Erklärung. Daß der Erhabene mir darüber keine Erklärung gibt, das gefällt mir nicht, das halte ich nicht für recht. So will ich denn zum Erhabenen hingehen und ihn hierüber befragen. Wenn der Erhabene mir die Erklärung gibt ›die Welt ist ewig‹, oder ›die Welt ist nicht ewig‹ …, dann will ich bei dem Erhabenen den Wandel der Heiligkeit führen. Wenn aber der Erhabene mir nicht die Erklärung gibt ›die Welt ist ewig‹ …, dann will ich mich von den geistlichen Übungen lossagen und mich dem gewöhnlichen Leben zuwenden.«

Und als es Abend geworden war, trat der ehrwürdige Malunkyaputta hervor aus der Verborgenheit und Einsamkeit, ging zum Erhabenen hin, brachte dem Erhabenen seinen ehrfurchtsvollen Gruß und setzte sich zur Seite nieder. Und zur Seite sitzend sprach der ehrwürdige Malunkyaputta zum Erhabenen also: ›In meinem Geist, Herr, hat sich, als ich mich in Verborgenheit und Einsamkeit zurückgezogen hatte, diese Erwägung erhoben: *wie oben, bis* dem gewöhnlichen Leben mich zuwenden. Wenn der Erhabene weiß ›die Welt ist ewig‹, möge der Erhabene mir erklären ›die Welt ist ewig.‹ Wenn der Erhabene weiß ›die Welt ist nicht ewig‹, möge der Erhabene mir erklären ›die Welt ist nicht ewig.‹ Wenn der Erhabene nicht weiß ›die Welt ist ewig‹ oder ›die Welt ist nicht ewig‹, so ist für jemand, der das nicht weiß und nicht sieht, dies allein die gerade Antwort: ›Ich weiß es nicht, ich sehe es nicht‹. *Ebenso über die andern Fragepunkte.*

»Wie ist es denn, Malunkyaputta, habe ich also zu dir gesprochen: ›Komm, Malunkyaputta, führe als mein Jünger den Wandel der Heiligkeit; ich will dir erklären: ›die Welt ist ewig‹, oder ›die Welt ist nicht ewig‹ ...‹«

»Das hast du nicht, Herr.«

»Oder hast andererseits du zu mir gesprochen: ›Ich will, Herr, als des Erhabenen Jünger den Wandel der Heiligkeit führen‹; der Erhabene wird mir erklären: ›die Welt ist ewig‹ ...?«

»Das habe ich nicht, Herr.«

»So spreche ich also, Malunkyaputta, nicht zu dir: ›Komm, Malunkyaputta ...‹, und du sprichst auch nicht zu mir: ›Ich will, Herr ...‹ Wenn es so steht, du Tor, wer bist du dann, und von wem willst du dich lossagen? Wenn jemand also spräche, Malunkyaputta: ›So lange will ich nicht beim Erhabenen den Wandel der Heiligkeit führen, als der Erhabene mir nicht erklären wird ›die Welt ist ewig‹ ...: ehe der Vollendete darüber eine Erklärung gegeben hätte, Malunkyaputta, würde der Mensch sterben.

Es ist, Malunkyaputta, wie wenn ein Mann von einem Pfeil getroffen wäre, einem vergifteten, stark mit Gift bestrichenen, und seine Freunde und Genossen, seine Angehörigen und Blutsverwandten einen Arzt, einen Chirurgen riefen. Wenn jener nun sagte: ›Ich werde mir den Pfeil so lange nicht herausziehen lassen, als ich den Mann nicht kenne, der mich geschossen hat, ob er ein Kshatriy oder ein Brahmane oder ein Vaishya oder ein Sudra ist‹ oder wenn er sagte: ›Ich werde mir den Pfeil so lange nicht herausziehen lassen, als ich den Mann nicht kenne, der mich geschossen hat, welches sein Name und sein Geschlecht ist ... ob er lang oder kurz oder mittelgroß ist ... ob er schwarz oder braun ist oder gelbe Hautfarbe hat ... in welchem Dorf oder Flecken oder in welcher Stadt er wohnt ... als ich den Bogen nicht kenne, mit dem ich geschossen bin, ob es ein Bogen von der Art der Capa oder von der Art Kodanda ist ... als ich die Sehne nicht kenne, mit der ich geschossen bin *folgt Aufzählung verschiedener Arten von Sehnen* … als ich den Schaft nicht kenne, mit dem ich geschossen bin *folgen zwei Arten davon* …, als ich von dem Schaft, mit dem ich geschossen bin, nicht weiß, mit was für Vogelfedern er befiedert ist, ob vom Geier oder vom Reiher oder vom Falken oder vom Pfau oder vom Sithilahanu … als ich von dem Schaft, mit dem ich geschossen bin, nicht weiß, mit was für einer Tiersehne er umwickelt ist, ob vom Rind oder vom Büffel oder vom Hirsch oder vom Löwen … als ich den Pfeil nicht kenne, mit dem ich geschossen bin *folgen verschiedene Arten von Pfeilen*‹ – ehe der Mann das in Erfahrung gebracht hätte, Malunkyaputta, würde er sterben. So steht es auch, Malunkyaputta, mit dem, der spräche: ›So lange will ich nicht als des Erhabenen Jünger den Wandel der Heiligkeit führen, als der Erhabene mir nicht erklären wird ›die Welt ist ewig‹ …‹ Ehe der Vollendete darüber eine Erklärung gegeben hätte, Malunkyaputta, würde der Mensch sterben.

Daß allein, wenn die Ansicht besteht, Malunkyaputta, ›die Welt ist ewig‹, heiliger Wandel möglich wäre: so verhält es sich nicht, Daß allein, wenn die Ansicht besteht, Malunkyaputta, ›die Welt ist nicht ewig‹, heiliger Wandel möglich wäre: so verhält es sich auch nicht. Mag die Ansicht bestehen ›die Welt ist ewig‹ oder mag die Ansicht bestehen ›die Welt ist nicht ewig‹: in jedem Fall gibt es Geburt, gibt es Alter, gibt es Tod, gibt es Leid und Klagen, Schmerz, Kümmernis und Verzweiflung, deren Überwindung schon auf dieser Erde ich verkünde. *Ebenso über die andern Fragepunkte.*

Darum, Malunkyaputta, was von mir nicht erklärt ist, das laßt unerklärt bleiben. Und was von mir erklärt ist, das laßt erklärt sein. Und was ist von mir nicht erklärt, Malunkyaputta? ›die Welt ist ewig‹: das ist von mir nicht erklärt, Malunkyaputta. *Ebenso die andern Fragepunkte.* Und warum ist dies von mir nicht erklärt, Malunkyaputta? Weil es nicht zweckdienlich ist, Malunkyaputta, weil es nicht zu den Grundlagen heiligen Wandels gehört, weil es nicht zur Weltabkehr, nicht zur Leidenschaftslosigkeit, nicht zur Aufhebung, nicht zum Frieden, nicht zur Erkenntnis, nicht zur Erleuchtung, nicht zum Nirvana führt: darum ist dies von mir nicht erklärt. Und was ist von mir erklärt, Malunkyaputta? ›Dies ist das Leiden‹: Das ist von mir erklärt, Malunkyaputta. ›Dies ist die Entstehung des Leidens‹ … ›Dies ist die Aufhebung des Leidens‹ … ›Dies ist der Weg zur Aufhebung des Leidens‹: Das ist von mir erklärt. Und warum ist dies von mir erklärt, Malunkyaputta? Weil es zweckdienlich ist, Malunkyaputta, weil es zu den Grundlagen heiligen Wandels gehört, weil es zur Weltabkehr … zur Erleuchtung, zum Nirvana führt: darum ist dies von mir erklärt. Darum, Malunkyaputta, was von mir nicht erklärt ist, das laßt unerklärt bleiben. Und was von mir erklärt ist, das laßt erklärt sein.«

So sprach der Erhabene. Mit Freude begrüßte der ehrwürdige Malunkyputta des Erhabenen Rede.

Die Einseitigkeit des unerleuchteten Erkennens

Also habe ich gehört.

Einstmals verweilte der Erhabene zu Savatthi, im Jetavana, dem Garten des Anathapindika. Zu dieser Zeit kamen viele Asketen, Brahmanen, Wandermönche verschiedener Sekten nach Savatthi herein, um Almosen zu sammeln – verschieden voneinander in dem, was sie glaubten, was sie für recht hielten, was sie billigten, an verschiedene Glaubenslehren sich haltend. Da waren Asketen und Brahmanen, die also lehrten und also glaubten: »Die Welt ist ewig. Nur dies ist wahr, alles andere ist Torheit.« Dann waren da Asketen und Brahmanen, die also lehrten und also glaubten: »Die Welt ist nicht ewig. Nur dies ist wahr, alles andere ist Torheit.« Dann waren da Asketen und Brahmanen, die also lehrten und also glaubten: »Die Welt ist endlich« … »Die Welt ist nicht endlich« … »Seele und Leib sind dasselbe« … »Seele und Leib sind verschieden« … »Der Vollendete ist nach dem Tod« … »Der Vollendete ist nicht nach dem Tod« … »Der Vollendete ist und ist nicht nach dem Tod« … »Der Vollendete ist weder noch ist er nicht nach dem Tod. Nur dies ist wahr, alles andre ist Torheit.« Die lebten untereinander in Hader, Zank und Streit, mit dem Speer ihrer

Rede aufeinander losstechend: »Dies ist Wahrheit; nein, dies ist nicht die Wahrheit! Dies ist nicht die Wahrheit; nein, dies ist die Wahrheit!«

Da waren nun viele Mönche, die kleideten sich am Morgen an, nahmen Almosenschale und Gewand und gingen nach Savatthi hinein, Almosen zu sammeln. Als sie in Savatthi den Almosengang vollbracht hatten, nach dem Mahl, vom Almosengang zurückgekehrt, gingen sie zu dem Erhabenen, brachten ihm ehrfurchtsvollen Gruß und setzten sich zur Seite nieder. Zur Seite sitzend, sprachen die Mönche zum Erhabenen also: »Da weilen, Herr, viele Asketen, Brahmanen, Wandermönche verschiedener Sekten zu Savatthi, verschieden voneinander in dem, was sie glauben ... *wie oben, bis* dies ist nicht die Wahrheit; nein dies ist die Wahrheit!«

»Die Wandermönche von den andern Sekten, ihr Mönche, sind blind und haben keine Augen. Sie wissen nicht, was wirklich und was unwirklich ist. Sie wissen nicht, was wahre Lehre und falsche Lehre ist. Nicht wissend, was wirklich und was unwirklich, was wahre Lehre und falsche Lehre ist, leben sie in Hader, Zank und Streit ...

Es war einmal, ihr Mönche, eben hier in Savatthi ein König. Der sprach zu einem seiner Leute: ›Geh hin, mein lieber Mann, und laß alle Blindgeborenen von Savatthi an einem Ort zusammenkommen!‹ ›Ja, Herr‹ – so nahm, ihr Mönche, jener Mann den Befehl des Königs entgegen, holte alle Blindgeborenen von Savatthi zusammen, ging zum König und sprach zu ihm: ›Herr, alle Blindgeborenen von Savatthi sind an einem Orte versammelt!‹ ›So zeige, sage ich dir, den Blindgeborenen einen Elefanten.‹ ›Ja, Herr‹ – so nahm der Mann den Befehl des Königs entgegen und zeigte den Blindgeborenen einen Elefanten[1]: ›So ist ein Elefant, ihr Blindgeborenen!‹ Den einen Blindgeborenen zeigte er des Elefanten Kopf: ›So ist ein Elefant, ihr Blindgeborenen!‹ Den andern Blindgeborenen zeigte er des Elefanten Ohr ... Zahn ... Rüssel ... Rumpf ... Fuß ... Rücken (Hinterteil?) ... Schwanz ... Schweifhaar: ›So ist ein

1. Die Vorstellung ist natürlich die, daß die Blindgeborenen den Elefanten betasten. Aber der Text spricht ganz unbefangen von »zeigen« (wörtlich »sehen lassen«) und »sehen«.

Elefant, ihr Blindgeborenen!‹ Als so der Mann, ihr Mönche, den Blindgeborenen den Elefanten gezeigt hatte, ging er zum König und sprach zu ihm: ›Herr, die Blindgeborenen haben den Elefanten gesehen. Tue, was du jetzt an der Zeit hältst.‹ Da ging der König, ihr Mönche, zu den Blindgeborenen hin und sprach zu ihnen: ›Habt ihr den Elefanten gesehen, ihr Blindgeborenen?‹ ›Ja, Herr, wir haben den Elefanten gesehen!‹ ›So sagt mir, ihr Blindgeborenen: wem gleicht nun der Elefant?‹ Die Blindgeborenen, ihr Mönche, die den Kopf des Elefanten gesehen hatten, antworteten: ›Der Elefant, Herr, ist wie ein Topf.‹ Die Blindgeborenen, die das Ohr des Elefanten gesehen hatten, antworteten: ›Der Elefant, Herr, ist wie eine Kornschwinge.‹ Die Blindgeborenen, die den Zahn des Elefanten gesehen hatten, antworteten … ›wie eine Pflugschar.‹ Die Blindgeborenen, die den Rüssel des Elefanten gesehen hatten, antworteten: ›wie eine Pflugdeichsel.‹ Die Blindgeborenen, die den Rumpf des Elefanten gesehen hatten, antworteten: … ›wie ein Speicher.‹ Die Blindgeborenen, die den Fuß des Elefanten gesehen hatten, antworteten: … ›wie eine Säule.‹ Die Blindgeborenen, die den Rücken (Hinterteil?) des Elefanten gesehen hatten, antworteten: … ›wie ein Mörserkolben.‹ Die Blindgeborenen, die die Schweifhaare des Elefanten gesehen hatten, antworteten: …›wie ein Besen.‹ ›So ist der Elefant; nein, so ist er nicht! So ist der Elefant nicht; nein so!‹: und sie schlugen mit ihren Fäusten aufeinander los. Der König aber, ihr Mönche, hatte daran seine Freude[1].

So sind auch, ihr Mönche, die Wandermönche von den andern Sekten blind und haben keine Augen *wie oben*.«

Solches erkennend, tat der Erhabene zu der Zeit den Ausruf:

»Seht, das ist es, woran kleben
Asketen und Brahmanen viel.
Mit gehässigem Wort streiten
Leute, die nur ein Bruchstück schaun.«

1. Die hier erzählte Geschichte ist in Indien so bekannt, daß man mit stehender Wendung darauf Bezug nimmt: »wie die Blinden und der Elefant« (Journal of the Royal Asiatic Society 1911, S. 201).

Ich schließe einige Verse und Versgruppen an, die das Haften der Menschen an Lehrmeinungen und den Streit darüber schildern und tadeln.

Das eine läßt man, das andre faßt man,
Der Laune folgt man, gefangen bleibt man,
Jetzt hier sich haltend, jetzt dorthin greifend,
Dem Affen gleich, der von Ast zu Ast schlüpft.

Die Ansicht, der man als der besten anhängt,
Die rühmt man in der Welt vor allem andern.
Wer nicht so lehrt, der wird als Tor verschrien.
So ist des Streitens Ende nicht zu finden.

Was jemand bei sich selbst als preiswert achtet
In Sehen, Hören, Denken oder Tugend,
Allein das wählt er, um es festzuhalten,
Und alles andre sieht er an als Torheit.

»Dies ist allein der Weg zur Reinheit«, spricht man.
Auf anderm Weg läßt Reinheit man nicht gelten.
Die Meinung, die man wählt, rühmt man als herrlich.
So findet Gläub'ge gar verschiedne Wahrheit.

Die Redner tauchen in der Hörer Menge,
Erklären gegenseitig sich für Toren,
Sind andrer Meinung, disputieren eifrig,
Nach Beifall gierig, nicht mit Selbstlob kargend.

Im Redestreit in der Versammlung Mitte
Führt man auf Beifall fahndend seine Schläge.
Trifft man auf Abwehr, ist man schlechter Laune,
Nimmt Tadel übel, sucht des Gegners Blöße.

Der, dessen These für besiegt erklären,
Für widerlegt des Redekampfes Richter,

Der jammert kläglich als ein Überwund'ner.
»Die Sach' ist mir mißglückt«, spricht er voll Schmerzen …

Wer aber Glück hat und wer Beifall findet,
Wenn seine Red' er hält in der Versammlung,
Der lacht und geht einher erhobnen Hauptes,
Hat seine Sache ja nach Wunsch geführet.

Doch solcher Hochmut wird ihm zum Verderben,
Der Stolz und Überstolz, in dem er redet.
Dies soll man einsehn und soll Streit vermeiden;
Er führt – die Kund'gen wissen's – nicht zur Reinheit.

Erkennen und Welt

Aus einem Gespräch des Buddha mit dem Bürgerssohn Kevaddha.

»Es geschah einmal, Kevaddha, daß ein Mönch von eben dieser Mönchsgemeinde in seinem Geist diese Erwägung anstellte: ›Wo finden denn diese vier großen Wesenheiten restlos ihr Ende; das Element der Erde, das Element des Wassers, das Element des Feuers und das Element der Luft?‹ Da ging, Kevaddha, dieser Mönch in Versenkung ein solchergestalt, daß ihm in dieser Versenkung der Weg zu den Göttern offenbar wurde.

Da begab sich nun der Mönch zu den Göttern des Himmels der vier Götterkönige und sprach zu ihnen: ›Wo finden, ihr Freunde, diese vier großen Wesenheiten restlos ihr Ende: das Element der Erde, das Element des Wassers, das Element des Feuers und das Element der Luft?‹

Als er so gesprochen, sagten die Götter des Himmels der vier Götterkönige zu dem Mönch: ›Das wissen wir auch nicht, lieber Mönch, wo diese vier großen Wesenheiten restlos ihr Ende finden: das Element der Erde, das Element des Wassers, das Element des Feuers und das Element der Luft. Da sind aber die vier Götterkönige, die sind herrlicher und erhabener als wir. Die könnten es wohl wissen, wo diese vier großen Wesenheiten restlos ihr Ende finden …‹

Da begab sich der Mönch, Kevaddha, zu den vier Götterkönigen …

Dieselbe Frage; auch sie wissen keine Antwort. Und so wird der Mönch zu immer höheren Göttern geschickt; das Ergebnis ist immer das gleiche. Endlich will man ihn zum großen Brahma selbst schicken. Er fragt die Götter:

›Wo ist denn jetzt der große Brahma zu finden, meine Freunde?‹

›Das wissen wir auch nicht, mein lieber Mönch, wo Brahma ist, und was Brahmas Aufenthalt ist, und an welchem Ort Brahma weilt. Aber, lieber Mönch, wie die Vorzeichen sich jetzt zeigen, wie ein Licht sich erhebt und Glanz erscheint, wird Brahma sicherlich erscheinen. Denn das ist das Vorzeichen für das Erscheinen Brahmas, daß sich ein Licht erhebt und Glanz erscheint.‹

Da trat denn über nicht lange, Kevaddha, der große Brahma in die Erscheinung. Und der Mönch, Kevaddha, ging zum großen Brahma hin und sprach zu ihm: ›Wo finden, mein Freund, diese vier großen Wesenheiten restlos ihr Ende: das Element der Erde, das Element des Wassers, das Element des Feuers und das Element der Luft?‹

Als er so gesprochen, sagte der große Brahma zu dem Mönch: ›Ich bin Brahma, mein lieber Mönch, der große Brahma, der Überwinder, der Unüberwundene, der durch und durch Schauende, der Allmächtige, der Herrscher, Schöpfer, Bildner, der Höchste, der Ordner, der Gewaltige, der Vater alles dessen, was ist und was sein wird.‹

Und zum zweitenmal. Kevaddha, sprach der Mönch zu Brahma: ›Ich frage dich nicht danach, mein Freund, ob du Brahma bist, der große Brahma … Sondern danach frage ich dich: Wo finden, mein Freund, diese vier großen Wesenheiten …?‹

Und zum zweitenmal, Kevaddha, sagte der große Brahma zu dem Mönch: ›Ich bin Brahma …‹

Und zum drittenmal, Kevaddha, sprach der Mönch zu Brahma: ›Ich frage dich nicht danach …‹

Da faßte der große Brahma, Kevaddha, den Mönch beim Arm und führte ihn beiseite. Und er sprach zu ihm: ›Hier sind, mein lieber Mönch, die Götter des Brahmagefolges. Die glauben: ›Es gibt nichts, das Brahma nicht sieht. Es gibt nichts, das Brahma nicht weiß. Es gibt nichts, das Brahma nicht mit Augen schaut.‹ Deshalb habe ich dir in ihrer Gegenwart nicht geantwortet. Ich weiß auch nicht, lieber Mönch, wo diese vier großen Wesenheiten restlos ihr Ende finden: das Element der Erde, das Element des Wassers, das Element des Feuers und das Element der Luft. Du also hast übelgetan, mein lieber Mönch, du hast verfehlt gehandelt, daß du über den Erhabenen hinweggegangen bist und dich mit deinem Suchen anderswohin gewandt hast, um Antwort auf diese Frage zu erhalten. Geh zu Ihm, dem Erhabenen, mein Mönch, und lege ihm deine Frage vor. Und was dann der Erhabene dir offenbart, daran magst du dich halten.‹

Da verschwand, Kevaddha, jener Mönch, schnell wie ein starker Mann den gekrümmten Arm ausstreckt oder den ausgestreckten Arm krümmt, aus der Brahmawelt und trat vor mir in die Erscheinung. Und der Mönch, Kevaddha, brachte mir seinen ehrfurchtsvollen Gruß und setzte sich zur Seite nieder. Und zur Seite sitzend, sprach der Mönch zu mir: ›Wo finden, Herr, die vier großen Wesenheiten …?‹

Als er so gesprochen, Kevaddha, sagte ich zu dem Mönch: ›Die seefahrenden Kaufleute, mein Mönch, pflegten einen landfindenden Vogel mitzunehmen, wenn sie mit ihrem Schiff auf den Ozean hinausfuhren. Wenn ihr Schiff kein Land mehr in Sicht hatte, ließen sie den landfindenden Vogel fliegen. Der flog nach Osten, flog nach Süden, flog nach Westen, flog nach Norden, flog in die Höhe, flog nach den Zwischengegenden. Wenn er nun irgendwo in der weiten Runde Land sah, so flog er dorthin. Wenn er aber nirgends in der Runde Land sah, kehrte er zum Schiff zurück. Ebenso, mein Mönch, bist du bis zur Brahmawelt gegangen, Antwort auf deine Frage suchend, und hast sie nicht gefunden: und so kommst du denn nun zurück zu mir. Deine Frage aber muß nicht so gestellt werden: ›Wo finden, Herr, diese vier großen Wesenheiten restlos ihr Ende: das Element der Erde, das Element des Wassers, das Element des Feuers und das Element der Luft?‹ Sondern die Frage, mein Mönch, muß so gestellt werden:

›Was ist's, wo keinen Grund findet
Wasser und Erde, Feu'r und Luft,
Lang und Kurz nicht Bestand findet
Und Grob und Fein und Schön und Schlecht?
Wo jeder Nam', alle Gestalt
Ohne Rest aufgehoben wird?‹

Darauf ist die Antwort diese:

›Erkennen, das unzeigbare,
Alleuchtende, unendliche:
Das ist's, wo keinen Grund findet
Wasser und Erde, Feu'r und Luft,
Lang und Kurz nicht Bestand findet
Und Grob und Fein und Schön und Schlecht,
Wo jeder Nam', alle Gestalt
Ohne Rest aufgehoben wird.
Durch des Erkennens Aufhebung
Auch jenes aufgehoben wird.‹«

So sprach der Erhabene. Mit Freude begrüßte Kevaddha, der Bürgersohn, des Erhabenen Rede.

Was die viel bestrittene Deutung dieses Textes anlangt, so scheint er mir zu denen zu gehören, die die Nutzlosigkeit des Fragens nach den Vorgängen in der großen Welt draußen einschärfen; allein die inneren Vorgänge haben etwas für uns zu bedeuten, sind allein wert, daß wir sie erforschen. Wie es mit einem etwaigen Untergang der Elemente im Weltganzen steht, kann selbst Brahma nicht beantworten; aber dies ist eine Frage, die wir überhaupt nicht tun sollen. Uns gehen die Elemente allein an, sofern sie in unser Erkennen eintreten und so sich mit den Vorgängen verflechten, die über unser höchstes Wohl und Wehe entscheiden. In unserm Erkennen aber haben sie keinen festen Bestand; wo das Erkennen aufhört, hören auch sie auf – nämlich sie hören auf, soweit sie für uns in Betracht kommen, als Objekt unseres Erkennens. Diese Mahnung, allein nach dem zu fragen, was für uns Sinn und Bedeutung hat, liegt meines Erachtens von der dem alten Buddhismus gänzlich fremden Lehre: »Die Welt ist meine Vorstellung« recht weit ab.

Sein, Nichtsein, Werden

»An eine Zweiheit, Kaccayana, pflegt sich diese Welt zu halten, an das ›Es ist‹ und an das ›Es ist nicht‹.

Wer aber die Entstehung der Welt nach der Wahrheit mit rechter Einsicht anschaut, Kaccayana, für den gibt es in bezug auf die Welt kein ›Es ist nicht‹.

Und wer das Vergehen der Welt nach der Wahrheit mit rechter Einsicht anschaut, Kaccayana, für den gibt es in bezug auf die Welt kein ›Es ist‹ …

›Alles ist‹ – dies, Kaccayana, ist das eine Ende.

›Alles ist nicht‹, dies ist das zweite Ende.

Von diesen beiden Enden, Kaccayana, hält sich der Vollendete fern und zeigt den Weg in der Mitte: ›Aus dem Nichtwissen entstehen die Gestaltungen‹ …«

Mara und die Welt

Einstmals verweilte der Erhabene zu Rajagaha im Veluvana (»Bambuswald«), dem Kalandakanivapa (»Futterplatz der Eichhörnchen«).

Und der ehrwürdige Samiddhi ging zum Erhabenen … und sprach zum Erhabenen also: »Mara, Mara, so sagt man. Worin, Herr, liegt nun das Wesen Maras und der Benennung des Mara?«

»Wo es ein Auge gibt, Samiddhi, und Sichtbares, wo es Erkennen auf Grund des Sehens gibt, und Gedankendinge, die durch Erkennen auf Grund des Sehens erkannt werden, da ist Mara und die Benennung Maras.

Wo es ein Ohr gibt … wo es ein Geruchsorgan gibt … wo es eine Zunge gibt … wo es einen Körper gibt … wo es ein Denken gibt …

Wo es aber kein Auge gibt, Samiddhi, und kein Sichtbares und Erkennen auf Grund des Sehens und keine Gedankendinge, die durch Erkennen auf Grund des Sehens erkannt werden, da ist nicht Mara und die Bennennung Maras.

Wo es kein Ohr gibt …«, usw.

Das »Wesen«

Buddha verweilt zu Savatthi. Dort tut die Nonne Vajira ihren Bettelgang.

Als sie nach Savatthi ihren Almosengang vollbracht hatte, nach dem Mahl, vom Almosengang zurückgekehrt, ging sie zum Andhawald, um dort die Mittagsrast zu halten. In des Andhawaldes Tiefe eingegangen, setzte sie sich am Fuß eines Baumes nieder zur Mittagsrast.

Mara aber, der Böse, wollte der Nonne Vajira Furcht, Zittern, Haarsträuben erregen und sie aus ihrer Vertiefung herausreißen. So ging er zur Nonne Vajira und redete sie an mit dem Spruch:

»Wer hat erschaffen dies Wesen?
Des Wesens Schöpfer, kennst du ihn?
Woher das Wesen kommt, weißt du's?
Ist dir bekannt, wo es vergeht?«

Da dachte die Nonne Vajira: »Was ist das für ein menschliches oder nichtmenschliches Geschöpf, das diesen Spruch spricht?« Und die Nonne Vajira sagte sich: »Das ist Mara, der Böse. Um mir Furcht, Zittern, Haarsträuben zu erregen und mich aus meiner Vertiefung herauszureißen spricht er diesen Spruch.«

Als aber die Nonne Vajira erkannt hatte, daß es Mara, der Böse, war, sprach sie zu Mara, dem Bösen diesen Spruch:

»›Wesen‹ – was soll dies Wort, Mara?
In Irrwahn du befangen bist!
Gestaltungsmassen nur sind es;
Nirgends ein Wesen findet man.

Denn wie man des Gefährts Teile,
Wenn sie vereint sind, Wagen nennt,
Also gibt auch den fünf Gruppen
Den Namen ›Wesen‹ diese Welt.

Leiden allein ist's, das entsteht,
Leiden besteht und Leiden vergeht.
Andres als Leid entsteht nirgends;
Andres als Leiden nicht vergeht.«

Da sah Mara, der Böse: »Die Nonne Vajira kennt mich.« Und traurig und unmutig verschwand er von selbiger Stätte.

Der kleine Text trägt in der Kürze Gedanken vor, die ausführlicher in einem vielbeachteten Abschnitt eines jüngeren Werks dargelegt werden: jenes merkwürdigen Dialogs Milindapanha (»Fragen des Milinda«), der seinen Namen von einem der griechischen, im nordwestlichen Indien regierenden Fürsten, dem Menandros (= Milinda; wohl 2. Jahrhundert v. Chr.) hat. Milinda disputiert mit dem buddhistischen Weisen Nagasena. Gibt es denn, so fragt er, überhaupt einen Nagasena? Wo wäre er denn? Die Haare sind doch nicht Nagasena, Haut und Fleisch und Knochen auch nicht; ebensowenig Empfindungen, Vorstellungen, Erkennen. »Wo immer ich also auch frage, Herr, nirgends finde ich einen Nagasena. Ein bloßes Wort, Herr, ist Nagasena. Was ist denn Nagasena?« Nun aber wendet Nagasena dieselbe Argumentation gegen den König. Der hat gesagt, er sei zu Wagen hergekommen. Gibt es denn einen

Wagen? Ist die Deichsel der Wagen? Sind es die Räder? ist es der Wagenkasten? »Ein bloßes Wort, o König, ist der Wagen. Was ist denn der Wagen?« so ergibt sich: in bezug auf Deichsel, Räder, Wagenkasten usw. wird die Benennung »Wagen« gebraucht, und ebenso in bezug auf Haare, Fleisch, Knochen, Vorstellungen, Erkennen usw. die Bezeichnung Nagasena; eine »Person« ist dabei nicht erfaßbar. Der Heilige, der das dem König darlegt, beruft sich dabei auf eben den hier übersetzten Text, die Worte der Nonne Vajira.

Ist ein Subjekt zu finden?

»Wer ist es, Herr, der da berührt?«

»Die Frage ist nicht richtig gestellt«, sagte der Erhabene. ›Er berührt‹, so spreche ich nicht. Spräche ich also: ›Er berührt‹, dann wäre die Frage zulässig: ›Wer ist es, Herr, der da berührt?‹ Nun spreche ich aber nicht so. Wenn mich, der ich so nicht spreche, jemand fragen wollte: ›Woraus, Herr, entsteht die Berührung?‹, diese Frage wäre zulässig. Und es gibt die Antwort darauf: ›Aus den sechs Gebieten entsteht Berührung; aus Berührung entsteht Empfindung.‹«

»Wer ist es, Herr, der da empfindet?«

»Die Frage ist nicht richtig gestellt«, sagte der Erhabene. ›Er empfindet‹, so spreche ich nicht. Spräche ich also: ›Er empfindet‹, dann wäre die Frage zulässig: ›Wer ist es, Herr, der da empfindet?‹ Nun spreche ich aber nicht so. Wenn mich, der ich so nicht spreche, jemand fragen wollte: ›Woraus, Herr, entsteht die Empfindung?‹, diese Frage wäre zulässig. Und es gibt die Antwort darauf: ›Aus Berührung entsteht Empfindung; aus Empfindung entsteht Durst.‹«

Die Erörterung wird in derselben Weise durch einige weitere Gründe der Kausalitätsreihe fortgesetzt. Die buddhistische Lehre, daß wohl Empfindungen usw. sich ereignen, sie aber nicht einem empfindenden usw. Subjekt angehören, tritt klar hervor.

Noch einmal das Subjekt

Zu der Zeit verfiel ein Mönch in seinem Geist auf folgende Überlegung: »Die Körperlichkeit ist ja nun kein Selbst. Die Empfindungen sind kein Selbst. Die Vorstellungen sind kein Selbst. Die Gestaltungen sind kein Selbst. Das Erkennen ist kein Selbst. Die vom Nichtselbst getanen Werke, wie können sie ein Selbst berühren[1]?«

Der Erhabene aber erkannte in seinem Geist die geistige Überlegung jenes Mönchs und sprach zu den Mönchen also:

»Es kann geschehen, ihr Mönche, daß irgend ein Tor, ein Unwissender, von Nichtwissen befangener, mit seinem Geist, der unter des Durstes Herrschaft steht, des Meisters Lehre glaubt überholen zu können: ›die Körperlichkeit ist ja nun kein Selbst ... die vom Nichtselbst getanen Werke, wie können sie ein Selbst berühren?‹ Durch Gegenfragen kläre ich euch da auf, ihr Mönche, über die einen und die andern Wesenheiten. Wie meint ihr denn, ihr Mönche: ist die Körperlichkeit beständig oder unbeständig?«

»Unbeständig, Herr.«

Die Last und der Lastträger

»Die Last, ihr Mönche, will ich euch zeigen und den Lastträger, und das Aufnehmen der Last und das Ablegen der Last. Das höret!

Was ist die Last, ihr Mönche?

Die fünferlei Objekte des Ergreifens: so muß man antworten. Welche fünf? Die Körperlichkeit als Objekt des Ergreifens, die Empfindungen ... die Vorstellungen ... die Gestaltungen ... das

1. Mit andern Worten: wenn von keinem Selbst, sondern nur von einer Kette von Vorgängen – körperlichen, solchen des Empfindens usw. – gesprochen werden kann, wie verträgt sich damit die Lehre von der Vergeltung der Taten, die doch ein diese Vergeltung verdienendes und empfangendes Subjekt vorauszusetzen scheint? Die metaphysischen Grundauffassungen des Buddhismus kommen hier mit dem von altersher feststehenden Glauben an die Vergeltung der Werke in Konflikt.

Erkennen als Objekt des Ergreifens. Dies heißt die Last, ihr Mönche.

Und wer ist der Lastträger, ihr Mönche? Die Person: so muß man antworten – der ehrwürdige Soundso von dem und dem Geschlecht. Der heißt der Lastträger, ihr Mönche.

Und was ist das Aufnehmen der Last, ihr Mönche? Es ist der Durst, der zur Wiedergeburt führt, samt Freude und Begier, hier und dort seine Freude findend: der Lüstedurst, der Werdedurst, der Vergänglichkeitsdurst[1] Dies heißt das Aufnehmen der Last, ihr Mönche.

Und was, ihr Mönche, ist das Ablegen der Last? Es ist die Aufhebung dieses Durstes durch restlose Vernichtung des Begehrens, ihn fahren lassen, sich seiner entäußern, sich von ihm lösen, ihm keine Stätte gewähren. Dies heißt das Ablegen der Last, ihr Mönche.«

So sprach der Erhabene. Als so der Wohlwandelnde geredet hatte, sprach der Meister weiter also:

»Die Last nenn' ich die fünf Gruppen,
Lastträger die Persönlichkeit;
Leiden: die Last sich aufladen;
Die Last ablegen: Seligkeit.

Die Last, die schwere, ablegend,
Nicht auf sich nehmend neue Last,
Ausreißend der Begier Wurzel,
Befreit von Hunger löscht man aus.«

Dies kleine Textstück ist von eigenartiger Bedeutung. Der Buddhismus lehnt es sonst nachdrücklich ab, im Fluß der körperlichen Vorgänge, sowie des Empfindens, Vorstellens usw. von einem Selbst zu sprechen. Er sieht da nur den Strom der sich einigenden und wieder sich auflösenden Vor-

1. Der Text wiederholt hier, und entsprechend im folgenden Satz, den Wortlaut der zweiten bzw. dritten der »edlen Wahrheiten«.

gänge. Hier tritt ausnahmsweise eine andre Auffassung hervor: wenn sich in der Masse jener Vorgänge die »Last« darstellt, so gibt es auch einen »Lastträger«, die Person oder das Subjekt.

Das Nichtwissen, die letzte Quelle allen Leidens

»Das Leiden nicht erkennen, und den Ursprung des Leidens nicht erkennen, und die Aufhebung des Leidens nicht erkennen, und den Weg zur Aufhebung des Leidens nicht erkennen: das wird Nichtwissen genannt.«

Buddha verweilt zu Savatthi. Ein Mönch kommt zu ihm und fragt ihn:

»›Nichtwissen, Nichtwissen‹, so sagt man, Herr. Was ist nun, Herr, das Nichtwissen, und wodurch verfällt man dem Nichtwissen?«

»Da ist, o Mönch, ein Alltagsmensch, der die Lehre nicht vernommen hat, der erkennt in bezug auf die Körperlichkeit, die dem Entstehen unterworfen ist, nicht der Wahrheit gemäß: ›Dem Entstehen ist die Körperlichkeit unterworfen.‹ Und in bezug auf die Körperlichkeit, die dem Vergehen unterworfen ist, erkennt er nicht der Wahrheit gemäß: ›Dem Vergehen ist die Körperlichkeit unterworfen.‹ Und in bezug auf die Körperlichkeit, die dem Entstehen und Vergehen unterworfen ist, erkennt er nicht der Wahrheit gemäß: ›Dem Entstehen und Vergehen ist die Körperlichkeit unterworfen.‹

Dasselbe, wie hier von der Körperlichkeit, folgt dann von Empfindungen, Vorstellungen, »Gestaltungen« und Erkennen.

»Dies, o Mönch, wird Nichtwissen genannt, und hierdurch verfällt man dem Nichtwissen.« –

Als er so geredet hatte, sprach der Mönch zum Erhabenen: »›Wissen, Wissen‹ so sagt man, Herr. Was ist nun, Herr, das Wissen, und wodurch hat man das Wissen erreicht?«

»Da ist, o Mönch, ein edler Jünger, der die Lehre vernommen hat. Der erkennt ...« *wie oben; für das Nichterkennen tritt Erkennen ein.*

Die Unendlichkeit der Seelenwanderung und ihrer Leiden

»Aus dem Endlosen, ihr Mönche, kommt die Wanderung. Kein Anfang läßt sich absehen, von welchem an die Wesen, im Nichtwissen befangen, vom Durst[1] gefesselt, umherirren und wandern.

Es kommt ein Tag, ihr Mönche, wo der Große Ozean austrocknet und vertrocknet und nicht mehr ist. Nicht aber verkünde ich euch ein Ende, das die Leiden der im Nichtwissen befangenen, vom Durst gefesselten, umherirrenden und wandernden Wesen finden werden.

Es kommt ein Tag, ihr Mönche, wo der Sineru, der König der Berge[2], verbrennt, untergeht und nicht mehr ist. Nicht aber …

Es kommt ein Tag, ihr Mönche, wo die große Erde verbrennt, untergeht und nicht mehr ist. Nicht aber …

Aus dem Endlosen, ihr Mönche, kommt die Wanderung. Kein Anfang läßt sich absehen, von welchem an die Wesen, im Nichtwissen befangen, vom Durst gefesselt, umherirren und wandern.

Wie meint ihr, ihr Mönche? Was ist mehr, das Wasser in den vier großen Ozeanen, oder die Tränen, die geflossen und von euch vergossen sind, wie ihr auf diesem weiten Weg umherirrtet und wandertet und jammertet und weintet, weil euch zuteil wurde, was ihr haßtet, und nicht zuteil wurde, was ihr liebtet? …

Durch lange Zeiten, ihr Mönche, habt ihr der Mutter Tod erfahren, habt des Vaters Tod erfahren, des Bruders Tod, der Schwester Tod, des Sohnes Tod, der Tochter Tod, Verlust der Verwandten, Verlust der Güter. Und wie ihr Verlust der Güter erfuhrt, waren mehr die Tränen, die geflossen und von euch vergossen sind … als das Wasser in den vier großen Ozeanen. Und woher das? In der Ewigkeit, ihr Mönche, hat die Wanderung ihren Beginn …

1. Man denke an den »Durst« in der zweiten der vier »edlen Wahrheiten«.
2. Im Sanskrit Meru, der große Weltberg.

So ist denn Ursache genug, ihr Mönche, sich von den Gestaltungen[1] abzuwenden, vom Begehren nach ihnen sich zu befreien, die Erlösung zu gewinnen.«

Die Länge des Weltalters

... zur Seite dasitzend, sprach der Mönch zum Erhabenen also: »Wie lang, Herr, ist denn nun ein Weltalter?«

»Ein Weltalter ist lang, o Mönch! Es ist nicht leicht zu zählen; so und so viele Jahre sind es oder so und so viele Jahrhunderte oder so und so viele Jahrhunderte oder so und so viele Jahrhunderttausende.«

»Kann man aber ein Gleichnis dafür geben, Herr?«

»Das kann man, o Mönch!« sprach der Erhabene. »Wenn da ein mächtiger Felsberg wäre, o Mönch, eine Meile lang, eine Meile breit und eine Meile hoch, ohne Spalt, ohne Höhlung, eine einzige feste Masse, und es käme immer nach einem Jahrhundert ein Mann und wischte immer ein einziges Mal mit einem Gewand aus feinem Stoff von Benares um ihn herum: eher würde, o Mönch, dieser mächtige Felsberg durch solchen Angriff vernichtet und aufgerieben werden, als daß das Weltalter abliefe.

So lang ist das Weltalter, o Mönch. Von so langen Weltaltern, o Mönch, hat sich durch viele, und durch viele Hunderte, und durch viele Tausende, und durch viele Hunderttausende die Wanderung der Wesen bewegt. Und warum das? In der Ewigkeit, o Mönch, hat die Wanderung ihren Beginn ...[2]«

1. Der Ausdruck »Gestaltungen« ist hier wie oft im allgemeinsten Sinne zu verstehen. Alles was ist, d. h. alles, was sich zuträgt, ist eine »Gestaltung«, die sich gestaltet, um sich dann wieder aufzulösen.

2. Die Rede verläuft in den Wortlaut der Seite 148 mitgeteilten, bis zu deren Ende.

Die Vielen und die Wenigen

»Wie es, ihr Mönche, in diesem Land Jambudipa[1] nur wenig anmutige Gärten und anmutige Wälder und anmutiges Land und anmutige Lotusteiche gibt, aber viel mehr abschüssiges und zerrissenes Land, schwer überschreitbare Ströme, von Baumstümpfen und Dorngestrüpp bedeckten Boden, unwegsames Gebirge –

So gibt es auch, ihr Mönche, nur wenige landbewohnende Wesen und viel mehr die im Wasser wohnen –

So gibt es auch, ihr Mönche, nur wenige Wesen, die zu menschlichem Dasein geboren werden, und viel mehr, die zu nichtmenschlichem Dasein geboren werden –

So gibt es auch, ihr Mönche, nur wenige Wesen, die in den Länderm der Mitte[2] geboren werden, und viel mehr, die in den Ländern des Umkreises geboren werden, unter verständnislosen Barbaren –

So gibt es auch, ihr Mönche, nur wenige Wesen, die verständig sind, nicht töricht, nicht taub und stumm, fähig, den Sinn zu erkennen dessen, was wohl oder übel geredet ist, und viel mehr, die unverständig sind, töricht, taub und stumm, unfähig, den Sinn zu erkennen dessen, was wohl oder übel geredet ist –

So gibt es auch, ihr Mönche, nur wenige Wesen, die mit dem edlen Weisheitsauge begabt sind, und viel mehr, die in Unwissenheit versunken und verstört sind –

So gibt es auch, ihr Mönche, nur wenige Wesen, denen der Anblick des Vollendeten zuteil wird, und viel mehr, denen der Anblick des Vollendeten nicht zuteil wird –

So gibt es auch, ihr Mönche, nur wenige Wesen, denen es zuteil wird, die vom Vollendeten verkündete Lehre und Ordnung zu hören, und viel mehr, denen es nicht zuteil wird, die vom Vollendeten verkündete Lehre und Ordnung zu hören –

1. Dem Kontinent, der die bekannte Welt umfaßt.
2. In diesen allein erstehen Buddhas.

So gibt es auch, ihr Mönche, nur wenige Wesen, die die Lehre hören und bewahren, und viel mehr, die die Lehre hören, aber nicht bewahren –

So gibt es auch, ihr Mönche, nur wenige Wesen, die die Lehre bewahren und ihren Sinn erforschen, und viel mehr, die die Lehre bewahren, aber nicht ihren Sinn erforschen –

So gibt es auch, ihr Mönche, nur wenige Wesen, die den Sinn verstehen und die Lehre verstehen und nach der Lehre wandeln, und viel mehr, die wohl den Sinn verstehen und die Lehre verstehen, aber nicht nach der Lehre wandeln –

So gibt es auch, ihr Mönche, nur wenige Wesen, die von Erschütterndem erschüttert werden, und viel mehr, die von Erschütterndem nicht erschüttert werden –

So gibt es auch, ihr Mönche, nur wenige Wesen, die erschüttert ernstlich streben, und viel mehr, die zwar erschüttert, doch nicht ernstlich streben.

*

So gibt es auch, ihr Mönche, nur wenige Wesen, die den Geschmack des Besten, den Geschmack der Lehre, den Geschmack der Erlösung erlangen, und viel mehr, die den Geschmack des Besten, den Geschmack der Lehre, den Geschmack der Erlösung nicht erlangen.

Darum, ihr Mönche, müßt ihr euch üben, indem ihr also denkt: ›Den Geschmack des Besten, den Geschmack der Lehre, den Geschmack der Erlösung wollen wir erlangen.‹ Also, ihr Jünger, müßt ihr euch üben.«

Gibt es ein Jenseits?

Also habe ich gehört.

Zu einer Zeit wanderte der ehrwürdige Kumarakassapa im Land der Kosalas[1] mit einer großen Mönchsschar, fünf Hunderten von Mönchen, und kam nach Setavya, einer Stadt der Kosalas. Da verweilte der ehrwürdige Kumarakassapa zu Setavya, im Simsapahain, nördlich von Setavya. Zu der Zeit nun war der Fürst Payasi Herr über Setavya, einen Ort voll von Menschen und Getier, reich an Weiden, Gehölz und Wasser, reich an Getreide, einen königlichen Besitz, der von Pasenadi dem Kosalakönig als königliche Gabe nach dem Recht der Gaben an Brahmanen[2] ihm verliehen war.

Zu dieser Zeit nun hegte der Fürst Payasi einen verwerflichen Glauben folgender Gestalt: »Es gibt keine jenseitige Welt. Es gibt keine ungezeugten (himmlischen) Wesen. Es gibt nicht Lohn noch Frucht guter und böser Taten.«

Nun hörten die Brahmanen und Bürger von Setavya: »Der Asket Kumarakassapa, ein Jünger des Asketen Gotama, im Land der Kosalas wandernd mit einer großen Mönchsschar, fünf Hunderte von Mönchen, ist nach Setavya gekommen und verweilt zu Setavya, im Simsapahain, nörlich von Setavya. Diesem Herrn Kumarakassapa geht solch glänzender Ruf voraus: ›Er ist gelehrt, kundig und weise, an Wissen reich, ein Meister in mannigfachen Reden, reich an schöner Eingebung, ehrwürdig und heilig. Gut ist es, den Anblick solch heiliger Männer zu genießen.‹ So zogen die Brahmanen und Bürger von Setavya aus der Stadt hinaus, und in Scharen, scharenweise und haufenweise, gingen sie gen Norden und kamen zum Simsapahain.

Zu der Zeit nun hatte sich der Fürst Payasi zum Söller seines Palastes begeben, um Mittagsruhe zu halten. Da sah der Fürst Payasi, wie die Brahmanen und Bürger von Setavya aus der Stadt

1. Ungefähr dem heutigen Bezirk Oudh.
2. Der Empfänger war kein Brahmane. Aber die Eigenschaft einer Gabe an Brahmanen (nach dem Kommentar die Unwiderruflichkeit) wohnte dieser Verleihung bei.

hinauszogen ... und zum Simsapahain kamen. Wie er das sah, sprach er zu seinem Türhüter: »Was ziehen da, mein guter Türhüter, die Brahmanen und Bürger ...?« »Da ist, Herr, der Asket Kumarakassapa ... *wie oben, bis:* ehrwürdig und heilig. Diesen Herrn Kumarakassapa gehen sie sehen.«

»So gehe, mein guter Türhüter, zu den Brahmanen und Bürgern von Setavya und sprich zu den Brahmanen und Bürgern von Setavya also: ›Der Fürst Payasi, meine Guten, läßt euch sagen: Wartet, denn der Fürst Payasi will selbst kommen, den Asketen Kumarakassapa zu sehen.‹ Sonst überredet zuvor der Asket Kumarakassapa die dummen, törichten Brahmanen und Bürger von Setavya: ›Es gibt eine jenseitige Welt. Es gibt ungezeugte (himmlische) Wesen. Es gibt Lohn und Frucht guter und böser Taten.‹ Denn in Wahrheit, mein guter Türhüter, gibt es keine jenseitige Welt, gibt es keine ungezeugten Wesen, gibt es nicht Lohn noch Frucht guter und böser Taten.«

Der Türhüter übermittelt den Brahmanen und Bürgern wörtlich den Auftrag.

Da ging der Fürst Payasi, umgeben von den Brahmanen und Bürgern von Setavya, nach dem Simsapahain zum ehrwürdigen Kumarakassapa, begrüßte sich mit dem ehrwürdigen Kumarakassapa, wechselte mit ihm begrüßende, freundliche Rede und setzte sich zur Seite nieder. Auch von den Brahmanen und Bürgern von Setavya setzten sich die einen nach ehrfruchtsvollem Gruß an den ehrwürdigen Kumarakassapa zur Seite nieder, andre begrüßten sich mit dem ehrwürdigen Kumarakassapa, wechselten mit ihm begrüßende, freundliche Rede und setzten sich zur Seite nieder, andre neigten ihre zusammengelegten Hände gegen den ehrwürdigen Kumarakassapa und setzten sich zur Seite nieder, andre nannten ihren Namen und Geschlechtsnamen und setzten sich zur Seite nieder, andre setzten sich schweigend zur Seite nieder.

Zur Seite dasitzend, sagte nun der Fürst Payasi zum ehrwürdigen Kumarakassapa: »Ich, mein guter Kassapa, spreche also und habe diesen Glauben: ›Es gibt keine jenseitige Welt. Es gibt keine ungezeugten (himmlischen) Wesen. Es gibt nicht Lohn noch Frucht guter und böser Taten.‹«

»Noch nie, mein Fürst, habe ich jemanden gesehen oder gehört, der also spricht oder diesen Glauben hat. Wie möchte wohl jemand also sprechen: ›Es gibt keine …‹? So will ich denn, Fürst, dich hier selbst fragen. Wie es dir scheint, so mögst du mir antworten. Wie meinst du, Fürst, sind der Mond dort und die Sonne in dieser Welt oder in der jenseitigen? Sind sie Götter oder Menschen?«

»Der Mond dort und die Sonne sind in der jenseitigen Welt, nicht in dieser. Und sie sind Götter, nicht Menschen.«

»So haben wir hier eine Erwägung, Fürst, auf Grund deren du zu der Überzeugung kommen mußt: ›Es gibt eine jenseitige Welt …‹«

»Magst du gern so sprechen, mein guter Kassapa, ich bleibe doch bei meinem Glauben: ›Es gibt keine …‹«

»Gibt es denn eine Erwägung, Fürst, auf Grund deren du annimmst: ›Es gibt keine …‹«

»Freilich Kassapa, gibt es eine Erwägung, auf Grund deren ich annehme …«

»Und worin besteht die, Fürst?«

»Da sind, mein guter Kassapa, Freunde und Genossen von mir, Verwandte und Blutsfreunde, die morden, rauben, sündigen in ihren Lüsten, lügen, verleumden, führen grobe Reden, machen törichtes Geschwätz, sind gierig, voll böser Gedanken und Irrglauben. Die verfallen dann in Siechtum, Leiden, schwere Krankheit. Wenn ich dann merke, daß sie von ihrer Krankheit nicht genesen werden, gehe ich zu ihnen und sage: ›Da sind, meine Guten, gewisse Asketen und Brahmanen, die also sprachen und diesen Glauben haben: Menschen, die morden, rauben …, gehen, wenn ihr Leib zerbricht, jenseits des Todes den Unglücksweg, den bösen Gang, zur Verdammnis, zur Hölle. Ihr, meine Guten, habt nun gemordet, geraubt … Wenn das Wort jener guten Asketen und Brahmanen wahr ist, werdet ihr, wenn euer Leib zerbricht, jenseits des Todes den Unglücksweg, den bösen Gang, zur Verdammnis gehen, in die Hölle kommen. Solltet ihr also, wenn euer Leib zerbricht … in die Hölle kommen, so kommt doch zu mir und meldet mir: Es gibt eine jenseitige Welt. Es gibt ungezeugte Wesen. Es gibt Lohn und Frucht guter und böser Taten. Ihr, meine Guten, genießt bei mir Glauben und Vertrauen. Was ihr seht, wird mir gelten, als hätte ich es selbst gesehen.‹ Die sagen es mir zu: ›Gut, wir werden es tun.‹ Aber sie kommen nicht, mir das zu melden, und sie schicken auch keinen Boten. Auch das ist eine Erwägung, Kassapa, auf Grund deren ich annehme: Es gibt keine jenseitige Welt. Es gibt keine ungezeugten Wesen. Es gibt nicht Lohn noch Frucht guter und böser Taten.«

»So will ich denn, Fürst, dich hier selbst fragen. Wie es dir scheint, so mögst du antworten. Wie meinst du, Fürst? Wenn deine Leute einen Räuber, einen schweren Verbrecher fassen und ihn dir vorführen: ›Das ist ein Räuber, Herr, ein schwerer Verbrecher. Verhänge über ihn Strafe nach deinem Ermessen‹ – dann würdest du sagen: ›So bindet diesen Mann mit einem starken Strick fest, die Arme auf dem Rücken, schert ihn kahl, führt ihn unter scharfem Trommelklang von einer Straße zur andern, von einer Wegkreuzung zur andern, geht zum Südtor hinaus und südlich von der Stadt auf dem Richtplatz schlagt ihm das Haupt ab.‹ Die sagen: ›Gut, das tun wir‹, binden den Mann mit einem starken Strick … gehen zum Südtor hinaus und südlich von der Stadt auf dem Richtplatz lassen sie ihn sich setzen. Wenn da nun der Räuber zu den Scharfrichtern sagte: ›Wartet noch, meine guten Scharfrichter: in dem und dem Dorf oder Flecken habe ich Freunde und Genossen, Verwandte und Blutsfreunde – bis ich von denen Abschied genommen habe und wiederkomme‹ würde er das wohl von ihnen erlangen, oder würden die Scharfrichter, ehe er noch zu Ende geschwätzt hat, ihm das Haupt abschlagen?«

»Wenn er zu den Scharfrichtern sagte, mein guter Kassapa …, so würde er das von ihnen nicht erlangen, sondern sie würden, ehe er noch zu Ende geschwätzt hat, ihm das Haupt abschlagen.«

»So würde also, Fürst, der Räuber, der ein Mensch ist, von den Scharfrichtern, die auch Menschen sind, nicht erlangen … Wie sollten dann deine Freunde und Genossen, deine Verwandten und Blutsfreunde, die gemordet ..., wenn sie beim Zerbrechen ihres Leibes, jenseits des Todes den Unglücksweg, den bösen Weg, zur Verdammnis gegangen, in die Hölle gekommen sind, es erlangen, wenn sie zu den Höllenwächtern sagen: ›Wartet noch, meine guten Höllenwächter, bis wir zum Fürsten Payasi gegangen sind und ihm gemeldet haben: Es gibt eine jenseitige Welt ...‹? So mußt du auch auf Grund dieser Erwägung, Fürst, zu der Überzeugung kommen: Es gibt eine jenseitige Welt ...«

»Magst du gern so sprechen, mein guter Kassapa ...« *wie S. 154.*

»Gibt es denn eine Erwägung, Fürst ...«

»Freilich, Kassapa, gibt es eine Erwägung ...«

»Und worin besteht die, Fürst?«

»Da sind, mein guter Kassapa, Freunde und Genossen von mir, Verwandte und Blutsfreunde, die enthalten sich des Mordens, des Raubens, des Sündigens in ihren Lüsten, des Lügens, des Verleumdens, der groben Reden, des törichten Geschwätzes, sie sind frei von Gier, frei von bösen Gedanken und haben den rechten Glauben. Die verfallen dann in Siechtum, Leiden, schwere Krankheit. Wenn ich dann merke, daß sie von ihrer Krankheit nicht genesen werden, gehe ich zu ihnen und sage: ›Da sind, meine Guten, gewisse Asketen und Brahmanen, die also sprechen und diesen Glauben haben: Menschen, die sich des Mordens enthalten ... gehen, wenn ihr Leib zerbricht, jenseits des Todes den Heilsweg und kommen in den Himmel.‹ Ihr, meine Guten, habt euch nun des Mordens enthalten ... Wenn das Wort jener guten Asketen und Brahmanen wahr ist, werdet ihr, wenn euer Leib zerbricht, jenseits des Todes den Heilsweg gehen und in den Himmel kommen. Solltet ihr also, wenn euer Leib zerbricht ... in den Himmel kommen, so kommt doch zu mir und meldet mir ... *wie oben S. 155.* Auch das ist eine Erwägung, Kassapa, auf Grund deren ich annehme: ›Es gibt keine ...‹«

»So will ich denn, Fürst, dir ein Gleichnis sagen. Durch ein Gleichnis erkennt manch ein Verständiger den Sinn dessen, was geredet wird. Wenn da ein Mann, Fürst, in eine Grube voll Unrat bis über den Kopf hineingeraten ist, und du den Leuten befiehlst: ›Zieht den Mann aus der Grube mit Unrat heraus‹ – die sagen: ›Gut, das wollen wir tun‹, und ziehn den Mann aus der Grube mit Unrat heraus. Dann sagst du zu ihnen: ›Bürstet nun dem Mann den Unrat mit Bambusbürsten gut ab von seinem Leib‹. Sie sagen: ›Gut, das wollen wir tun‹, und bürsten dem Mann den Unrat mit Bambusbürsten von seinem Leib gut ab. Dann sagst du zu ihnen: ›Reibt nun diesem Mann den Leib dreimal gut mit gelbem Seifenpulver ein,‹ Und sie reiben dem Mann den Leib dreimal gut mit gelbem Seifenpulver ein. Dann sagst du zu ihnen: Salbt nun den Mann mit Öl und wascht ihn dreimal mit feinem Toilettenpulver.‹ Und sie salben den Mann mit Öl und waschen ihn dreimal mit feinem Toilettenpulver. Dann sagst du zu ihnen: ›Frisiert nun dem Mann Haar und Bart.‹ Und sie frisieren ihm Haar und Bart. Dann sagst du zu ihnen: ›Bringt dem Mann einen kostbaren Kranz und kostbare Salbe und kostbare Kleider.‹ Und sie bringen dem Mann einen kostbaren Kranz und kostbare Salbe und kostbare Kleider. Dann sagst du zu ihnen: ›Führt den Mann zu einem Palast und bereitet ihm Genüsse aller fünf Sinne. Und sie führen den Mann zu einem Palast und bereiten ihm Genüsse aller fünf Sinne.‹ Wie meinst du nun, Fürst, jener Mann, der schön gewaschen, schön gesalbt, an Haar und Bart frisiert, bekränzt und geschmückt, mit reinen Kleidern angetan ist, der auf dem Söller eines prächtigen Palastes weilt, der die Genüsse aller fünf Sinne zum Besitz und zu eigen hat und sich in ihnen wohlsein läßt – würde der wohl Lust haben, wieder in jene Grube voll Unrat hineinzugeraten?«

»Das würde er nicht, mein guter Kassapa.«

»Und weshalb nicht?«

»Die Unratsgrube ist unrein, Kassapa – unrein und als unrein bekannt, übelriechend und als übelriechend bekannt, ekelhaft und als ekelhaft bekannt, widerwärtig und als widerwärtig bekannt.«

»Ebenso, Fürst, sind nun den Göttern die Menschen unrein und als unrein bekannt ... widerwärtig und als widerwärtig bekannt. Auf hundert Meilen, Fürst, verjagt Menschengeruch die Götter. Wie sollten da deine Freunde und Genossen, Verwandten und Freunde, die sich des Mordes enthalten … und die nach dem Zerbrechen ihres Leibes, jenseits des Todes den Heilsweg gegangen und in den Himmel gekommen sind, wiederkommen und dir melden: Es gibt …? So mußt du auch auf Grund dieser Erwägung, Fürst, zu der Überzeugung kommen: Es gibt eine jenseitige Welt …«

»Magst du gern so sprechen, mein guter Kassapa …« *wie oben.*

»Gibt es denn eine Erwägung, Fürst …«

»Freilich, Kassapa, gibt es eine Erwägung …«

»Und worin besteht die, Fürst?«

»Da sind, mein guter Kassapa, Freunde und Genossen von mir …«

Die Freunde der tugendhaften Art werden beschrieben. Sie sollen zu den Tavatimsagöttern kommen, d. h. zu den Göttern des Himmels der »dreiunddreißig Götter«. Aber sie bringen von dort nicht Nachricht. Das kommt daher, sagt Kassapa, weil bei jenen Göttern ein Tag so lang ist, wie hundert Jahre bei den Menschen. Wenn sie sich aufmachen, dem Menschen die erwartete Botschaft zu bringen, ist der längst tot. Aber, erwiderte Payasi, was haben wir denn für Grund zu glauben, daß die Tavatimsagötter überhaupt existieren und so lange Lebensdauer haben?

»Wie wenn da ein Blindgeborener wäre, Fürst, der sähe nicht Schwarz, nicht Weiß, nicht Blau, nicht Gelb, nicht Rot, nicht Braun, nicht Glattes, nicht Rauhes, nicht Sterne, nicht Mond noch Sonne – wenn der nun sagen wollte: ›Es gibt nicht Schwarz, nicht Weiß; es gibt niemanden, der Schwarz und Weiß sieht … es gibt nicht Mond noch Sonne; es gibt Niemanden, der Mond und Sonne sieht. Ich kenne das nicht; ich sehe das nicht; darum ist es nicht‹: wurde er, wenn er so spricht, Fürst, wohl die Wahrheit sprechen?«

»Das würde er nicht, mein guter Kassapa. Es gibt Schwarz und Weiß; es gibt solche, die Schwarz und Weiß sehen … es gibt Mond und Sonne; es gibt solche, die Mond und Sonne sehen. Wer so spricht: ›Ich kenne das nicht; ich sehe das nicht; darum ist es nicht‹, der würde, mein guter Kassapa, nicht die Wahrheit sprechen.«

»So kommst du mir, Fürst, ich möchte sagen, wie ein Blindgeborener vor, wenn du zu mir sprichst: ›Wer sagt dir denn, Kassapa, daß es Tavatimsagötter gibt oder daß die Tavatimsagötter so langes Leben haben? Ich glaube es dir nicht, Kassapa, daß es Tavatimsagötter gibt oder daß die Tavatimsagötter so langes Leben haben.‹ Die jenseitige Welt aber, Fürst, kann nicht so, wie du es dir denkst, mit diesem fleischlichen Auge gesehen werden. Sondern die Asketen und Brahmanen, die in der Wildnis an waldentlegenen fernen Stätten ihren Sitz und ihr Lager haben, wohin kein Laut und kein Geräusch dringt und die dort unentwegt, in heißem Eifer, ihr Selbst dem Streben weihend verharren, die bereiten sich dort die Reinheit des göttlichen Auges: und mit dem göttlichen Auge, dem reinen, über Menschliches erhabenen sehen sie diese Welt und die jenseitige Welt und die ungezeugten Wesen. So kann die jenseitige Welt gesehen werden, Fürst, nicht aber so wie du es dir denkst, mit diesem fleischlichen Auge.«

So werden immer weitere Erwägungen des Fürsten und die Widerlegungen seitens Kassapas einander gegenübergestellt. Es sei noch folgendes hervorgehoben. Der Fürst spricht:

»Da faßten, mein guter Kassapa, meine Leute einen Räuber, einen schweren Verbrecher und führen ihn mir vor: ›Das ist ein Räuber, Herr, ein schwerer Verbrecher. Verhänge über ihn Strafe nach deinem Ermessen.‹ Dann sage ich zu ihnen: ›So werft, meine Guten, diesen Mann lebendig in einen Kessel, verbindet dessen Öffnung, umwickelt ihn mit nassem Leder, bestreicht ihn dick mit nassem Ton, stellt ihn auf einen Ofen und zündet ein Feuer an.‹ Die sagen: ›Gut, das tun wir‹, werfen den Mann lebendig in einen Kessel … und zünden ein Feuer an. Wenn wir dann merken, daß der Mann tot ist, nehmen wir den Kessel herunter, binden ihn los, tun die Öffnung auf und beobachten in aller Ruhe, ob wir wohl des Mannes Seele entweichen sehen. Aber wir sehen seine Seele nicht entweichen …«

Dem gegenüber fragt nun Kassapa:

»Entsinnst du dich wohl, Fürst, daß du, wenn du deine Mittagsruhe hieltest, Träume gehabt hast, von schönen Gärten oder schönen Hainen oder schönem Land oder schönen Lotusteichen?«

»In der Tat entsinne ich mich, Kassapa, daß ich, wenn ich meine Mittagsruhe hielt, Träume gehabt habe von schönen Gärten und schönen Hainen.«

»Wachen dann nicht bei dir Wächterinnen: Bucklige, Zwerginnen, …[1], junge Mädchen?«

»Freilich, mein guter Kassapa, wachen dann bei mir Wächterinnen …«

»Sehen die nun deine Seele kommen oder gehen[2]?«

»Das sehen sie nicht, Kassapa.«

»So können also, Fürst, diese Lebenden deine Seele, der du auch lebst, nicht kommen oder gehen sehn. Wie solltest du dann imstande sein, die Seele eines Gestorbenen kommen oder gehen zu sehen? …«

Ein weiteres Argument des Fürsten.

»Da fassen, mein guter Kassapa, meine Leute einen Räuber, einen schweren Verbrecher … *wie oben.* Dann sage ich zu ihnen: ›So wägt, meine Guten, diesen Mann lebend mit einer Wage, erdrosselt ihn dann mit einer Bogensehne und wägt ihn wieder mit der Wage.‹ Die sagen: ›Gut, das wollen wir tun‹, wägen den Mann lebend mit einer Wage, erdrosseln ihn dann mit einer Bogensehne und wägen ihn wieder mit der Wage. So lange er nun lebt, ist er leichter, geschmeidiger und besser behandelbar. Wenn er aber tot ist, ist er schwerer, starrer und schlechter behandelbar. Auch das ist eine Erwägung …«

Kassapa entgegnet wieder mit einem Gleichnis.

»Wenn ein Mann eine Eisenkugel, die einen Tag lang erhitzt, durchglüht, in feurigen, flammenden Zustand versetzt ist, mit

1. Ein dunkles Wort.

2. Der bekannte Glaube liegt zugrunde, daß an die Orte, von denen man träumt, die Seele des Träumenden sich hinbegeben hat.

einer Wage wägte und ebendieselbe später, wenn sie kalt und ihre Glut erloschen ist, mit der Wage wägte: wann ist diese Eisenkugel leicher, geschmeidiger, besser behandelbar? Wenn sie durchglüht, in feurigen, flammenden Zustand versetzt ist, oder wenn sie kalt und ihre Glut erloschen ist?«

»Wenn diese Eisenkugel, mein guter Kassapa, vom Feuer durchdrungen, von Winden (Dämpfen) umgeben ist, durchglüht, in feurigen, flammenden Zustand versetzt, dann ist sie leichter, geschmeidiger, besser behandelbar. Wenn aber diese Eisenkugel nicht von Feuer durchdrungen, von Winden umgeben ist, wenn sie kalt und ihre Glut erloschen ist, dann ist sie schwerer, starrer und schlechter behandelbar.«

»Ebenso, Fürst, ist auch dieser Körper, wenn Lebenskraft in ihm wohnt und Wärme in ihm wohnt und Erkenntnis in ihm wohnt, leichter, geschmeidiger, besser behandelbar. Wenn aber in diesem Körper keine Lebenskraft wohnt und keine Wärme in ihm wohnt und keine Erkenntnis in ihm wohnt, dann ist er schwerer, starrer und schlechter behandelbar …«

Nun wieder der Fürst:

»Da fassen, mein guter Kassapa, meine Leute einen Räuber, einen schweren Verbrecher … Dann sage ich zu ihnen: ›So bringt diesen Mann zu Tode, meine Guten, ohne seine Haut und sein Fell, sein Fleisch, seine Sehnen, seine Knochen, sein Mark zu beschädigen.‹ Die sagen: ›Gut, das wollen wir tun‹, und bringen den Mann zu Tode, ohne … zu beschädigen. Wenn er nun halbtot ist, sage ich zu ihnen: ›Legt diesen Mann auf seinen Rücken, ob wir wohl seine Seele entweichen sehen.‹ Dann legen sie den Mann auf den Rücken, aber seine Seele sehen wir nicht entweichen. Dann sage ich zu ihnen: ›Legt diesen Mann krumm … auf die Seite … auf die andere Seite … stellt ihn aufrecht hin …, stellt ihn mit dem Kopf abwärts hin … schlagt ihn mit der Hand … werft ihn mit Erdklößen … schlagt ihn mit einem Stock … mit einem Schwert … schüttelt ihn hin und her … schüttelt ihn durch … schüttelt ihn aus, ob wir wohl seine Seele entweichen sehen.‹ Die schütteln den Mann hin und her, schütteln ihn durch, schütteln ihn aus; aber seine Seele sehen wir nicht entweichen. Sein Auge ist dasselbe wie früher, und ebenso sind es die sichtbaren Dinge, aber die Wahrnehmungen auf diesem Gebiet haben aufgehört. Sein Ohr ist dasselbe wie früher, und ebenso sind es die Töne … Seine Nase ist dieselbe wie früher und ebenso sind es die Gerüche … Seine Zunge ist dieselbe wie früher und ebenso sind es die schmerzbaren Dinge … Sein Leib ist derselbe wie früher und ebenso sind es die berührbaren Dinge, aber die Wahrnehmungen auf diesem Gebiet haben aufgehört. Auch das ist eine Erwägung …«

Antwort wieder mit einem Gleichnis.

»Es war einmal ein Muschelbläser. Der nahm seine Muschel und ging in ein Land an der Grenze. Da kam er zu einem Dorf. Dort stellte er sich mitten ins Dorf hin, blies dreimal auf seiner Muschel, warf die Muschel auf die Erde und setzte sich daneben. Da dachten die Leute in jenem Land: ›Woher kommt dieser Ton so reizend, so lieblich, so berauschend, so fesselnd, so sinnberückend?‹ Sie strömten zusammen und sprachen zu dem Muschelbläser: ›Sage uns, woher kommt dieser Ton …?‹ ›Das ist diese Muschel, meine Guten, von der dieser Ton kommt …‹ Da legten sie die Muschel auf ihre Unterseite und sprachen: ›Ertöne, liebe Muschel! Ertöne, liebe Muschel!‹ Aber die Muschel gab keinen Ton von sich. Da legten sie die Muschel krumm hin … *folgen die entsprechenen Prozeduren wie oben bei dem Hingerichteten.* Aber die Muschel gab keinen Ton von sich. Da dachte der Muschelbläser: ›Wie dumm sind doch diese Leute im Land an der Grenze! Wie können sie auf so verkehrte Art nach dem Ton der Muschel suchen!‹ Da ergriff er vor ihren Augen die Muschel, blies auf ihr dreimal und ging mit ihr davon. Da sagten sich jene Leute in dem Land an der Grenze: ›Wenn bei solch einer Muschel, meine Guten, ein Mann dabei ist, und Anstrengung angewandt und ein Luftzug hervorgebacht wird, dann gibt diese Muschel einen Ton. Wenn aber bei solcher einer Muschel kein Mann dabei ist und keine Anstrengung angewandt und kein Luftzug hervorgebracht wird, dann gibt die Muschel keinen Ton? Ebenso, Fürst, steht es auch mit diesem Körper. Wenn Lebenskraft in ihm wohnt, dann geht und kommt er, er steht, sitzt, liegt; mit dem Auge sieht er das Sichtbare, mit dem Ohr hört er die Töne, mit der Nase riecht er die Gerüche, mit der Zunge schmeckt er den Geschmack, mit dem Leib berührt er das Berührbare, mit dem Geist erkennt er die Gedanken. Wenn aber in diesem Körper keine Lebenskraft wohnt *wie oben, negativ ...*«

So gehen die Reden und Gegenreden weiter. Payasi widerstrebt der besseren Überzeugung, da er nun einmal bekannt dafür ist, jene seine Meinung zu hegen. Endlich muß er nachgeben, erklärt sich als Laiengläubigen und kommt bei seinem Tod in den Himmel, freilich nur zu einer niederen Region der Himmelswelt, da er es beim Gabenspenden am rechten Eifer und der rechten Hingebung hat fehlen lassen.

Von den Höllenstrafen

»Drei Botschaften senden die Götter, ihr Mönche. Welche drei sind das?

Da wandelte jemand übel in Gedanken, Worten und Werken. Wegen solch' übeln Wandels in Gedanken, Worten und Werken geht er, wenn sein Leib zerbricht, jenseits des Todes den Unglückweg, den bösen Gang, zur Verdammnis, zur Hölle. Den ergreifen, ihr Mönche, die Höllenwächter hier und dort an den Armen und bringen ihn vor den König Yama[1]: ›Herr, dies ist ein Mann, der Mutter und Vater nicht geehrt hat, der Asketen und Brahmanen nicht geehrt, den Ältesten seines Geschlechts keine Ehre erwiesen hat. Über den mögest du, Herr, Strafe verhängen!‹

Dann befragt ihn und verhört ihn und redet mit ihm König Yama von der ersten Götterbotschaft: ›Sage mir, Mann, hast du nicht gesehen, wie unter den Menschen die erste Götterbotschaft erschienen ist?‹

1. Den Totengott und Totenrichter.

Und er antwortet: ›Das habe ich nicht gesehen, Herr!‹

Dann spricht König Yama zu ihm: ›Sage mir, Mann, hast du nicht unter den Menschen eine Frau oder einen Mann gesehen, achtzig oder neunzig oder hundert Jahre alt, Greis, gekrümmt wie ein Gabeldach, gebückt, auf einen Stab gestützt, einherwandernd, schwach, der Jugendkraft bar, mit gebrochenen Zähnen, ergraut, kahl, er wackelt mit dem Kopf (?), ist runzlig und an allen Gliedern mit Flecken bedeckt?‹

Und er antwortet: ›Das habe ich gesehen, Herr!‹

Dann spricht König Yama zu ihm: ›Sage mir, Mann, da du doch verständig genug und alt genug warst, hast du da nicht zu dir gesagt: Auch ich bin dem Alter unterworfen und von des Alters Macht nicht frei. Wohlan denn, ich will Gutes tun in Gedanken, Worten und Werken –?‹

Und er antwortet: ›Das hab' ich nicht vermocht, Herr. Das hab' ich im Leichtsinn versäumt.‹

Dann spricht König Yama zu ihm: ›Höre, Mann, aus Leichtsinn hast du nichts Gutes getan in Gedanken, Worten und Werken. Wahrlich, Mann, man wird dir tun, wie einem Leichtsinnigen gebührt. Deine bösen Taten hat nicht deine Mutter getan und hat nicht dein Vater getan, nicht dein Bruder und nicht deine Schwester, nicht deine Freunde und Hausgenossen und nicht deine Verwandten und Blutsfreunde, nicht Götter, nicht Asketen und Brahmanen. Du allein hast deine bösen Taten getan, und du allein sollst ihren Lohn ernten.‹

Wenn König Yama ihn so, ihr Mönche, über die erste Götterbotschaft befragt und verhört und davon mit ihm geredet hat, befragt und verhört er ihn und redet mit ihm von der zweiten Götterbotschaft: ›Sage mir, Mann, hast du nicht gesehen, wie unter den Menschen die zweite Götterbotschaft erschienen ist?‹

Und er antwortet: ›Das habe ich nicht gesehen, Herr!‹

Dann spricht König Yama zu ihm: ›Sage mir, Mann, hast du nicht unter den Menschen eine Frau oder einen Mann gesehen krank, leidend, voll schweren Siechtums, daliegend in seinem eigenen Urin und Kot, von andern aufgerichtet, von andern niedergelegt?‹

Und er antwortet: ›Das habe ich gesehen, Herr!‹

Dann spricht König Yama zu ihm: ›Sage mir, Mann, da du doch verständig genug warst und alt genug warst, hast du da nicht zu dir gesagt: Auch ich bin der Krankheit unterworfen und von der Krankheit Macht nicht frei. Wohlan denn, ich will Gutes tun in Gedanken, Worten und Werken –?‹

Und er antwortet: ›Das hab' ich nicht vermocht, Herr. Das hab' ich im Leichtsinn versäumt.‹ *Antwort Yamas wie oben.*

Entsprechende Fragen nach der dritten Götterschaft:

Dann spricht König Yama zu ihm: ›Sage mir, Mann, hast du nicht unter den Menschen eine Frau oder einen Mann gesehen tot seit einem Tag, oder tot seit zwei Tagen, oder tot seit drei Tagen, geschwollen, voll blauer Flecken mit fauligem Ausfluß?‹

Und er antwortet: ›Das hab' ich gesehen, Herr!‹

Dann spricht König Yama zu ihm *entsprechend wie oben.*

Wenn König Yama ihn so, ihr Mönche, über die dritte Götterbotschaft befragt und verhört und darüber mit ihm geredet hat, schweigt er still.

Dann nehmen die Höllenwächter, ihr Mönche, mit ihm vor, was man die fünffache Fesselung nennt. Sie treiben einen glühenden eisernen Pflock durch seine Hand, treiben einen glühenden eisernen Pflock durch seine andere Hand … durch seinen Fuß … durch seinen anderen Fuß … mitten durch die Brust. Da leidet er qualvolle, bittere, scharfe, stechende Schmerzen, und er stirbt nicht, solange seine böse Tat nicht abgebüßt ist.

Dann legen die Höllenwächter, ihr Mönche, ihn hin und zerschlagen ihn mit Äxten. Da leidet er qualvolle …

Dann stellen die Höllenwächter, ihr Mönche, ihn hin, die Füße aufwärts und den Kopf abwärts, und zerschlagen ihn mit spitzen Messern … spannen ihn vor einen Wagen und zwingen ihn, auf glühendem, brennendem, feurigem Boden hin und her zu laufen … zwingen ihn, auf einem großen Kohlenberg, glühend, brennend, feurig, auf- und abzusteigen … ergreifen ihn, und die Füße aufwärts, den Kopf abwärts, werfen sie ihn in einen erhitzten Metallkessel, glühend, brennend, feurig. Da wird er gekocht, so daß Blasen aufsteigen. Und während er da gekocht wird und die Blasen aufsteigen, steigt er einmal in die Höhe, sinkt er einmal in die Tiefe, bewegt er sich einmal in die Quere. Da leidet er qualvolle, bittere, scharfe, stechende Schmerzen, und er stirbt nicht, solange seine böse Tat nicht abgebüßt ist.

Dann werfen ihn die Höllenwächter, ihr Mönche, in die ›Große Hölle‹. Diese ›Große Hölle‹ aber, ihr Mönche, ist

Viereckig und mit vier Toren,
Teil gegen Teil wohl abgegrenzt –
Umschließend rings eiserner Wall,
Oben bedeckend Eisendach.

Der Eisenboden heiß brennend,
Von wilder Flammenglut durchloht,
Auf hundert Meilen sprüht ringsum
Immerdar seinen Feuerstrahl.

Es geschah einmal, ihr Mönche, daß König Yama also bei sich dachte: ›Wer in der Welt Böses tut, dem werden solche vielfache Qualen angetan. Möchte ich doch als Mensch wiedergeboren werden, und möchte ein Vollendeter in der Welt erscheinen, ein heiliger, höchster Buddha. Diesem Erhabenen möchte ich meine Verehrung bringen; und möchte er, der Erhabene, mir die Lehre predigen, und ich die Predigt dieses Erhabenen verstehen!‹

Wenn ich so rede, ihr Mönche, so habe ich das nicht von einem anderen Asketen oder Brahmanen gehört. Sondern was ich selbst erkannt, selbst gesehen, selbst erlebt habe, das sage ich euch[1].«

Die Menschen, die für nichts achten
Die Götterbotschaft leichten Sinns,

1. Mit anderen Worten: Buddha ist selbst in einer früheren Existenz König Yama gewesen.

Müssen gar lange Qual leiden
Zu niedrer Daseinsform verdammt.

Doch die von Leichtsinn frei fassen,
Woran die Götterbotschaft mahnt,
Die Guten, die ihr Ohr öffnen
Der edlen Lehre williglich,

Sehn der Geburt, des Tods Wurzel
Im Ergreifen, dem schrecklichen;
Vom Ergreifen sie ablassen;
Für sie hört auf Geburt und Tod.

Zu Fried' und Seligkeit dringend,
Erloschen schon im Erdensein,
Aller Feindschaft und Furcht ledig
Sind sie entronnen allem Leid.

Die Wesenlosigkeit des Weltdaseins

»Wie wenn, ihr Mönche, dieser Gangesstrom eine große Schaummasse mit sich führte; die sähe ein Mann mit scharfem Auge an, dachte darüber nach und prüfte sie gründlich – und wenn er sie ansieht, nachdenkt, und sie gründlich prüft, erscheint sie ihm leer und nichtig und ohne Kern, denn was für einen Kern, ihr Mönche, hätte wohl eine Schaummasse? –

Ebenso, ihr Mönche, steht es mit aller Körperlichkeit, die es nur immer geben mag, vergangener, künftiger, gegenwärtiger, in uns oder außerhalb, stark oder zart, gering oder hoch, in Ferne oder Nähe: die sieht der Mönch an, denkt über sie nach und prüft sie gründlich. Und wenn er sie ansieht, nachdenkt und sie gründlich prüft, erscheint sie ihm leer und nichtig und ohne Kern: Denn was für einen Kern, ihr Mönche, hätte wohl die Körperlichkeit?

Wie wenn, ihr Mönche, in der Herbstzeit der Himmel regnet und mächtiges Spritzen sich erhebt, und dann im Wasser eine Blase entsteht und wieder platzt; die sähe ein Mann mit scharfem Auge an ... *wie oben,* denn was für einen Kern, ihr Mönche, hätte wohl eine Wasserblase? –

Ebenso, ihr Mönche, steht es mit allen Empfindungen, die es nur immer geben mag ...

Wie wenn, ihr Mönche, im letzten Sommermonat zur Mittagszeit eine Luftspiegelung sich zeigt; die sähe ein Mann mit scharfem Auge an ...

Ebenso, ihr Mönche, steht es mit allen Vorstellungen, die es nur immer geben mag ...

Ein ähnliches Gleichnis, der geläufigen Fünferreibe folgend, für deren Wertes Glied, die »Gestaltungen«.

Endlich fünftens:

Wie wenn, ihr Mönche, ein Zauberkünstler oder eines Zauberkünstlers Gehilfe an einer Hauptstraße einen Zaubertrug erscheinen ließe; den, sähe ein Mann mit scharfem Auge an, dachte darüber nach und prüfte ihn gründlich – und wenn er ihn ansieht, nachdenkt und ihn gründlich prüft, erscheint er ihm leer und nichtig und ohne Kern: Denn was für einen Kern, ihr Mönche, hätte wohl Zaubertrug? –

Ebenso, ihr Mönche, steht es mit allem Erkennen, das es nur immer geben mag, vergangenem, künftigem, gegenwärtigem, in uns oder außerhalb, stark oder zart, gering oder hoch, in Ferne oder Nähe: das sieht der Mönch an, denkt darüber nach und prüft es gründlich. Und wenn er es ansieht, nachdenkt und es gründlich prüft, erscheint es ihm leer und nichtig und ohne Kern: denn was für einen Kern, ihr Mönche, hätte wohl das Erkennen?«

Das Meer der Vergänglichkeit

»›Das Meer, das Meer‹, so spricht, ihr Mönche, ein Alltagsmensch, der die Lehre nicht vernommen hat. Dies aber, ihr Mönche, ist es nicht, was in der Ordnung des Edlen das Meer genannt wird. Dies, ihr Mönche, ist nur eine große Wassermasse, eine große Wasserflut.

Das Auge des Menschen, ihr Mönche, ist das Meer; die sichtbare Welt ist das Wüten dieses Meeres. Wer diese Meereswut der sichtbaren Welt überwunden hat, von dem heißt es, ihr Mönche: ›Hinübergelangt ist er über das Meer des Auges mit seinen Wogen, seinen Strudeln, seinen Ungeheuern, seinen Meergeistern. Er ist drüben, hat das Ufer erreicht. Auf festem Boden steht er, ein Brahmane!‹« *Dasselbe wird wiederholt vom Ohr mit seinen Objekten und den andern Sinnen.*

So sprach der Erhabene. Als so der Wohlwandelnde geredet hatte, sprach der Meister weiter also:

»Hat man dies Meer mit seinen Wasserschlünden,
Voll Wogen, Meergeistern und Ungeheuern
Durchschifft, hat man Weisheit und Heiligkeit erlangt.
Das Land hat man, man hat des Weltalls Ziel erreicht.«

Die Vergänglichkeit des Daseins

Also hab' ich gehört.

Einstmals verweilte der Erhabene zu Savatthi, im Jetavana, dem Garten des Anathapindika.

Und als die Nacht herangekommen war, kam zum Erhabenen eine Gottheit, die ergoß mit ihrer herrlichen Erscheinung Glanz über das ganze Jetavana. Und sie brachte dem Erhabenen ehrfurchtsvollen Gruß und trat zur Seite hin. Und zur Seite stehend, sprach die Gottheit vor dem Erhabenen diesen Spruch:

»Das Leben schwindet hin; kurz ist das Dasein.
Das Alter reißt uns weg. Nichts kann uns retten.
Des Todes drohende Gefahr erkennend
Soll gutes Werk man tun, das Freudenlohn bringt.

Das Leben schwindet hin; kurz ist das Dasein.
Das Alter reißt uns weg. Nichts kann uns retten.
Des Todes drohende Gefahr erkennend
Verlasse man die Weltlust, suche Frieden.«

So sprach jene Gottheit. Der Meister gab ihr seinen Beifall. Da dachte die Gottheit: »Der Meister gibt mir seinen Beifall«, und sie brachte dem Erhabenen ihren ehrfurchtsvollen Gruß, umwandelte ihn rechtshin und verschwand von selbiger Stätte.

Der Gedanke der Vergänglichkeit alles Seins

»Der Gedanke an die Vergänglichkeit, ihr Mönche, wenn man ihn in sich fördert und ihm weiten Raum gibt, erfaßt alle Begier, die sich auf Lust richtet, alle Begier, die sich auf Gestalt richtet, alle Begier, die sich auf Werden richtet, alles Nichtwissen, allen Stolz des ›Ich bin‹, und vernichtet alles das.

Wie in der Herbstzeit, ihr Mönche, ein Pflüger mit einem großen Pflug pflügt und alles Wurzelgeflecht zerreißt, so erfaßt auch der Gedanke an die Vergänglichkeit, ihr Mönche, wenn man ihn in sich fördert …

*

Wie, ihr Mönche, unter den Gerüchen aller Essenzen der Safran am höchsten gilt, so erfaßt auch …

Wie, ihr Mönch, aller Glanz der Sterne nicht auch nur dem sechzehnten Teil des Mondglanzes gleichkommt, der Mondglanz von allem am höchsten gilt, so …

Wie, ihr Mönche, in der Herbstzeit, wenn der Himmel klar und wolkenlos ist, die Sonne zum Himmel aufsteigend, alles Dunkel im Luftraum vernichtet und strahlt und wärmt und leuchtet, so …«

Die Macht von Alter und Tod

Zu Buddha kommt König Pasenadi und fragt ihn

»Gibt es, Herr, für das, was geboren ist, ein Dasein ohne Alter und Tod?«

»Es gibt kein Dasein, großer König, ohne Alter und Tod. Und auch die großen Herren vom Adel, die in allem Wohlstand leben, die reich sind an Besitz und Habe, die Gold und Silber in Menge besitzen, und Reichtümer und alles, dessen sie bedürfen, in Menge besitzen, und Schätze und Getreide in Menge besitzen: auch für sie, wie sie geboren sind, gibt es kein Dasein ohne Alter und Tod.

Und auch die großen Herren vom Brahmanenstand, und die großen Herren vom Bürgerstand, die in allem Wohlstand leben … gibt es kein Dasein ohne Alter und Tod.

Und auch die Mönche, großer König, die heiligen, die alles Verderben abgetan haben, die den heiligen Wandel erfüllt, ihr Werk getan, ihre Last abgelegt, das Ziel des Heiles erreicht, die Fesseln des Werdens zerbrochen, in voller Erkenntnis die Erlösung gefunden haben: auch ihr Leib muß zerbrechen und sie müssen ihn von sich legen.«

»Der Kön'ge prächt'ge Wagen, sie verfallen.
Verfallen läßt das Alter unsre Leiber.
Der Edlen Lehre wird nicht alt, verfällt nicht,
Und Edle künden sie mit edlen Helfern.«

Buddha und die Welt

»Ich streite nicht mit der Welt, ihr Mönche. Sondern die Welt streitet mit mir. Wer die Wahrheit verkündet, ihr Mönche, streitet mit Niemandem in der Welt.

Wovon die Weisen in der Welt, ihr Mönche, halten, daß es nicht sei, davon sage auch ich: ›Es ist nicht.‹ Und wovon, ihr

Mönche, die Weisen in der Welt halten, daß es sei, davon sage auch ich: ›Es ist.‹

Und was ist es, ihr Mönche, wovon die Weisen in der Welt halten, daß es nicht sei, und wovon auch ich sage: ›Es ist nicht?‹

Von Körperlichkeit, ihr Mönche, die beständig, bleibend, ewig, der Veränderung nicht unterworfen wäre, halten die Weisen in der Welt, daß sie nicht sei, und auch ich sage von ihr: ›Sie ist nicht.‹ *Dasselbe über Empfindungen, Vorstellungen, Gestaltungen, Erkennen.*

Dies ist es, ihr Mönche, wovon die Weisen in der Welt halten, daß es nicht sei, und wovon auch ich sage: ›Es ist nicht.‹

Und was ist es, ihr Mönche, wovon die Weisen in der Welt halten, daß es sei, und wovon auch ich sage: ›Es ist?‹

Von Körperlichkeit, ihr Mönche, die unbeständig, leidenvoll, der Veränderung unterworfen ist, halten die Weisen in der Welt, daß sie sei, und auch ich sage von ihr: ›Sie ist.‹

Dasselbe über Empfindungen, Vorstellungen usw.

Dies ist es, ihr Mönche, wovon die Weisen in der Welt halten, daß es sei, und wovon auch ich sage: ›Es ist.‹

Es gibt, ihr Mönche, in der Welt eine Weltwesenheit, die der Vollendete erkennt und durchschaut. Und indem er sie erkennt und durchschaut, lehrt er sie, zeigt er sie auf, tut er sie kund, stellt er sie hin, enthüllt er sie, erklärt er sie Stück für Stück, legt er sie auseinander.

Und was ist, ihr Mönche, in der Welt die Weltwesenheit, die der Vollendete erkennt ...?

Die Körperlichkeit, ihr Mönche, ist in der Welt eine Weltwesenheit, die der Vollendete erkennt ... Und wenn sie so, ihr Mönche, vom Vollendeten gelehrt, aufgezeigt, kundgetan, hingestellt, enthüllt, Stück für Stück erklärt, auseinander gelegt wird: wer sie dann nicht erkennt und erschaut, was kann ich, ihr Mönche, mit einem solchen Toren machen, einem Alltagsmenschen, einem Blinden, einem Augenlosen, der nicht erkennt und nicht schaut?

Dasselbe über Empfindungen, Vorstellungen usw.

Wie, ihr Mönche, eine Wasserrose oder eine blaue Lotusblume oder eine weiße Lotusblume, im Wasser geboren, im Wasser erwachsen, über das Wasser sich erhebt, vom Wasser unbenetzt: ebenso, ihr Mönche, steht der Vollendete da, in der Welt erwachsen, die Welt überwindend, von der Welt unbefleckt.«

Trauer um Vergängliches

Also habe ich gehört.

Einstmals verweilte der Erhabene zu Savatthi, im Jetavana, dem Park des Anathapindika. Zu dieser Zeit nun war eines Laienjüngers einziges Söhnlein gestorben, das er liebte und das seine Freude war. Da kamen zur heißen Tageszeit[1] viele Laienjünger mit nassen Gewändern und nassem Haar zum Erhabenen, brachten ihm ehrfurchtsvollen Gruß und setzten sich zur Seite nieder. Wie sie so zur Seite dasaßen, sprach der Erhabene zu den Laienjüngern: »Warum, ihr Laienjünger, kommt ihr zur heißen Tageszeit mit nassen Gewändern und nassem Haar hierher?« Als er so geredet hatte, sprach jener Laienjünger zum Erhabenen also: »Mein einziges Söhnlein, Herr, ist gestorben, das ich liebte und das meine Freude war. Darum kommen wir zur heißen Tageszeit hierher mit nassen Gewändern und nassem Haar.«

Solches erkennend, tat der Erhabene zu dieser Zeit den Ausruf:

»Haftend an lieblicher Gestalten Reiz
Götterscharen, dazu der Menschen viele:
In Trauer, in Jammer verfallen sie,
Kommen in die Gewalt des Todesfürsten.

Doch die sich bei Tage und bei Nacht
Unentwegt abwenden von lieblicher Erscheinung:
Der Trauer Wurzel graben sie aus.
Schwer ist's, des Todes Lockung zu entrinnen.«

1. Also zu einer Zeit, wo man sonst einander nicht zu besuchen pflegt.

Liebe bringt Leid

Also habe ich gehört.

Einstmals verweilte der Erhabene zu Savatthi, im Obstgarten, im Palast der Migaramata.

Zu der Zeit nun war eine Enkelin der Visakha Migaramata[1] gestorben, die sie liebte und die ihre Freude war. Da kam Visakha Migaramata zur heißen Tageszeit mit nassem Gewand und nassem Haar zum Erhabenen, brachte ihm ehrfurchtsvollen Gruß und setzte sich zu seiner Seite nieder. Wie sie an seiner Seite saß, sprach der Erhabene zu Visakha Migaramata: »Warum, Visakha, bist du zur heißen Tageszeit hierhergekommen mit nassem Gewand und nassem Haar?« »Meine Enkelin, Herr, ist gestorben, die ich liebte und die meine Freude war. Darum bin ich zur heißen Tageszeit hierhergekommen mit nassem Gewand und nassem Haar?« »Würdest du dir nun wünschen, Visakha, so viele Söhne und Enkel zu haben, wie Menschen in Savatthi sind?« »Wie viele Menschen sterben nun wohl, Visakha, täglich in Savatthi?« »In Savatthi, Herr, sterben täglich zehn Menschen, oder auch neun Menschen, oder auch acht … sieben … sechs … fünf … vier … drei … zwei … oder auch ein Mensch. In Savatthi, Herr, findet das Sterben der Menschen kein Ende.« »Wie meinst du nun, Visakha, würdest du dann irgendwann und irgendeinmal kein nasses Gewand und kein nasses Haar haben?« »Das würde ich nie, Herr. Genug also, Herr, so vieler Söhne und Enkel!« »Wer hundertfaches Liebes hat, Visakha, für den gibt es hundertfaches Leid. Wer neunzigfaches Liebes hat, für den gibt es neunzigfaches Leid …[2] Wer ein Liebes hat, für den gibt es ein Leid; wer kein Liebes hat, für den gibt es kein Leid. Frei von Schmerz, frei von Unreinheit, frei von Verzweiflung sind sie: so sage ich.«

1. Die treffliche Matrone Visakha, eine reiche Bürgersfrau in der Hauptstadt Savatthi, die Mutter vieler blühender Kinder, die Großmutter zahlloser Enkel. Alle Welt lädt bei Opfern und Schmäusen die Visakha ein und läßt ihr zuerst von den Speisen reichen; ein Gast wie sie bringt Glück ins Haus.
2. Absteigende Zahlen, zuerst die vollständige Reihe der Zehner, dann die der Einer.

»Was es an Leiden gibt, an Schmerz und Klagen
In dieser Welt in zahllosen Gestalten,
Das kommt nur davon, daß wir Liebes haben.
Hast du nichts Liebes, nahn dir keine Leiden.

Dies sind die Freud'gen drum, die Leid erlösten,
Für die hienieden sich nichts Liebes findet.
Begehrst du nach der schmerzlos reinen Stätte,
Sieh zu denn, daß dir in der Welt nichts lieb sei.«

Verschiedener Geschmack

Buddha verweilt zu Savatthi

Zu der Zeit waren da fünf Könige, an ihrer Spitze Pasenadi, die waren mit den Genüssen aller fünf Sinne begabt, hatten sie zu eigen und lebten damit in Freuden. Unter ihnen nun erhob sich dieses Gespräch: »Was ist wohl der Genüsse höchster?« Da sagten die einen[1]: »Die sichtbaren Dinge sind der Genüsse höchster.« Andre sagten: »Töne sind der Genüsse höchster.« Andre sagten: »Gerüche sind der Genüsse höchster.« Andre sagten: »Geschmack ist der Genüsse höchster.« Andre sagten: »Berührungen sind der Genüsse höchster.«

Als nun die Könige einander nicht zu überzeugen vermochten, sprach der Kosalakönig Pasenadi zu ihnen: »Kommt, ihr hohen Herren. Wir wollen zum Erhabenen gehen und ihn hierüber befragen. Wie der Erhabene uns antwortet, daran wollen wir uns halten.« »Ja, mein hoher Herr« – so stimmten die Könige dem Kosalakönig Pasenadi bei.

Und die fünf Könige, an ihrer Spitze Pasenadi, gingen zum Erhabenen, brachten ihm ihren ehrfurchtsvollen Gruß und setzten sich zur Seite nieder. Und zur Seite dasitzend sprach der Kosa-

1. Man erwartet: »der eine«, »ein andrer«. Vielleicht ist bei der Umsetzung des Textes aus dem Magadhidialekt ins Pali ein Mißverständnis begegnet.

lakönig Pasenadi zum Erhabenen: »Herr, hier sind wir fünf Könige, die sind mit den Genüssen aller fünf Sinne begabt … *entsprechend wie oben die Meinungsverschiedenheit wird berichtet.* Was ist nun, Herr der Genüsse höchster?«

»Je nachdem einem jedem das eine oder das andre das Angenehmste ist, großer König, nenne ich es den höchsten unter den Genüssen der fünf Sinne. Dem einen sind irgendwelche sichtbaren Dinge angenehm; dem andern sind diese sichtbaren Dinge unangenehm. An welchen sichtbaren Dingen nun jemand Freude findet und Befriedigung seines Verlangens, über diese sichtbaren Dinge hinaus wünscht er sich nichts andres Sichtbares als schöner und herrlicher. Diese sichtbaren Dinge sind für ihn das Höchste und der Gipfel.« *Dasselbe dann über die andern vier Sinne.*

Zu der Zeit nun saß dort unter den Versammelten der Laiengläubige Candanangalika. Da stand Candanangalika der Laiengläubige von seinem Sitz auf, entblößte seine eine Schulter vom Obergewand, streckte die zusammengelegten Hände gegen den Erhabenen vor und sprach zum Erhabenen: »Ein Spruch offenbart sich mir, Erhabener! Ein Spruch offenbart sich mir, Wohlwandelnder!«

»Laß ihn sich offenbaren und sprich, Candanangalika!« sagte der Erhabene.

Da sprach Candanangalika vor dem Antlitz des Erhabenen ein Preiswort, wie es dem Augenblick angemessen war:

»Wie roter Lotus um die Morgenstunde,
In vollem Blühen prangend Düfte aushaucht,
Sieh', also leuchtet der Angiraside[1]
Der Sonne gleich, die glüht im Reich der Lüfte.«

Da spendeten die fünf Könige Candanangalika dem Laiengläubigen fünf Obergewänder. Und Candanangalika, der Laiengläubige spendete diese fünf Obergewänder dem Erhabenen.

1. Gemeint ist Buddha, der als Gotama diesen Beinamen eines Brahmanengeschlechts führt.

»Und was, ihr Mönche, ist das Elend der Lüste? Da erwirbt, ihr Mönche, ein edler Jüngling seinen Lebensunterhalt durch Ausübung einer Kunst: sei es durch Handrechnen, sei es durch Zählen, sei es durch anderes Rechnen, sei es durch Ackerbau, sei es durch Handel, sei es durch Viehzucht, sei es durch Waffenhandwerk, sei es durch königlichen Dienst, oder durch welche Kunst es auch immer sein mag. Der muß sich der Kälte aussetzen und muß sich der Hitze aussetzen; er leidet von Belästigung durch Bremsen und Mücken, Sturm, Sonnenglut und Gewürm; er wird von Hunger und Durst gequält. Dies, ihr Mönche, ist Elend der Lüste, eine Masse von Leiden in diesem sichtbaren Dasein, um der Lust willen, infolge der Lust, der Lust zuliebe, erlitten allein um der Lüste willen.

Wenn nun ein solcher edler Jüngling, der so aufsteht und arbeitet und sich bemüht, die erstrebten Güter nicht erlangt, so wird er traurig und elend; er jammert, schlägt sich die Brust, weint und gerät außer sich: ›Vergeblich war es, daß ich aufstand, vergeblich ach all mein Mühen!‹ Auch dies, ihr Mönche, ist Elend der Lüste …

Wenn aber ein solcher edler Jüngling, der so aufsteht und arbeitet und sich bemüht, die erstrebten Güter erlangt, so muß er diese Güter zu behüten, Schmerz und Verlust auf sich nehmen: ›Daß nur nicht die Könige mir meine Güter rauben, und daß Diebe sie mir nicht rauben und Feuer sie nicht verbrennt und Wasser sie nicht wegschwemmt und verhaßte Erben sie nicht an sich ziehen!‹ Wenn er nun so seine Güter hütet und bewacht, rauben die Könige sie oder rauben Diebe sie oder Feuer verbrennt sie oder Wasser schwemmt sie weg oder verhaßte Erben ziehen sie an sich. Dann wird er traurig und elend; er jammert, schlägt sich die Brust, weint und gerät außer sich: ›Was ich einst hatte, das habe ich jetzt nicht mehr!‹ Auch dies, ihr Mönche, ist Elend der Lüste …

Und weiter, ihr Mönche, um der Lust willen, infolge der Lust, der Lust zuliebe, allein um der Lüste willen geschieht es, daß

Könige mit Königen streiten, und Edle streiten mit Edlen, und Brahmanen streiten mit Brahmanen, und Bürger streiten mit Bürgern, und die Mutter streitet wider den Sohn, und der Sohn streitet wider die Mutter, und der Vater streitet wider den Sohn, und der Sohn streitet wider den Vater, und der Bruder streitet wider den Bruder, und der Bruder streitet wider die Schwester, und die Schwester streitet wider den Bruder, und der Genosse streitet wider den Genossen. So geraten sie in Zank und Zwietracht und Streit, und sie gehen aufeinander los mit ihren Fäusten, und sie gehen aufeinander los mit Erdklumpen, und sie gehen aufeinander los mit Stöcken, und sie gehen aufeinander los mit Waffen. Und so trifft sie der Tod oder todesgleiches Leiden. Auch dies, ihr Mönche, ist Elend der Lüste …

Und weiter, ihr Mönche, um der Lust willen, infolge der Lust, der Lust zuliebe, allein um der Lüste willen geschieht es, daß man zu Schwert und Schild greift, und man umgürtet sich mit Bogen und Köcher, und die Schlachtreihen werden auf beiden Seiten aufgestellt, und man stürzt sich in den Kampf: da fliegen die Pfeile und fliegen die Lanzen und blitzen die Schwerter. Und man trifft sich mit Pfeilen und trifft sich mit Lanzen und schlägt einander mit dem Schwert das Haupt ab. Und so wird man vom Tod betroffen oder von todesgleichem Leiden. Auch dies, ihr Mönche, ist Elend der Lüste …«

Motten und Licht

Also habe ich gehört.

Einstmals verweilte der Erhabene zu Savatthi, im Jetavana, dem Garten des Anathapindika. Und der Erhabene saß nachts, im Dunkel und Finsternis, im Freien, während Öllampen brannten. Da kamen nun viele Motten zu den Öllampen geflogen und flogen herum und fanden Verderben und fanden den Tod und fanden Verderben und Tod. Da sah der Erhabene, wie die vielen Motten zu den Öllampen geflogen kamen … und Verderben und

Tod fanden. Solches sehend, tat der Erhabene zu der Zeit den Ausruf:

»Sie dringen nicht zum Kern; umher sie schwirren,
Schaffen sich neue, immer neue Bindung.
Sie fliegen in die Flammen wie die Motten,
An ihrem Sehn, an ihrem Hören hängend.«

Ratthapala

Rathapala ist ein Jüngling aus edler Familie im Kuruland (Gegend von Delhi). Er hat Buddha predigen gehört, und das Verlangen nach dem Asketenleben ist in ihm erwacht. Buddha will ihn nicht als seinen Jünger annehmen, ohne daß er die Erlaubnis seiner Eltern beibringt.

»Ich will es schon machen, Herr, daß Vater und Mutter mir erlauben sollen, die Welt zu verlassen und mich der Heimatlosigkeit zuzuwenden.«

Da stand Ratthapala, der edle Jüngling von seinem Sitz auf, brachte dem Erhabenen seinen ehrfurchtsvollen Gruß, umwandelte ihn rechtshin gewandt, ging darauf zu seinem Vater und seiner Mutter und sprach zu ihnen: »Vater, Mutter, wie ich die vom Erhabenen verkündete Lehre verstehe, ist es nicht leicht, wenn man im häuslichen Dasein verharrt, den gänzlich vollen, gänzlich reinen heiligen Wandel zu führen, der gleich einer geglätteten Muschel glänzt. Ich will mir Haar und Bart scheren lassen, gelbe Gewänder anlegen, die Welt verlassen und mich der Heimatlosigkeit zuwenden. Gebt mir die Erlaubnis, daß ich aus der Welt in die Heimatlosigkeit gehe!«

Als er so sprach, antwortete sein Vater und seine Mutter Ratthapala dem edlen Jüngling: »Du bist, mein Kind Ratthapala, unser einziger, lieber, teurer Sohn, in Freuden von uns gepflegt und aufgezogen. Du weißt von keinem Leid, mein Kind Ratthapala. Komm, mein Kind Ratthapala, iß und trinke und lebe fröhlich. An Essen, Trinken, fröhlichem Leben, am Genuß jeglicher

Lust und am Tun guter Werke mögest du deine Freude finden. Die Welt zu verlassen und dich der Heimatlosigkeit zuzuwenden, erlauben wir dir nicht. Wider unsern Willen werden wir uns von dir trennen müssen, wenn der Tod kommt. Wie sollen wir, solange du lebst, dir erlauben, die Welt zu verlassen und dich der Heimatlosigkeit zuzuwenden?«

Trotz wiederholter Bitten beharren die Eltern bei ihrer Weigerung:

Ratthapala aber, der edle Jüngling, als sein Vater und seine Mutter ihm nicht erlaubten, die Welt zu verlassen, warf sich an Ort und Stelle auf den nackten Erdboden hin und sprach: »Hier werde ich sterben oder die Welt verlassen!«

Seine Freunde legen sich ins Mittel und machen den Eltern Vorstellungen: tritt er ins geistliche Leben ein, gibt es immer noch ein Wiedersehen mit ihm; findet er im geistlichen Stand keine Befriedigung, so wird er ins Elternhaus zurückkehren. So geben sie ihre Erlaubnis, doch solle er sich ihnen wieder zeigen. Er wird Mönch und erlangt die Heiligkeit.

Da ging der ehrwürdige Ratthapala zum Erhabenen, brachte ihm seinen ehrfurchtsvollen Gruß und setzte sich zur Seite nieder. Und zur Seite dasitzend sprach der ehrwürdige Ratthapala zum Erhabenen: »Ich habe den Wunsch, Herr, mich meinem Vater und meiner Mutter zu zeigen, wenn der Erhabene es mir erlaubt.«

Der Erhabene aber überschaute mit seinem Geist die Gedanken im Geist Ratthapalas. Und er erkannte: »Ratthapala, der edle Jüngling ist dessen nicht fähig, der geistlichen Übung zu entsagen und zum gewöhnlichen Leben zurückzukehren.« So sprach der Erhabene zum ehrwürdigen Ratthapala: »Tue, Ratthapala, was du an der Zeit hältst.«

Da stand der ehrwürdige Ratthapala von seinem Sitz auf, brachte dem Erhabenen seinen ehrfurchtsvollen Gruß, umwandelte ihn rechtshin gewandt, ordnete sein Lager und seinen Sitz, nahm Almosenschale und Gewand und machte sich auf die Wanderung nach Thullakotthita[1]. Und von Ort zu Ort wandernd, kam

1. Dies ist sein Heimatsort.

er nach Thullakotthita. So verweilte da der ehrwürdige Ratthapala zu Thullakotthita im Wildpark des Kurukönigs.

Der ehrwürdige Ratthapala aber kleidete sich des Morgens an, nahm Almosenschale und Obergewand und ging nach Thullakotthita hinein, um Almosen zu sammeln. Wie er in Thullakotthita Almosen sammelnd der Reihe nach von Haus zu Haus ging, kam er auch zum Haus seines Vaters. Da saß der Vater des ehrwürdigen Ratthapala mitten in der Halle an der Tür und ließ sich eben frisieren. Und der Vater des ehrwürdigen Ratthapala sah, wie der ehrwürdige Ratthapala von fern herankam. Wie er ihn sah, sprach er: »Das ist auch einer von diesem kahlköpfigen Asketenpack; die haben unsern lieben, teuren einzigen Sohn zum geistlichen Leben verlockt!« Der ehrwürdige Ratthapala aber erhielt in seines Vaters Haus keine Gabe und nicht einmal eine Weigerung. Es wurde einfach nur geschimpft; das war alles, was er erhielt.

Nun wollte eine Magd der Verwandten des ehrwürdigen Ratthapala gerade sauren Reisschleim vom vorigen Tag[1] ausschütten. Da sprach der ehrwürdige Ratthapala zu dieser Magd seiner Verwandten: »Wenn dies nur zum Fortschütten gut ist, meine Schwester, so gieße es mir hier in meine Schale.«

Die Magd aber der Verwandten des ehrwürdigen Ratthapala, wie sie den Reisschleim vom vorigen Tag in die Schale des ehrwürdigen Ratthapala goß, erkannte ihn an seinen Händen und Füßen und an seiner Stimme. Da ging die Magd der Verwandten des ehrwürdigen Ratthapala zur Mutter des ehrwürdigen Ratthapala und sprach zu ihr: »Ich muß dir melden, Herrin: der edle junge Herr Ratthapala ist gekommen!«

»Wenn du die Wahrheit sprichst, Weib, so bist du nicht länger eine Magd!«

Und die Mutter des ehrwürdigen Ratthapala ging zu seinem Vater und sprach zu ihm: »Ich muß dir melden, mein Bürgersmann: Ratthapala, der edle Jüngling, ist gekommen!«

1. Der offenbar verdorben war.

Der ehrwürdige Ratthapala aber aß gerade, an eine Mauer gelehnt, den Reisschleim vom vorigen Tag. Da ging der Vater des ehrwürdigen Ratthapala zu ihm hin und sprach zu ihm: »Kann das sein, Ratthapala mein Kind? Willst du Reisschleim vom gestrigen Tag essen? Willst du nicht in dein Haus kommen, mein Kind Ratthapala?«

»Wo haben wir ein Haus, Bürgersmann, die wir die Welt verlassen und uns der Heimatlosigkeit zugewandt haben? Wir sind heimatlos, Bürgersmann! Zu deinem Haus sind wir gekommen; da haben wir keine Gabe erhalten und nicht einmal eine Weigerung. Es wurde einfach nur geschimpft; das war alles, was wir erhielten!«

»Komm, Ratthapala mein Kind; laß uns nach Hause gehen!«

»Nicht also, Bürgersmann. Ich habe heute gegessen.«

»So sage mir zu, mein Kind Ratthapala, morgen das Mahl bei mir einzunehmen.«

Der ehrwürdige Ratthapala drückte durch Schweigen seine Zusage aus. Als aber der Vater des ehrwürdigen Ratthapala erkannte, daß er zusagte, ging er nach seinem Haus, ließ dort eine große Masse von güldenem Gold aufhäufen, Matten darüber dekken und sprach zu den früheren Genossinnen[1] des ehrwürdigen Ratthapala: »Kommt her, ihr Frauen! Legt den Schmuck an, in dem ihr einst dem edlen Jüngling Ratthapala lieb und teuer gewesen seid!«

Als aber die Nacht vergangen war, ließ der Vater des ehrwürdigen Ratthapala in seinem Haus die vorzüglichsten Speisen, feste und flüssige, bereiten und meldete dem ehrwürdigen Ratthapala die Zeit des Mahles: »Es ist Zeit, mein Kind Ratthapala; das Mahl ist bereit!«

Der ehrwürdige Ratthapala aber kleidete sich des Morgens an, nahm Almosenschale und Gewand, ging zum Haus seines Vaters und setzte sich wieder auf den Sitz, der ihm bereitet war.

Da ließ der Vater des ehrwürdigen Ratthapala jenen Haufen von güldenem Gold aufdecken und sprach zu ihm: »Hier, mein

1. Seinen Gattinnen aus der Zeit seines Weltlebens.

Kind Ratthapala, ist dein mütterliches Gut; dort ist dein väterliches, dort dein großväterliches Gut. Es geht doch an, mein Kind Ratthapala, sich seines Besitzes zu erfreuen und gute Werke zu tun. Komm, mein Kind Ratthapala, entsage der geistlichen Übung, kehre zum gewöhnlichen Leben zurück, erfreue dich deines Besitzes und tue gute Werke!«

»Wenn du meinem Wort folgen wolltest, Bürgersmann, so würdest du diesen ganzen Haufen von güldenem Gold auf Wagen laden und fortfahren lassen und würdest ihn mitten in den Gangesstrom werfen und mit dessen Fluten hinwegschwemmen. Und weshalb das? Weil dir daraus, Bürgersmann, Schmerz und Klagen erwachsen werden, Leid, Kümmernis und Verzweiflung.«

Des ehrwürdigen Ratthapala frühere Genossinnen aber ergriffen die eine hier die andere dort seine Füße und sprachen zu ihm: »Was sind das für Nymphen, mein edles Männchen, um deren willen du diesen heiligen Wandel führst?«

»Wir führen unsern heiligen Wandel um keiner Nymphen willen, meine Schwester!«

Da dachten sie: »Ratthapala, der edle Jüngling, sagt zu uns ›Schwester‹«, und ohnmächtig fielen sie hin.

Der ehrwürdige Ratthapala aber sprach zu seinem Vater: »Wollt ihr uns Speise geben, Bürgersmann, so gebt sie; quält uns nicht«

»Iß, mein Sohn Ratthapala, das Mahl ist bereit.« Und des ehrwürdigen Ratthapala Vater bediente ihn eigenhändig mit den erlesensten festen und flüssigen Speisen, bis er gesättigt war.

Als aber der ehrwürdige Ratthapala gegessen und Schale und Hände gereinigt hatte, stellte er sich hin und sprach diese Sprüche:

»Dies farbenbunte Bild schauet,
Den Leib von Wunden ganz bedeckt,
Dem Ruh' und fester Halt mangelt,
Den schwachen, vieles Trachtens voll.

Den farbenbunten Leib schauet,
Schönberingt, im Juwelenschmuck,
Wie er in Kleiderpracht glänzet –
Gebein ist es, mit Haut bespannt!

Kostbar umweh'n den Mund Düfte,
Rote Schminke die Füße ziert:
Dem Toren mag's das Herz fesseln,
Nicht dem, der nach dem Drüben fragt.

Des Weibes Haar, achtfach gelockt,
Des schwarzgemalten Auges Reiz:
Dem Toren mag's das Herz fesseln,
Nicht dem, der nach dem Drüben fragt.

Von Schmuck bedeckt des Leibs Fäulnis,
Ein neuer Salbentopf gar bunt
Mag dem Toren das Herz fesseln,
Nicht dem, der nach dem Drüben fragt.

Laß den Jäger sein Netz stellen!
Seinen Schlingen entkommt das Wild.
Wir genießen die Lockspeise –
Der Jäger schreit, doch wir entfliehn!«

Nachdem der ehrwürdige Ratthapala im Stehen diese Sprüche gesprochen hatte, ging er zum Wildpark des Kurukönigs und setzte sich dort am Fuß eines Baumes zur Mittagsrast nieder.

Der Kurukönig aber sprach zu seinem Wildwärter: »Mein guter Wildwärter, reinige mir den Wildpark, meinen Lustgarten. Wir wollen gehen den schönen Park sehen.«

»Ja, Herr«, so nahm der Wildwärter den Befehl des Kurukönigs entgegen.

Wie er nun den Wildpark reinigte, sah er den ehrwürdigen Ratthapala, der am Fuß eines Baumes saß und seine Mittagsrast hielt. Da ging er zum Kurukönig und sprach zu ihm: »Der Wildpark ist rein, Herr. Da ist aber der edle Jüngling mit Namen Ratthapala, der Sohn des ersten Mannes hier in Thullakotthita; du hast oft rühmend von ihm gesprochen. Der sitzt am Fuß eines Baumes und hält seine Mittagsruhe.«

»Dann will ich, mein guter Wildwärter, heute auf den Lustgarten verzichten und vielmehr dem Herr Ratthapala meine Aufwartung machen.«

Da gab der Kurukönig den Befehl, alle Speisen, die da bereitet waren, die festen und die flüssigen, hinwegzutun. Und er ließ alle seine schönen Wagen bereit machen, bestieg einen schönen Wagen und fuhr mit allen den schönen Wagen hinaus aus Thullakotthita, mit großem königlichem Pomp, den ehrwürdigen Ratthapala zu besuchen. Soweit es für seinen Wagen gangbar war, benutzt er diesen. Dann stieg er ab, ließ seine Gefolgsleute die einen nach den andern sich entfernen und ging zu Fuß zum ehrwürdigen Ratthapala. Darauf begrüßte er sich mit dem ehrwürdigen Ratthapala, wechselte mit ihm begrüßende, freundliche Reden und stellte sich zur Seite hin. Zur Seite dastehend aber sprach der Kurukönig zum ehrwürdigen Ratthapala: »Wolle der Herr Ratthapala sich hier auf den Elefantensitz[1] (?) niedersetzen.«

»Schon gut, großer König, setze du dich. Ich sitze hier auf meinem Sitz.«

Da ließ sich der Kurukönig auf den Sitz nieder, der da bereitet war. Und dort sitzend, sprach der Kurukönig zum ehrwürdigen Ratthapala:

»Es gibt vier Arten des Verfalls, verehrter Ratthapala, von denen betroffen viele sich Haar und Bart scheren lassen, gelbe Gewänder anlegen und die Welt verlassend sich der Heimatlosigkeit zuwenden. Welche vier sind das? Der Verfall des Alters, der Verfall der Krankheit, der Verfall der Habe, der Verfall der Sippschaft.

Und was ist, verehrter Ratthapala, der Verfall des Alters? Da ist, verehrter Ratthapala, jemand alt, ein Greis, hochbetagt, der seinen

1. Der Aufbau wird wohl gemeint sein, auf dem man auf dem Rücken des Elefanten sitzt.

Weg hinter sich hat, das Greisenalter erreicht hat. Der denkt bei sich: ›Ich bin jetzt alt, ein Greis, hochbetagt, habe meinen Weg hinter mir, habe das Greisenalter erreicht. Es ist für mich nicht mehr leicht, neue Habe zu erwerben oder die schon erworbene Habe zu mehren. So will ich mir Haar und Bart scheren lassen, will gelbe Gewänder anlegen und die Welt verlassend mich der Heimatlosigkeit zuwenden.‹ Der läßt also, vom Verfall des Alters betroffen, sich Haar und Bart scheren, legt gelbe Gewänder an und wendet sich, die Welt verlassend, der Heimatlosigkeit zu. Das nennt man, verehrter Ratthapala, den Verfall des Alters. Der Herr Ratthapala aber ist jetzt ein Jüngling, frisch, jugendlich, mit schwarzem Haar, in schönster Jugendkraft in erster Jugendblüte. Vom Verfall des Alters ist also der Herr Ratthapala nicht betroffen. Was hat also der Herr Ratthapala gedacht oder gesehen oder gehört, daß er die Welt verlassen und sich der Heimatlosigkeit zugewandt hat?

Und was ist, verehrter Ratthapala, der Verfall der Krankheit? Da ist, verehrter Ratthapala, jemand siech, leidend, schwer krank. Der denkt bei sich: ›Ich bin jetzt siech, leidend, schwer krank. Es ist für mich nicht mehr leicht …‹ *entsprechend wie vorher.* Das nennt man, verehrter Ratthapala, den Verfall der Krankheit. Der Herr Ratthapala aber ist jetzt frei von Krankheit, frei von Beschwerden, erfreut sich einer gesunden Verdauung, weder zu träge noch zu stark. Vom Verfall der Krankheit ist also der Herr Ratthapala nicht betroffen. Was hat also …?

Und was ist, verehrter Ratthapala, der Verfall der Habe? Da ist, verehrter Ratthapala, jemand reich, gesegnet mit Besitz und Habe. Seine Habe aber schwindet allmählich hin. Der denkt bei sich: ›Ich war früher reich, gesegnet mit Besitz und Habe. Jetzt aber ist meine Habe allmählich hingeschwunden. Es ist für mich nicht mehr leicht …‹ Das nennt man, verehrter Ratthapala, den Verfall der Habe. Der Herr Ratthapala ist aber der Sohn des ersten Mannes hier in Thullakotthita. Vom Verfall der Habe ist also der Herr Ratthapala nicht betroffen. Was hat also …?

Und was ist, verehrter Ratthapala, der Verfall der Sippschaft? Da hat, verehrter Ratthapala, jemand viele Freunde und Hausgenossen, Angehörige und Blutsverwandte. Seine Sippschaft aber schwindet allmählich hin. Der denkt bei sich: ›Ich hatte früher viele Freunde und Hausgenossen, Angehörige und Blutsverwandte. Jetzt aber ist meine Sippschaft allmählich hingeschwunden. Es ist für mich nicht mehr leicht ...‹ Das nennt man, verehrter Ratthapala, den Verfall der Sippschaft. Der Herr Rattapala aber hat hier in Thullakotthita viele Freunde und Hausgenossen, Angehörige und Blutsverwandte. Vom Verfall der Sippschaft ist also der Herr Ratthapala nicht betroffen. Was hat also der Herr Ratthapala gedacht oder gesehen oder gehört, daß er die Welt verlassen und sich der Heimatlosigkeit zugewandt hat?

Dies sind, verehrter Ratthapala, die vier Arten des Verfalls, von denen betroffen viele sich Haar und Bart scheren lassen, gelbe Gewänder anlegen und die Welt verlassend sich der Heimatlosigkeit zuwenden. Von all dem ist der Herr Ratthapala nicht betroffen. Was hat also der Herr Ratthapala gedacht oder gesehen oder gehört, daß er die Welt verlassen und sich der Heimatlosigkeit zugewandt hat?«

»Mein großer König! Er der erhabene, erkennende, schauende, heilige, höchste Buddha hat vier Lehren verkündet: die habe ich bedacht und gesehen und gehört und habe darum die Welt verlassen und mich der Heimatlosigkeit zugewandt. Welche vier Lehren sind das?

›Die Welt fährt hin, sie ist unbeständig‹: dies, großer König, ist die erste Lehre, die Er der erhabene, erkennende, schauende, heilige, höchste Buddha verkündet hat: die habe ich bedacht ...

›Die Welt bietet nicht Schutz noch Schirm‹: dies, großer König, ist die zweite Lehre ...

›In der Welt ist uns nichts eigen; man muß alles verlassen und hingehen‹: dies, großer König, ist die dritte Lehre ...

›Die Welt ist stets bedürftig, unersättlich, in des Begehrens Knechtschaft stehend:‹ dies, großer König, ist die vierte Lehre ...

Dies, großer König, sind die vier Lehren, die Er der erhabene, erkennende, schauende, heilige, höchste Buddha verkündet hat: die habe ich bedacht und gesehen und gehört und habe darum die Welt verlassen und mich der Heimatlosigkeit zugewandt.«

»›Die Welt fährt hin, sie ist unbeständig‹, hat der Herr Ratthapala gesagt. Wie ist nun, verehrter Ratthapala, der Sinn dieses Wortes zu verstehen?«

»Wie meinst du, großer König? Als du vielleicht zwanzig oder fünfundzwanzig Jahre alt warst, warst du da nicht geschickt mit Elefanten umzugehen und mit Rossen umzugehen und mit Wagen umzugehen und mit Bögen umzugehen und mit Schwertern umzugehen, von starken Lenden, von starkem Arm, gewandt dein Werk zu tun, ein mächtiger Kämpfer?«

»Freilich, verehrter Ratthapala, als ich vielleicht zwanzig oder fünfundzwanzig Jahre alt war, war ich geschickt mit Elefanten umzugehen ... ein mächtiger Kämpfer. Es gab Augenblicke, verehrter Ratthapala, wo ich mir selbst wie ein Wunder in meiner Kraft vorkam; ich fand niemand, der an Stärke mir irgend gleich war!«

»Wie meinst du nun, großer König? Bist du ebenso auch jetzt von starken Lenden, von starkem Arm, gewandt dein Werk zu tun, ein mächtiger Kämpfer?«

»Nein, das bin ich nicht, verehrter Ratthapala. Jetzt bin ich alt, ein Greis, hochbetagt, ich habe meinen Weg hinter mir, habe das Greisenalter erreicht. Achtzig Jahre bin ich alt. Und zuweilen geschieht es mir, verehrter Ratthapala, daß, wenn ich meinen Fuß hierhin setzen will, ich ihn vielmehr dorthin setze.«

»Dies, großer König, hat Er der erhabene, erkennende, schauende, heilige, höchste Buddha im Auge gehabt, wie er gesprochen hat: ›die Welt fährt hin, sie ist unbeständig‹ – was ich bedacht und gesehen und gehört habe, und habe darum die Welt verlassen und mich der Heimatlosigkeit zugewandt.«

»Wunderbar, verehrter Ratthapala! Staunenswert, verehrter Ratthapala, wie wohlgesprochen dies von Ihm ist, dem erhabenen, erkennenden, schauenden, heiligen, höchsten Bdudha: ›die Welt fährt hin, sie ist unbeständig.‹ Denn die Welt fährt ja hin, verehrter Ratthapala, und sie ist unbeständig. Aber man findet, verehrter Ratthapala, hier in meiner königlichen Residenz Massen von Elefanten und Rossen und Wagen und Fußkämpfern, die uns in Fällen der Not zum Schutz gereichen können. Der Herr Ratthapala aber hat gesagt: ›Die Welt bietet nicht Schutz noch Schirm.‹ Wie ist nun, verehrter Ratthapala, der Sinn dieses Wortes zu verstehen?«

»Wie meinst du, großer König? Hast du nicht irgend ein chronisches Leiden?«

»Freilich, verehrter Ratthapala, leide ich an chronischem Rheumatismus. Zuweilen, verehrter Ratthapala, stehen meine Freunde und Hausgenossen, meine Angehörigen und Blutsverwandten um mich herum und sagen: ›Jetzt wird der Kurukönig sterben! Jetzt wird der Kurukönig sterben!‹«

»Wie meinst du nun, großer König? Hast du über deine Freunde und Hausgenossen, deine Angehörigen und Blutsverwandten Macht, daß du zu ihnen sprechen könntest: ›Kommt doch her, meine Lieben, ihr Freunde und Hausgenossen, Angehörige und Blutsverwandten! Nehmt alle, so viel ihr seid, euren Teil an diesen Schmerzen auf euch, daß mir der Schmerz erleichtert werde?‹ Oder bleibt es dabei, daß du allein jenen Schmerz leiden mußt?«

»Ich habe dessen nicht Macht, verehrter Ratthapala, daß ich zu meinen Freunden und Hausgenossen, meinen Angehörigen und Blutsverwandten sprechen könnte … Sondern es bleibt dabei, daß ich allein jenen Schmerz leiden muß.«

»Dies, großer König, hat Er der erhabene, erkennende, schauende, heilige, höchste Buddha im Auge gehabt, wie er gesprochen hat: ›Die Welt bietet nicht Schutz noch Schirm‹ – was ich bedacht und gesehen und gehört habe, und habe darum die Welt verlassen und mich der Heimatlosigkeit zugewandt.«

»Wunderbar, verehrter Ratthapala! Staunenswert, verehrter Ratthapala, wie wohlgesprochen dies von Ihm ist, dem erhabenen, erkennenden, schauenden, heiligen, höchsten Buddha: ›Die Welt bietet nicht Schutz noch Schirm.‹ Denn die Welt, verehrter Ratthapala, bietet ja keinen Schutz und Schirm. Aber man findet doch, verehrter Ratthapala, hier in meiner königlichen Residenz Massen von güldenem Gold im Erdboden vergraben und offenbar. Der Herr Ratthapala aber hat gesagt: In der Welt ist uns nichts eigen; man muß alles verlassen und hingehen. Wie ist nun, verehrter Ratthapala, der Sinn dieses Wortes zu verstehen?«

»Wie meinst du, großer König? Wie du jetzt mit den Genüssen aller fünf Sinne begabt bist und sie zu eigen hast und damit in Freuden lebst, wird es dir ebenso auch im Jenseits zuteil werden, mit eben diesen Genüssen aller fünf Sinne begabt zu sein und sie zu eigen zu haben und damit in Freuden zu leben? Oder werden andre Herren deiner Habe sein, du aber wirst dahin gehen, wohin das Verdienst deiner Werke dich führt?«

»Wie ich jetzt, verehrter Ratthapala, mit den Genüssen aller fünf Sinne begabt bin und sie zu eigen habe und damit in Freuden lebe, wird es mir nicht ebenso auch im Jenseits zuteil werden ... Sondern andre werden Herren meiner Habe sein, ich aber werde dorthin gehen, wohin das Verdienst meiner Werke mich führt.«

»Dies, großer König, hat Er der erhabene, erkennende, schauende, heilige, höchste Buddha im Auge gehabt, wie er gesprochen hat: ›In der Welt ist uns nichts eigen, man muß alles verlassen und hingehen‹ – was ich bedacht und gesehen und gehört habe, und habe darum die Welt verlassen und mich der Heimatlosigkeit zugewandt.«

»Wunderbar, verehrter Ratthapala! Staunenswert, verehrter Ratthapala, wie wohlgesprochen dies von Ihm ist, dem erhabenen, erkennenden, schauenden, heiligen, höchsten Bdudha: ›In der Welt ist uns nichts eigen; man muß alles verlassen und hingehen.‹ Denn in der Welt, verehrter Ratthapala, ist uns ja nichts eigen, und man muß ja alles verlassen und hingehen. Nun hat aber der Herr Ratthapala gesagt: ›Die Welt ist stets bedürftig, unersättlich, in des Begehrens Knechtschaft stehend.‹ Wie ist nun, verehrter Rahapala, der Sinn dieses Wortes zu verstehen?«

»Wie meinst du, großer König? Ist es nicht ein reiches Land, das du beherrschest, das der Kurus?«

»Freilich, verehrter Ratthapala; das Kuruland, das ich beherrsche, ist reich.«

»Wie meinst du nun, großer König? Da käme zu dir von Osten her ein glaubwürdiger, zuverlässiger Mann, der spräche zu dir: ›Ich habe zu melden, großer König: ich komme aus dem Osten. Da habe ich ein großes Land gesehen, blühend und reich, bevölkert und dicht bewohnt. Da gibt es Massen von Elefanten, von Rossen, von Wagen, von Fußvolk, große Vorräte von Elfenbein und Fellen, viel güldenes Gold, unverarbeitetes und verarbeitetes, Massen von Weibervolk. Und es ist möglich, dies Land mit Streitkräften von dieser Größe zu erobern. So erobere es denn, großer König!‹ Was würdest du in dem Fall tun?«

»Wir würden, verehrter Ratthapala, auch dies Land erobern und darüber herrschen.«

»Wie meinst du nun, großer König? Da käme zu dir von Westen her ... von Norden her ... von Süden her ... von jenseits des Ozeans her ein glaubwürdiger, zuverlässiger Mann ... *wie oben.*«

»Dies, großer König, hat Er der erhabene, erkennende, schauende, heilige, höchste Buddha im Auge gehabt, wie er gesprochen hat: ›Die Welt ist stets bedürftig, unersättlich, in des Begehrens Knechtschaft stehend‹ – was ich bedacht und gesehen und gehört habe, und habe darum die Welt verlassen und mich der Heimatlosigkeit zugewandt.«

»Wunderbar, verehrter Ratthapala! Staunenswert, verehrter Ratthapala, wie wohlgesprochen dies von Ihm ist, dem erhabenen, erkennenden, schauenden, heiligen, höchsten Buddha: ›Die Welt ist stets bedürftig, unersättlich, in des Begehrens Knechtschaft stehend.‹ Denn die Welt, verehrter Ratthapala, ist ja stets bedürftig und unersättlich und steht in des Begehrens Knechtschaft.«

So sprach der ehrwürdige Ratthapala. Als er so geredet hatte, sprach er weiter also:

»Ich sehe in der Welt gar reiche Menschen;
Die Toren spenden nicht von ihrer Habe.
Begierig häufen Güter sie auf Güter,
Und immer weiter wachsen ihre Wünsche.

Hätte die Erd' ein König auch gewonnen,
Das ganze weite Land, das meerumschloss'ne:
Zu diesem Ufer würd' er unersättlich
Auch jenes Ufer noch hinzubegehren.

Der König und der andern Menschen viele,
Vom Durst verfolgt, dem Tode sie verfallen.
Bedürftig bleiben sie, bis sie hinweggehn.
Nicht gibt's Ersättigung der Lust hienieden.

Die Freunde weinen, raufen sich die Haare:
›O Jammer, daß die Menschen sterben müssen!‹
Man deckt mit Kleidern ihn, trägt ihn von dannen,
Bringt ihn zum Scheiterhaufen und verbrennt ihn.

Die Leiche, wie sie brennt, sticht man mit Spießen.
Ein Kleid nur nimmt er mit von aller Habe.
Nicht können vor dem Tode Schutz gewähren
Die Freunde, die Verwandten, die Genossen.

Die Erben reißen seine Schätze an sich;
Ins Jenseits geht er je nach seinen Taten.
Dem Sterbenden folgt nichts von seinen Gütern,
Nicht Weib und Kind, nicht Königtum und Schätze.

Nicht können Güter langes Leben bringen;
Nicht kann Besitz das Alter ferne halten.
Kurz ist das Leben, lehren uns die Weisen,
Hinfällig und dem Wechsel unterworfen.

Dieselben Dinge arm und reich berühren,
Berühren Tore und berühren Weise.
Der Tor liegt hilflos da in seiner Torheit;
Fest bleibt der Weise, was ihn auch berühre.

Darum ist besser als Besitztum Weisheit,
Durch die man hier sein Ziel und End' erreichet.
In mannigfachem Sein das Ziel verfehlend
Tut sünd'ge Tat man in des Sinns Verblendung.

Zu neuem Dasein, andrer Welt gelangt man,
Wandelt den Irrweg wechselnder Geburten,
Und blind vertrauend, wer an Einsicht arm ist,
Gelangt zu neuem Dasein, andern Welten.

Wie einem Räuber, den man faßt beim Einbruch,
Die eigne Tat Verderben bringt, dem Bösen:
So bringen Sterbenden in Jenseitswelten
Die eignen Taten Untergang, den Bösen.

Bunt ist die Lust und süß und herzerfreuend,
Fesselt den Sinn durch vielerlei Gestalten.
Ich hab' erkannt, daß Lüste Elend bringen:
Drum hab', o König, ich die Welt verlassen.

Des Baumes Früchte gleich die Menschen fallen;
Der Leib zerbricht den Jungen wie den Alten.
Auch dies erkennend ich der Welt entsagte.
Sichrer und besser ist der Mönche Dasein!«

Woran man erkennt, ob man auf dem Weg zur Erlösung ist

Buddha gibt dem Ananda an, woran ein Sotapanna (ein »in die Bahn Gelangter«, vgl. S. 113 A. 1) diesen seinen Zustand erkennen kann.

»Hier ist ein edler Jünger, Ananda, von klarem Glauben an den Buddha erfüllt: Er der Erhabene ist der heilige, höchste Buddha, begabt mit Wissen und rechtem Tun, der Wohlwandelnde, der Welterkenner, der Höchste, der Ungebändigten Bändiger und Lenker, der Götter und Menschen Meister, der erhabene Buddha.

Und er ist von klarem Glauben an die *Lehre* erfüllt: wohlverkündigt ist vom Erhabenen die Lehre. Sie ist sichtbar erschienen; sie bedarf keiner Zeit; sie heißt ›Komm und sieh‹; sie führt zum Heil; im eignen Innern wird sie von einem jeden Weisen erkannt.

Und er ist von klarem Glauben an die *Gemeinde* erfüllt: in rechtem Wandel lebt die Jüngergemeinde des Erhabenen; in geradem Wandel lebt die Jüngergemeinde des Erhabenen; in ordnungsmäßigem Wandel lebt die Jüngergemeinde des Erhabenen; in richtigem Wandel lebt die Jüngergemeinde des Erhabenen, die vier Paare, die acht Ordnungen des Gläubigen[1]: das ist die Jüngergemeinde des Erhabenen, würdig der Opfer, würdig ehrender Aufnahmen, würdig der Gaben, würdig, daß man die Hände in Ehrfurcht vor ihr erhebt, die höchste Stätte in der Welt, daß man daselbst Gutes tue.

Und in den *Geboten der Tugend* wandelt er, welche die Heiligen lieben, die unversehrt, unverletzt, unvermischt, ungefärbt, frei, von den Weisen gepriesen und unverfälscht sind, die da zur Versenkung hinführen.«

Die drei Stätten

»Drei Dinge gibt es, ihr Mönche, deren ein König, ein Fürst, dessen Haupt die Salbung empfangen hat, zeitlebens gedenkt.

Welche drei Dinge sind das?

Die Stätte, ihr Mönche, an der ein König, ein Fürst, dessen Haupt die Salbung empfangen hat, geboren ist: dies ist das Erste, ihr Mönche, dessen ein Fürst, ein König, dessen Haupt die Salbung empfangen hat, zeitlebens gedenkt.

Und weiter, ihr Mönche, die Stätte, an welcher eines Königs, eines Fürsten Haupt die Salbung empfangen hat: dies ist das Zweite, ihr Mönche, dessen ein Fürst, ein König, dessen Haupt die Salbung empfangen hat, zeitlebens gedenkt.

1. Offenbar die verschiedenen Stufen der Heiligkeit.

Und weiter, ihr Mönche, die Stätte, an welcher ein König, ein Fürst, dessen Haupt die Salbung empfangen hat, in der Schlacht gesiegt und auf der Höhe der Schlacht siegreich sich behauptet hat: dies ist das Dritte …

Dies, ihr Mönche, sind die drei Dinge, deren ein König, ein Fürst, dessen Haupt die Salbung empfangen hat, zeitlebens gedenkt.

So gibt es auch drei Dinge, ihr Mönche, deren ein Mönch zeitlebens gedenkt.

Welche drei Dinge sind das?

Die Stätte, ihr Mönche, an der ein Mönch sich Haar und Bart hat scheren lassen, die gelben Gewänder angelegt und die Welt verlassen hat, um sich der Heimatlosigkeit zuzuwenden: dies ist das Erste …

Und weiter, ihr Mönche, die Stätte, an welcher ein Mönch in Wahrheit erkennt, was das Leiden ist, und in Wahrheit erkennt, was die Entstehung des Leidens ist, und in Wahrheit erkennt, was die Aufhebung des Leidens ist, und in Wahrheit erkennt, was der Weg zur Aufhebung des Leidens ist: dies ist das Zweite …

Und weiter, ihr Mönche, die Stätte, an welcher ein Mönch nach dem Untergang alles Verderbnisses die verderbnisfreie Geisteserlösung und Wissenserlösung schon in dieser sichtbaren Welt selbst erkennend und schauend erreicht hat und darin verharrt: dies ist das Dritte …

Dies, ihr Mönche, sind die drei Dinge, deren ein Mönch zeitlebens gedenkt.«

Gleichgültigkeit gegen Weib und Kind

Also habe ich gehört.

Einstmals verweilte der Erhabene zu Savatthi, im Jetavana, dem Garten des Anathapindika.

Zu der Zeit nun war der ehrwürdige Samgamaji (»Sieger im Kampf«) nach Savatthi gekommen, den Erhabenen zu sehen. Da hörte des ehrwürdigen Samgamaji vormalige Genossin[1], daß der ehrwürdige Samgamaji nach Savatthi gekommen war. Und sie nahm ihr Knäblein und ging zum Jetavana. Zu der Zeit nun hatte der ehrwürdige Samgamaji sich am Fuß eines Baumes zur Mittagsruhe niedergesetzt. Da ging des ehrwürdigen Samgamaji vormalige Genossin zum ehrwürdigen Samgamaji hin und sprach zu ihm: »Ich habe einen kleinen Sohn, Asket; ernähre mich!« Als sie so sprach, verharrte der ehrwürdige Samgamaji in Schweigen. Und zum zweitenmal … und zum drittenmal sprach sie zu ihm … und zum drittenmal verharrte der ehrwürdige Samgamaji in Schweigen. Da warf des ehrwürdigen Samgamaji vormalige Genossin das Knäblein vor dem ehrwürdigen Samgamaji nieder und ging von dannen: »Dies ist dein Sohn, Asket; ernähre ihn!« Der ehrwürdige Samgamaji aber blickte das Knäblein nicht an und redete nicht zu ihm. Wie aber des ehrwürdigen Samgamaji vormalige Genossin eine kleine Strecke fortgegangen war, blickte sie zurück und sah, wie der ehrwürdige Samgamaji das Knäblein weder anblickte noch zu ihm redete. Da dachte sie bei sich: »Nicht einmal an seinem Sohn liegt diesem Asketen etwas«, und sie kehrte um, nahm das Knäblein und ging von dannen. Der Erhabene aber sah mit seinem himmlischen Auge, dem reinen, über Menschliches erhabenen, solche Ungebühr, die des ehrwürdigen Samgamaji frühere Genossin beging. Solches sehend, tat der Erhabene zu der Zeit den Ausruf:

»Ihr Kommen weckt ihm nicht Freude,
Ihr Fortgehn bringt ihm keinen Schmerz.
Brahmane mag er wohl heißen,
Samgamaji von Fesseln frei[2]!«

1. Durch den Eintritt in das Mönchsleben wird die Ehe gelöst; die Gattin ist fortan des Mönchs »vormalige Genossin«.
2. Im Palitext unübersetzbares Wortspiel: *samga* (von »Fessel«) Samgamajim.

Gleichmut gegenüber Lob und Tadel

»Wenn andre, ihr Mönche, zu meiner Unehre reden oder zur Unehre der Lehre oder zur Unehre der Gemeinde, so darf euch darüber nicht Ärger und Verdruß und Unzufriedenheit des Geistes anwandeln. Wenn andre, ihr Mönche, zu meiner Unehre reden oder zur Unehre der Lehre oder zur Unehre der Gemeinde, und ihr wolltet darüber zornig oder niedergeschlagen sein, so wäre das nur euer eigner Schade. Wenn andre, ihr Mönche, zu meiner Unehre reden oder zur Unehre der Lehre oder zur Unehre der Gemeinde, und ihr darüber zornig oder niedergeschlagen sein wolltet, könntet ihr dann wohl unterscheiden, wo die andern recht und wo sie falsch reden?«

»Nein, das könnten wir nicht, Herr!«

»Wenn andre, ihr Mönche, zu meiner Unehre reden oder zur Unehre der Lehre oder zur Unehre der Gemeinde, dann müßt ihr das klarstellen und, was falsch ist, als falsch ansprechen, solchergestalt: ›Das ist falsch; das ist unwahr; so ist das bei uns nicht; so ist das bei uns nicht zu finden.‹

Wenn aber andre, ihr Mönche, zu meiner Ehre reden oder zur Ehre der Lehre oder zur Ehre der Gemeinde, so darf euch darüber nicht Freude oder Befriedigung oder Aufgeblasenheit des Geistes anwandeln. Wenn andre, ihr Mönche, zu meiner Ehre reden oder zur Ehre der Lehre oder zur Ehre der Gemeinde, und ihr wolltet darüber froh oder befriedigt oder aufgeblasen sein, so wäre das nur euer eigner Schade. Wenn andre, ihr Mönche, zu meiner Ehre reden oder zur Ehre der Lehre oder zur Ehre der Gemeinde, so müßt ihr, was richtig ist, für richtig erkennen, solchergestalt: ›Das ist richtig; das ist wahr, so ist das bei uns; so ist das bei uns zu finden.‹

Nur gering, ihr Mönche, nur untergeordnet ist es, nur auf tugendhaftes Leben bezieht es sich, wenn ein Alltagsmensch zur Ehre des Vollendeten redet …«

Es folgt Beschreibung der Tugenden des Alltagslebens, die man dem Buddha nachrühmt, die seine eigentliche Hoheit nicht berühren.

Von der Freundschaftsübung[1]

So hat der Erhabene geredet; so hat der Heilige geredet: also habe ich gehört.

»Was es nur gibt, ihr Mönche, von Mitteln irdischen Tuns, um sich Verdienste zu erwerben, alles das kommt auch nicht zum sechzehnten Teil der Befreiung des Sinnes gleich, die in der Freundschaft geschieht. Die Befreiung des Sinnes, die in der Freundschaft geschieht, nimmt jenes in sich auf, und so strahlt und wärmt und leuchtet sie. Wie, ihr Mönche, aller Glanz der Sterne nicht auch nur dem sechzehnten Teil des Mondglanzes gleichkommt, und der Mondglanz jenen in sich aufnimmt und strahlt und wärmt und leuchtet: ebenso, ihr Mönche, kommt, was es nur von Mitteln irdischen Tuns gibt, um sich Verdienste zu erwerben, auch nicht zum sechzehnten Teil der Befreiung des Sinnes gleich, die in der Freundschaft geschieht. Die Befreiung des Sinnes, die in der Freundschaft geschieht, nimmt jenes in sich auf, und so strahlt und wärmt und leuchtet sie.

Wie, ihr Mönche, im letzten Monat der Regenzeit, in der Jahreszeit des Herbstes, wenn der Himmel klar und wolkenlos ist, die Sonne, zum Himmel aufsteigend, alles Dunkel im Luftraum vernichtet und strahlt und wärmt und leuchtet: ebenso, ihr Mönche, kommt, was es nur an Mitteln irdischen Tuns gibt, um sich Verdienste zu erwerben, auch nicht zum sechzehnten Teil …

Wie, ihr Mönche, in der Nacht, wenn die Morgenröte herannaht, der Morgenstern strahlt und wärmt und leuchtet: ebenso, ihr Mönche …«

So hat der Erhabene gesprochen; davon heißt es:

1. Es handelt sich hier nicht um Freundschaft in dem uns gewohnten Sinn, sondern um eine bestimmte geistliche Übung. Man setzte sich in einer genau vorgeschriebenen Körperhaltung hin und ließ das Gefühl der Freundschaft mit allen Wesen, von denen man sich erfüllt wußte, nacheinander über die verschiedenen Weltgegenden hinschweifen.

»Wer Freundschaft walten läßt wachsam
Durch grenzenlose Fernen hin,
Ihm lockert sich der Schuld Fessel,
Der Erdenreste End' er schaut.

Wer auch nur eines Wesens haßentledigt
In Freundschaft denkt, hat recht und klug gehandelt.
Wen Mitgefühl erfüllt mit allen Wesen,
Hat guten Werkes reichen Lohn erworben …

Wer nicht mordet, nicht läßt morden,
Nicht bedrückt noch bedrücken läßt
Gegen jedes Geschöpf freundlich:
Aller Feindschaft er ledig wird.«

Auch dies hat der Erhabene gesagt: also habe ich gehört.

Im Zusammenhang hiermit seien noch folgende Verse angeführt:

Wie den eignen Sohn die Mutter
Schützt selbst mit dem eignen Leben,
So für alle Wesen pfleg' er
In sich grenzenloses Fühlen.

Freundschaft, die durch alle Welt reicht,
Grenzenloses Fühlen pfleg' er,
Aufwärts, abwärts, in die Quere,
Unbegrenzt, ohn' Haß und Feindschaft.

Wie man dem einz'gen Sohn liebreich
Nur Gutes tut zu jeder Frist,
Soll jedwedem Geschöpf Gutes
Allzeit man tun an jedem Ort.

Die Streitsüchtigen

»Führet nicht streitsüchtige Reden, ihr Mönche: ›Du kennst diese Lehre und Ordnung nicht – ich kenne diese Lehre und Ordnung – wie wolltest du wohl diese Lehre und Ordnung kennen? – Du gehst den falschen Weg – ich gehe den rechten Weg – was zuvor gesagt werden muß, hast du hinterher gesagt, und was hinterher gesagt werden mußte, hast du zuvor gesagt – meine Reden stimmen, die deinen stimmen nicht – der Glaube, in dem du gewandelt hast, ist von mir über den Haufen geworfen – ich habe dich widerlegt – geh und sieh zu, wie du deiner Behauptung aufhelfen kannst – du bist unterlegen; wirre dich heraus, wenn du kannst!‹ Und weshalb soll man so nicht reden? Weil solche Rede nicht zweckdienlich ist, ihr Mönche, weil sie nicht zu den Grundlagen heiligen Wandels gehört, weil sie nicht zur Weltabkehr, nicht zur Leidenschaftslosigkeit, nicht zur Aufhebung, nicht zum Frieden, nicht zur Erkenntnis, nicht zur Erleuchtung, nicht zum Nirvana führt.

Wenn ihr redet, ihr Mönche, sollt ihr also reden: ›Dies ist das Leiden.‹ Ihr sollt also reden: ›Dies ist die Entstehung des Leidens.‹ Ihr sollt also reden: ›Dies ist die Aufhebung des Leidens.‹ Ihr sollt also reden: ›Dies ist der Weg zur Aufhebung des Leidens.‹ Und weshalb sollt ihr so reden? Weil solche Rede zweckdienlich ist …

Darum, ihr Mönche, müßte ihre eure Kraft daransetzen zu erkennen: ›Dies ist das Leiden‹ … und ihr müßt eure Kraft daransetzen, zu erkennen: ›Dies ist der Weg zur Aufhebung des Leidens.‹«

Mit wem man verkehren soll

»Drei Arten von Menschen, ihr Mönche, werden in der Welt gefunden. Welche drei Arten sind das?

Da ist, ihr Mönche, ein Mensch, den soll man nicht aufsuchen, nicht lieben, sich nicht zu ihm halten. Und da ist ein Mensch, ihr Mönche, den soll man aufsuchen, lieben, sich zu ihm halten. Und da ist ein Mensch, ihr Mönche, den soll man mit allen Aufmerksamkeiten und in aller Ehrerbietung aufsuchen, lieben, sich zu ihm halten.

Und wer ist der Mensch, ihr Mönche, den man nicht aufsuchen, nicht lieben, sich nicht zu ihm halten soll?

Da ist ein Mensch, ihr Mönche, der steht niedrig in Tugend, in Versenkung, in Weisheit. Einen solchen Menschen, ihr Mönche, soll man nicht aufsuchen, nicht lieben, sich nicht zu ihm halten außer aus Mitleid und Barmherzigkeit.

Und wer ist der Mensch, ihr Mönche, den man aufsuchen, lieben, sich zu ihm halten soll?

Da ist ein Mensch, ihr Mönche, der ist uns gleich in Tugend, in Versenkung, in Weisheit. Einen solchen Menschen, ihr Mönche, soll man aufsuchen, lieben, sich zu ihm halten. Und weshalb das? Mit denen, die uns gleichstehen an Tugend *dann:* an Versenkung, an Weisheit ... können wir Gespräche über Tugend (Versenkung, Weisheit) pflegen; die werden uns förderlich sein, und wir werden uns dabei wohl fühlen. Deshalb soll man einen solchen aufsuchen, lieben, sich zu ihm halten.

Und wer ist der Mensch, ihr Mönche, den man mit allen Aufmerksamkeiten und in aller Ehrerbietung aufsuchen, lieben, sich zu ihm halten soll?

Da ist ein Mensch, ihr Mönche, der steht höher als wir selbst in Tugend, in Versenkung, in Weisheit. Einen solchen Menschen, ihr Mönche, soll man mit allen Aufmerksamkeiten und in aller Ehrfurcht aufsuchen, lieben, sich zu ihm halten. Und weshalb das? Weil man sich sagt, daß man auf diese Weise Mängel im eignen Tugendbesitz *dann:* Versenkungsbesitz, Weisheitsbesitz ergänzen wird, oder seinen Tugendbesitz (Versenkungsbesitz, Weisheitsbesitz), wenn er ohne Mängel ist, hier und da durch Weisheit verstärken wird. Deshalb soll man einen solchen Menschen mit allen Aufmerksamkeiten und in aller Ehrfurcht aufsuchen, lieben, sich zu ihm halten.

Dies, ihr Mönche, sind die drei Arten von Menschen, die in der Welt gefunden werden.«

»Der Mensch wird schlechter, der mit Schlechten umgeht.
Nicht tut's ihm Eintrag, geht er um mit Gleichen.
Neigt er sich Höh'ren zu, gar schnell er aufsteigt.
Zu Höh'ren, als er selbst, er drum sich halte.«

Weltglück und Erlösung

Also habe ich gehört.

Einstmals verweilte der Erhabene zu Savatthi, im Jetavana, dem Garten des Anathapindika.

Zu der Zeit saßen viele Mönche nach dem Mahl, vom Almosengang zurückgekehrt, in der Empfangshalle beisammen. Da erhob sich unter ihnen dies Gespräch: »Wer, Freunde, von diesen beiden Königen hat größeren Reichtum, größere Habe, größere Schätze, größeres Reich, größeren Troß, größere Kraft, größere Majestät, größere Gewalt, der Magadhakönig Seniya Bimbisara oder der Kosalakönig Pasenadi[1]?«

Dieses Gespräch war eben unter den Mönchen im Gange. Der Erhabene aber, als er zur Abendzeit sich aus der Zurückgezogenheit erhoben hatte, ging zur Empfangshalle und setzte sich dort auf dem Sitz nieder, der für ihn bereitet war. Wie er dort saß, sprach er zu den Mönchen also: »Unter was für Gesprächen, ihr Mönche, sitzt ihr hier beisammen, und was für ein Gespräch habt ihr da unterbrochen?«

»Wie wir nach dem Mahl, Herr, in der Empfangshalle versammelt saßen, erhob sich unter uns dies Gespräch: ›Wer, Freunde, von diesen beiden Königen …?‹ Dies Gespräch, Herr, haben wir unterbrochen, als der Erhabene gekommen ist.«

»Das schickt sich, ihr Mönche, nicht für euch, Söhne edler Geschlechter, die ihr im Glauben die Welt verlassen habt, um euch der Heimatlosigkeit zuzuwenden, daß ihr solcherlei Reden führt.

1. Die Beherrscher der beiden Länder, durch die sich die Wanderungen des Buddha und der alten Jüngergemeinde vorzugsweise bewegten, heute annähernd Bihar und Oudh.

Wenn ihr versammelt seid, ihr Mönche, so steht euch zweierlei an: Reden von der Lehre oder edles Schweigen.«

Solches bedenkend tat der Erhabene zu der Zeit den Ausruf:

»Alle Freuden der Weltlüste
Und die Freuden der Himmelswelt
Den kleinsten Teil[1] nicht aufwiegen
Der Freud' am Durstesuntergang.«

Also habe ich gehört.

Einstmals verweilte der Erhabene zu Anupiya im Mangohain.

Zu der Zeit pflegte der ehrwürdige Bhaddiya, der Sohn der Kaligodha[2], wenn er im Wald weilte oder am Fuß eines Baumes weilte oder in einem leeren Gemach weilte, einmal über das andre den Ausruf zu tun: »O das Glück! O das Glück!«

Da hörten viele Mönche, wie der ehrwürdige Bhaddiya, der Sohn der Kaligodha, wenn er im Wald weilte … Wie sie das hörten, dachten sie: »Ohne Zweifel, Freunde, führt der ehrwürdige Bhaddiya, der Sohn der Kaligodha, den heiligen Wandel mit Widerstreben, da er früher im Weltleben königliche Freuden genossen hat. Daran gedenkt er und hat darum, wenn er im Wald weilte oder am Fuß eines Baumes weilte oder in einem leeren Gemach weilte, einmal über das andre den Ausruf getan: »O das Glück! O das Glück!«

Man meldet die Sache dem Buddha. Dieser läßt den Bhaddiya kommen und fragt ihn nach dem Sinn seines Ausrufs. Er antwortet:

»Früher, Herr, als ich in der Welt lebte und königliche Freuden genoß, war im Innern des Palastes für gute Bewachung gesorgt und außerhalb des Palastes war für gute Bewachung gesorgt. Und im Innern der Stadt … und außerhalb der Stadt war für gute Bewachung gesorgt. Und im Innern des Landes … und außerhalb des Landes war für gute Bewachung gesorgt. Und obwohl ich,

1. Wörtlich: den sechzehnten Teil.
2. In seinem weltlichen Stand ein Fürst vom Sakyageschlecht.

Herr, so bewacht und beschützt war, lebte ich doch in Furcht und Angst und Argwohn und Zittern. Jetzt aber, Herr, wenn ich im Walde weile oder am Fuß eines Baumes weile oder in leerem Gemach weile, bin ich für mich allein, ohne Furcht und Angst und Argwohn und Zittern, und sorglos, frei von Aufregung von fremden Gaben mich nährend lasse ich mir zumute sein wie einem Reh. Hieran, Herr, dachte ich, wenn ich im Wald weilend oder am Fuß eines Baumes weilend oder in leerem Gemach weilend einmal über das andere den Ausruf tat: ›O das Glück! O das Glück!‹«

Solches bedenkend tat der Erhabene zu der Zeit den Ausruf:

»Aus dessen Innern der Zorn entwich,
Der jegliche Daseinsform überwand,
Ohne Furcht, ohne Schmerz, voll Seligkeit:
Selbst Götterauge erschaut ihn nicht.«

Das Gleichnis von der Lampe

»Wie wenn, ihr Mönche, aus Öl und Docht erzeugt das Licht einer Öllampe brennte, und ein Mann von Zeit zu Zeit Öl aufgösse und den Docht besorgte: dann würde, ihr Jünger, die Öllampe, da ihre Flamme solche Nahrung hat und solchen Brennstoff erfaßt, andauernd, lange Zeit hindurch brennen.

So wird auch, ihr Mönche, in dem, der sich dem, Reiz der Daseinsfesseln überläßt, der Durst gemehrt, aus dem Durst ersteht Ergreifen (der Existenz); aus Ergreifen entsteht Werden; aus Werden entsteht Geburt; aus Geburt entsteht Alter und Tod, Schmerz und Klagen, Leid, Kümmernis und Verzweiflung: dieses ist die Entstehung des ganzen Reiches des Leidens.«

*

»Wie wenn, ihr Mönche, aus Öl und Docht erzeugt das Licht einer Öllampe brennte, und niemand von Zeit zu Zeit Öl aufgösse und den Docht besorgte: dann würde, ihr Jünger, die Öllampe, da der alte Brennstoff verzehrt ist und kein neuer hinzugetan wird, aus Mangel an Nahrung verlöschen.

So wird auch, ihr Mönche, in dem, der in der Erkenntnis von der Verderblichkeit der Daseinsfesseln verharrt, der Durst aufgehoben; durch Aufhebung des Durstes wird das Eingreifen (der Existenz) aufgehoben … (S. 204): dieses ist die Aufhebung des ganzen Reiches des Leidens.«

Der Erlöste

Also habe ich gehört.

Einstmals weilte der Erhabene zu Savatthi, in Jetavana, dem Garten des Anathapindika.

Zu der Zeit unterwies der ehrwürdige Sariputta den ehrwürdigen Bhaddiya, den Zwerg, mit Reden über die Lehre von mancherlei Gestalt, ermahnte ihn, trieb ihn an und erfreute ihn. Und wie so der ehrwürdige Bhaddiya, der Zwerg, vom ehrwürdigen Sariputta mit Reden über die Lehre … erfreut wurde, wurde seine Seele, vom Ergreifen (des Daseins) ablassend, von aller Verderbnis erlöst. Da sah der Erhabene, wie der ehrwürdige Bhaddiya, der Zwerg, vom ehrwürdigen Sariputta … ablassend, von aller Verderbnis erlöst wurde. Solches erkennend tat der Erhabene zu der Zeit den Ausruf:

»Wer unten, oben, überall gelöst ist
Von jeder Fessel, wer nicht denkt der Ichheit:
Der also Freie hat durchschifft die Fluten,
Die undurchschifften, kehrt zum Sein nicht wieder.«

Bhaddiya, der Zwerg, hält sich noch nicht am Ziel angelangt, und Sariputta setzt seine Belehrung fort.

Solches erkennend tat der Erhabene zu der Zeit den Ausruf:

»Zerbrochen ist das Rad[1]. Die Wünsche schweigen.
Vertrocknet ist der Strom; er rinnt nicht länger.
Das Rad nicht fürder dreht sich, das gebrochen.
Gekommen ist für ihn des Leidens Ende.«

Vom Dasein des Erlösten

Aus einem Gespräch des Buddha mit Vaccha, einem andersgläubigen wandernden Asketen. Dieser fragt:

»Ein Mönch, dessen Seele also erlöst ist, mein guter Gotama, zu welchem Sein gelangt er?«

»Daß er zu einem Sein gelangt, Vaccha, trifft nicht zu.«

»So gelangt er also zu keinem Sein, Gotama?«

»Daß er zu keinem Sein gelangt, Vaccha, trifft nicht zu.«

»So gelangt er also und gelangt nicht zu einem Sein, Gotama?«

»Daß er zu einem Sein gelangt und nicht gelangt, Vaccha, trifft nicht zu.«

»So gelangt er weder, noch gelangt er nicht zu einem Sein, Gotama?«

»Daß er weder zu einem Sein gelangt, noch nicht dazu gelangt, Vaccha, trifft nicht zu.«

»Auf meine Frage also, Gotama, zu welchem Sein ein Mönch gelangt, dessen Seele also erlöst ist, antwortest du mir: ›Daß er zu einem Sein gelangt, Vaccha, trifft nicht zu.‹ *Ebenso werden die andern drei Fragen mit den Antworten wiederholt.* Hier ist nun mein Verständnis zu Ende, mein guter Gotama; hier gerate ich in Verwirrung. Und auch die Befriedigung, die durch die vorherige Unterredung mit dir, Gotama, in mir erweckt war, ist mir jetzt vergangen.«

»Da mag wohl dein Verständnis zu Ende sein, Vaccha; da magst du wohl in Verwirrung geraten. Tief, Vaccha, ist diese Lehre, schwer zu schauen, schwer zu verstehen, friedevoll, herrlich, bloßem Nachdenken unerfaßbar, fein, nur dem Weisen erkennbar.

1. Das Rad der Wiedergeburten.

Die ist für dich schwer zu begreifen, da du andres glaubst, andres für recht hältst, andres billigst, anderswohin deine Anspannung richtest, andrer Lehrmeinung anhängst. So laß mich dich hier selbst fragen, Vaccha, und antworte mir, wie es dir richtig scheint. Was meinst du, Vaccha? Wenn vor deinen Augen ein Feuer brennte, würdest du dann erkennen: ›Vor meinen Augen brennt dies Feuer?‹«

»Wenn vor meinen Augen ein Feuer brennte, mein guter Gotama, dann würde ich erkennen: ›Vor meinen Augen brennt dies Feuer.‹«

»Wenn man dich nun fragte, Vaccha: ›Dies Feuer, das vor deinen Augen brennt, wodurch brennt es?‹ – was würdest du, Vaccha, auf diese Frage antworten?«

»Wenn man mich fragte, Gotama, so würde ich auf diese Frage antworten: ›Dies Feuer, das vor meinen Augen brennt, es brennt durch Brennstoff von Gras und Holz.‹«

»Wenn dann dies Feuer vor deinen Augen erlöschte, würdest du dann erkennen: ›Dies Feuer ist vor meinen Augen erloschen‹?«

»Wenn vor meinen Augen dies Feuer erlöschte, dann würde ich erkennen: ›Vor meinen Augen ist dies Feuer erloschen.‹«

»Wenn man dich dann aber fragte, Vaccha: ›Das Feuer, das vor deinen Augen erloschen ist, nach welcher Himmelsrichtung ist es von hier gegangen, nach Osten oder Westen oder Norden oder Süden?‹ – was würdest du auf diese Frage antworten?«

»Ich würde antworten, daß eine solche Frage nicht die Sache trifft, mein guter Gotama. Denn wenn das Feuer den Brennstoff, durch den es brannte, das Gras und Holz verzehrt hat und keine neue Nahrung erhält, so wird es erloschen erkannt.«

»Ebenso nun auch, Vaccha, die Körperlichkeit, durch welche man die Vollendeten kennzeichnen möchte: Diese Körperlichkeit des Vollendeten ist dahinten geblieben, ihre Wurzeln sind zerstört, sie ist gleich einem Palmbaum ausgerottet, sie ist der Vernichtung überantwortet, so daß sie in Zukunft nicht neu entstehen kann. Von der Betrachtung unter dem Gesichtspunkt der Körperlichkeit, Vaccha, ist der Vollendete erlöst. Er ist tief, unendlich, unergründlich, wie der große Ozean. Daß er zu keinem Sein gelangt, trifft nicht zu. Daß er zu einem Sein gelangt und nicht gelangt, trifft nicht zu. Daß er weder zu einem Sein gelangt, noch nicht dazu gelangt, trifft nicht zu.«

Dieselben Ausführungen, wie hier über die Körperlichkeit, werden dann über die andern vier Elemente des leiblich-geistigen Daseins wiederholt, die Empfindungen, Vorstellungen, »Gestaltungen« und das Erkennen.

Dem Vorangehenden steht der Dialog zwischen dem König Pasenadi und der Nonne Khema nah.

Der König fragt:

»Ist, o Ehrwürdige, der Vollendete jenseits des Todes?«

»Der Erhabene, großer König, hat nicht offenbart, daß der Vollendete nicht jenseits des Todes ist.«

»So ist, Ehrwürdige, der Vollendete jenseits des Todes nicht?«

»Auch dies, großer König, hat der Erhabene nicht offenbart, daß der Vollendete jenseits des Todes nicht ist.«

»Ist vielleicht, Ehrwürdige, der Vollendete jenseits des Todes und ist auch nicht?«

»Der Erhabene, großer König, hat nicht offenbart, daß der Vollendete jenseits des Todes ist und auch nicht ist.«

»So ist weder, Ehrwürdige, der Vollendete jenseits des Todes, noch ist er nicht?«

»Auch dies, großer König, hat der Erhabene nicht offenbart, daß der Vollendete jenseits des Todes weder ist, noch nicht ist.«

»Auf meine Frage also, Ehrwürdige, ob der Vollendete jenseits des Todes ist, antwortest du mir: ›Der Erhabene, großer König, hat nicht offenbart, daß der Vollendete jenseits des Todes ist.‹ *Ebenso Wiederholung der andern drei Fragen mit Antworten.* Was ist nun der Grund, Ehrwürdige, was ist die Ursache davon, daß der Erhabene dies nicht offenbart hat?«

»So laß mich dich hier selbst fragen, großer König, und antworte mir, wie es dir richtig scheint. Was meinst du, großer König? Hast du wohl einen Zähler oder einen Siegelbeamten (?) oder einen Rechner, der imstande wäre, den Sand im Ganges zu zählen, der sagen könnte: so viele Sandkörner oder so viele Hunderte oder Tausende oder Hunderttausende von Sandkörnern sind dort?«

»Den habe ich nicht, Ehrwürdige.«

»Oder hast du einen Zähler oder einen Siegelbeamten (?) oder einen Rechner, der imstande wäre, das Wasser im großen Ozean zu messen, der sagen könnte: so viele Maß Wasser oder so viele Hunderte oder Tausende oder Hunderttausende von Maßen Wasser sind dort?«

»Den habe ich nicht, Ehrwürdige.«

»Und warum nicht?«

»Der große Ozean, Ehrwürdige, ist tief, unermeßlich, unergründlich.«

»Ebenso nun auch, großer König, die Körperlichkeit, durch welche man den Vollendeten kennzeichnen möchte ... *wie S. 207.* Er ist tief, unermeßlich, unergründlich wie der große Ozean.

Daß der Vollendete jenseits des Todes ist, trifft nicht zu. Daß der Vollendete jenseits des Todes nicht ist, trifft nicht zu. Daß der Vollendete jenseits des Todes ist und nicht ist, trifft nicht zu. Daß der Vollendete jenseits des Todes weder ist, noch nicht ist, trifft nicht zu.«

Dieselben Sätze wie über die Körperlichkeit werden auch diesmal über die Empfindungen usw. wiederholt. Später stellt der König dem Buddha selbst die gleichen Fragen und erhält wörtlich dieselben Antworten. Er bewundert diese Übereinstimmung:

»Wunderbar, Herr! Staunenswert, Herr! Daß zwischen Meister und Jüngerin in Buchstaben und Geist solche Übereinstimmung besteht, solcher Einklang, kein Widerspruch auch nur in einem Tüttelchen (?).«

Zu der Zeit hatte ein Mönch mit Namen Yamaka den folgenden Irrglauben: »Ich verstehe die von dem Erhabenen verkündigte Lehre dahin, daß ein Mönch, der alle Verderbnis von sich abgetan hat, wenn sein Leib zerbricht, der Vernichtung anheimfällt, daß er vergeht, daß er nicht ist jenseits des Todes ...«

Der ehrwürdige Sariputta aber erhob sich um den Abend von seiner Zurückgezogenheit, ging hin zum ehrwürdigen Yamaka ...

und sprach zu ihm: »Ist es wahr, Freund Yamaka, daß du diesen Irrglauben hegst: ›Ich verstehe ...‹?«

»In der Tat verstehe ich die von dem Erhabenen verkündigte Lehre dahin, daß ein Mönch, der alle Verderbnis von sich abgetan hat, wenn sein Leib zerbricht, der Vernichtung anheimfällt, daß er vergeht, daß er nicht ist jenseits des Todes.«

Sariputta weist nun zuvörderst auf die Unbeständigkeit der Körperlichkeit und der übrigen Elemente des leiblich-geistigen Daseins hin, von denen man sich abzuwenden habe, um das Ziel der Erlösung zu erreichen.

»Was meinst du, Freund Yamaka, ist der Vollendete identisch mit der Körperlichkeit? Siehst du es also an?«

»Das tue ich nicht, Freund.«

Nach der Körperlichkeit ebenso Empfindungen, Vorstellungen, »Gestaltungen«, Erkennen.

»Was meinst du, Freund Yamaka, ist der Vollendete in der Körperlichkeit enthalten? Siehst du es also an?«

»Das tue ich nicht, Freund.«

»Ist der Vollendete von der Körperlichkeit geschieden? Siehst du es also an?«

»Das tue ich nicht, Freund.«

Ebenso der Reihe nach über die Empfindungen usw.

»Was meinst du, Freund Yamaka, sind Körperlichkeit, Empfindungen, Vorstellungen, Gestaltungen, Erkennen (in ihrer Vereinigung) der Vollendete? Siehst du es also an?«

»Das tue ich nicht, Freund.«

»Was meinst du, Freund Yamaka, körperlos, empfindungslos, vorstellungslos, gestaltungslos und erkenntnislos – ist das der Vollendete? Siehst du es also an?«

»Das tue ich nicht, Freund.«

»So ist also, Freund Yamaka, schon in dieser sichtbaren Welt der Vollendete in Wahrheit und Wesenheit für dich nicht zu erfassen. Hast du da ein Recht, die Lehrmeinung aufzustellen: ›Ich verstehe die von dem Erhabenen verkündigte Lehre dahin, daß ein Mönch, der alle Verderbnis von sich abgetan hat, wenn sein Leib zerbricht, der Vernichtung anheimfällt, daß er vergeht, daß er nicht ist jenseits des Todes‹?«

»Dies war zuvor, Freund Sariputta, der Irrglaube, den ich Unwissender hegte. Jetzt aber, wo ich den ehrwürdigen Sariputta die Lehre habe verkündigen hören, ist dieser Irrglaube von mir gewichen, und ich habe die wahre Lehre erfaßt.«

»Wenn man dich nun, Freund Yamaka, also fragt: ›Ein heiliger Mönch, der alle Verderbnis von sich abgetan hat, was wird aus ihm, wenn sein Leib zerbricht, jenseits des Todes?‹ – was würdest du, Freund Yamaka, auf diese Frage antworten?«

»Wenn man mich, Freund, also fragte ..., so würde ich auf diese Frage antworten: ›Die Körperlichkeit, Freund, ist unbeständig. Was aber unbeständig ist, das ist Leiden. Was Leiden ist, das ist aufgehoben, das ist untergegangen. *Ebenso von Empfindungen usw.* So würde ich, Freund, auf diese Frage antworten.‹«

»Schön! Schön, Freund Yamaka! So will ich dir denn, Freund Yamaka, ein Gleichnis sagen, daß deine Erkenntnis von ebendiesen Dingen noch mehr befestigt werde.

Da ist, Freund Yamaka, ein Bürger oder ein Bürgerssohn, dem es wohl ergeht, an Besitz und an Genüssen reich, wohl bewacht. Nun kommt irgend ein Mann, der übelwollend, unfreundlich gesinnt gegen ihn ist, ihm sein Glück und seinen Wohlstand nicht gönnt; der will ihn ums Leben bringen. Dieser denkt nun bei sich: ›Diesem Bürger oder Bürgerssohn ergeht es wohl; er ist an Besitz und an Genüssen reich und ist wohl bewacht. Es ist keine leichte Sache, ihn mit Gewalt ums Leben zu bringen. Ich will mich bei ihm einschleichen und ihn so ums Leben bringen.‹ Und er geht zu jenem Bürger oder Bürgerssohn hin und spricht zu ihm: ›Laß mich dir dienen, Herr!‹ Der Bürger aber oder Bürgerssohn nimmt seine Dienste an. Und er wird sein Diener, steht früh auf vor ihm und legt sich spät nieder nach ihm, tut willig, was von ihm verlangt wird, macht sich ihm angenehm, redet Freundliches. So macht ihn jener Bürger oder Bürgerssohn zu seinem Freund, zu seinem lieben Genossen und begegnet ihm mit Vertrauen. Wenn jener Mann nun sieht, Freund, daß der Bürger oder

Bürgerssohn Vertrauen zu ihm gefaßt hat, dann bringt er ihn, wenn er ihn in heimlicher Einsamkeit findet, mit einem scharfen Schwert ums Leben.

Was meinst du nun, Freund Yamaka? Wenn jener Mann auch zu jenem Bürger oder Bürgerssohn hingeht und zu ihm spricht: ›Laß mich dir dienen, Herr‹, ist er nicht ein Mörder, nur daß jener den Mörder nicht als einen solchen erkannt hat?

Wenn er auch sein Diener wird, früh vor ihm aufsteht … ist er nicht ein Mörder …?

Wenn er ihn in heimlicher Einsamkeit findet und ihn mit einem scharfen Schwert ums Leben bringt, ist er nicht ein Mörder, nur daß jener den Mörder nicht als einen solchen erkannt hat?«

»Das ist er, Freund.«

»So nun auch, Freund, der ununterrichtete Alltagsmensch, der keine Edlen geschaut hat, der Lehre der Edlen unkundig, in der Lehre der Edlen nicht unterwiesen, der keine Guten geschaut hat, der Lehre der Guten unkundig, in der Lehre der Guten nicht unterwiesen: er sieht die Körperlichkeit als das Selbst an, oder das Selbst als mit Körperlichkeit behaftet, oder im Selbst die Körperlichkeit, oder in der Körperlichkeit das Selbst. *Immer im folgenden Wiederholung des von der Körperlichkeit Gesagten in bezug auf Empfindungen, Vorstellungen, Gestaltungen, Erkennen.*

Die unbeständige Körperlichkeit erkennt er nicht der Wahrheit gemäß als unbeständig.

Die leidvolle Körperlichkeit … die nichtselbsthafte Körperlichkeit … die gestaltete Körperlichkeit[1] … die mörderische Körperlichkeit erkennt er nicht der Wahrheit gemäß als mörderisch.

So wendet er sich der Körperlichkeit zu, ergreift sie, waltet ihrer, indem er denkt: ›Sie ist mein Selbst.‹

Und ihm gereichen diese fünferlei Objekte des Ergreifens, denen er sich zuwendet und die er ergreift, gar lange zum Schaden und zum Leiden.

1. »Gestaltet« d. h. im Strom des Werdens und Vergehens zur Erscheinung gelangt: wobei der Gedanke an die unvermeidliche Aufhebung aller Gestaltung mitklingt.

Ein wohlunterrichteter Jünger des Edlen aber, der Edle geschaut hat, der Lehre der Edlen kundig …«

Wiederholung des vorher Gesagten mit Umkehrung aus dem Negativen ins Positive. Der Abschnitt schließt:

»Und ihm gereicht es, wenn er sich diesen fünferlei Objekten des Ergreifens nicht zuwendet und sie nicht ergreift, gar lange zum Segen und zur Freude.

So wird es, Freund Sariputta, ehrwürdigen Brüdern zuteil, die solche Genossen ihres heiligen Wandels haben, wie du bist, erbarmungsreich, auf das Beste bedacht, geschickt zu ermahnen und zu lehren. Und wie ich diese Unterweisung des ehrwürdigen Sariputta hörte, ist meine Seele, vom Ergreifen (des Daseins) ablassend, von aller Verderbnis erlöst worden.«

So sprach der ehrwürdige Sariputta. Mit Freude begrüßte der ehrwürdige Yamaka des ehrwürdigen Sariputta Rede.

Gegenstücke

Visakha, ein Laiengläubiger, befragt die weise Nonne Dhammadinna.

»Was ist nun, Herrin, das Gegenstück der freudigen Empfindung?«

»Der freudigen Empfindung Gegenstück, Freund Visakha, ist die schmerzliche Empfindung.«

»Und was ist, Herrin, das Gegenstück der schmerzlichen Empfindung?«

»Der schmerzlichen Empfindung Gegenstück, Freund Visakha, ist die freudige Empfindung.«

»Und was ist, Herrin, das Gegenstück der weder schmerzlichen noch freudigen Empfindung?«

»Der weder schmerzlichen noch freudigen Empfindung Gegenstück, Freund Visakha, ist das Nichtwissen.«

»Und was ist, Herrin, das Gegenstück des Nichtwissens?«

»Des Nichtwissens Gegenstück, Freund Visakha, ist das Wissen.«

»Und was ist, Herrin, das Gegenstück des Wissens?«

»Das Gegenstück des Wissens, Freund Visakha, ist die Erlösung.«

»Und was ist, Herrin, das Gegenstück der Erlösung?«

»Der Erlösung Gegenstück, Freund Visakha, ist das Nirvana.«

»Und was ist, Herrin, das Gegenstück des Nirvana?«

»Du gehst zu weit, Freund Visakha, mit deiner Frage. Du hast nicht die Grenze des Fragens innezuhalten gewußt. Denn im Nirvana, Freund Visakha, findet der heilige Wandel festen Grund; das Nirvana ist sein Endziel, das Nirvana sein Abschluß.

Wenn du aber willst, Freund Visakha, magst du zum Erhabenen gehen und ihn hierüber befragen; wie der Erhabene es dir offenbart, so magst du es halten.«

Er tut dies, und Buddha bestätigt die Antwort, die Dhammadinna jenem gegeben hat; er selbst würde genau ebenso antworten.

Vom Nirvana

Ein andersgläubiger Asket fragt

»›Nirvana, Nirvana‹, so sagt man, Freund Sariputta. Was ist nun das Nirvana, Freund?«

»Der Begier Ende, des Hasses Ende, der Verblendung Ende: das, mein Freund, nennt man das Nirvana.«

»›Heiligkeit, Heiligkeit‹, so sagt man, Freund Sariputta. Was ist nun Heiligkeit, Freund?«

»Der Begier Ende, des Hasses Ende, der Verblendung Ende: Das, mein Freund, nennt man Heiligkeit.«

Also habe ich gehört.

Einstmals verweilte der Erhabene zu Savatthi, im Jetavana, dem Garten des Anathapindika. Zu der Zeit nun unterwies der Erhabene die Mönche, ermahnte sie, trieb sie an und erfreute sie durch Reden der Lehre, die sich auf das Nirvana bezogen. Die Mönche aber, ihren Glauben und ihre Gedanken darauf richtend, alles im Geist überlegend, aufmerksam zuhörend vernehmen die Lehre. Solches erkennend tat der Erhabene zu der Zeit den Ausruf:

»Es gibt, ihr Mönche, eine Stätte, wo nicht Erde ist, nicht Wasser, nicht Feuer, nicht Luft, nicht die Stufe der Raumunendlichkeit[1], nicht die Stufe der Erkenntnisunendlichkeit, nicht die Stufe der Nichtirgendetwasheit, nicht die Stufe von weder Vorstellen noch Nichtvorstellen, nicht diese Welt noch jene Welt, beide Mond und Sonne. Das nenne ich, ihr Mönche, nicht Kommen noch Gehen noch Stehen noch Sterben noch Geburt. Ohne Grundlage, ohne Fortgang ohne Halt ist es. Das ist des Leidens Ende.«

Derselbe Eingang

… tat der Erhabene zu der Zeit den Ausruf:

»Schwer sieht man ein des Selbst Nichtsein[2],
Denn nicht sieht man die Wahrheit leicht.
Es durchschauen den Durst Weise[3].
Kein Etwas kennt der Sehende.«

Derselbe Eingang

… tat der Erhabene zu der Zeit den Ausruf:

»Es gibt, ihr Mönche, ein Ungeborenes, Ungewordenes, nicht Gemachtes, nicht Gestaltetes. Gäbe es nicht, ihr Mönche, dies Ungeborene, Ungewordene, nicht Gemachte, nicht Gestaltete, würde für das Geborene, Gewordene, Gemachte, Gestaltete kein Ausweg zu erfinden sein. Da es aber, ihr Mönche, ein Ungeborenes, Ungewordenes, nicht Gemachtes, nicht Gestaltetes gibt, so ist für das Geborene, Gemachte, Gestaltete ein Ausweg zu erfinden.«

Derselbe Eingang

… tat der Erhabene zu der Zeit den Ausruf:

»Für das, was an anderm haftet, gibt es Wanken. Für nicht Haf-

1. Zu diesen und den dann folgenden Ausdrücken vgl. S. 113.
2. Eine Grundüberzeugung des Buddhismus: Körperlichkeit und die übrigen Elemente des leiblich-geistigen Daseins sind nicht das Selbst.
3. Der Weise durchschaut, daß das Werden, Vergehen, Leiden, das den Weltprozeß ausmacht, auf dem Durst beruht, und er erkennt, wie des Durstes Aufhebung sich vollzieht.

tendes gibt es kein Wanken. Wo kein Wanken ist, ist Ruhe. Wo Ruhe ist, ist keine Lust. Wo keine Lust ist, ist kein Kommen und Gehen. Wo kein Kommen und Gehen ist, ist kein Sterben und keine Geburt. Wo kein Sterben und keine Geburt ist, ist kein Hienieden, kein Drüben, kein Dazwischen. Das ist des Leidens Ende.«

Der Jüngling Kappa fragt den Buddha

»In des furchtbaren Meers Mitte
(so sprach der ehrwürdige Kappa),
Wo finden in der Wogen Wut
Die Alter – Tod – Verfallenen

Eine Insel? Das künde mir.
Die Insel mir, o Herr, zeige:
›Sie ist's, halt andres nicht dafür!‹

»In des furchtbaren Meers Mitte
(o Kappa, sprach der Erhabene),
Da finden in der Wogen Wut
Die Alter – Tod – Verfallenen
Eine Insel! Die künd' ich dir.

Wo's kein Etwas, kein Festhalten
Gibt, die Insel, die einzige:
Sie heißt mit Namen Nirvana,
Die Alter – Tod – entnommene.

Die Wachsamen, die dies wissen,
Die hienieden Erloschenen,
Folgen nicht dem Gebot Maras,
Sie wandeln nicht auf Maras Pfad.«

Aus derselben Gesprächsreihe; Buddha spricht; dann Frage des Jünglings Upasiva; dann Antwort des Buddha.

»Gleichwie das Licht, vom Windeswahn getroffen
(o Upasiva, sprach der Erhabene).
Zur Ruhe eingeht und dem Blick entschwindet,
So geht der Weise, Nam' und Leib ablegend,
Zur Ruhe ein, entschwindend jedem Blicke.«

»Ist, wer zur Ruhe ging, dem Sein entnommen?
Gehört ihm ew'ges Sein, frei von Gebrechen?
Das wolle du mir, Weiser, offenbaren,
Denn kund ist dir in Wahrheit diese Ordnung.«

»Den, der zur Ruhe ging, kein Maß ermißt ihn
(o Upasiva, sprach der Erhabene),
Von ihm zu sprechen gibt es keine Worte.
Zunichte ward, was das Denken könnt' erfassen:
So ward zunicht auch jeder Pfad der Rede.«

ZWEITES KAPITEL

Reden vom Gemeindeleben

Das Meer und die Lehre und Gemeinde der Gläubigen

Der Erhabene aber redete zu den Mönchen also:

»Acht wunderbare, staunenswerte Eigenschaften, ihr Mönche, hat das große Meer, um deren willen die Asuras[1], so oft sie sie betrachten, gern im großen Meer weilen. Welche acht sind das?

Das große Meer, ihr Mönche, senkt sich allmählich, fällt allmählich ab, geht allmählich in die Tiefe, stürzt nicht plötzlich zur Tiefe ab. Daß das große Meer, ihr Mönche, sich allmählich senkt, allmählich abfällt, allmählich in die Tiefe geht, nicht plötzlich zur Tiefe abstürzt: das, ihr Mönche, ist die erste wunderbare, staunenswerte Eigenschaft des großen Meeres, um deren willen die Asuras, so oft sie sie betrachten, gern im großen Meer weilen.

Und weiter, ihr Mönche, bleibt das große Meer fest an seinem Ort; es überschreitet seine Grenze nicht. Daß das große Meer … *Ausführung wie oben.*

Und weiter, ihr Mönche, verträgt das große Meer nichts Totes, keine Leiche. Wenn im großen Meer ein Totes, eine Leiche ist, das führt das Meer schnell zum Ufer und wirft es ans Land. Daß das große Meer …

Und weiter, ihr Mönche, was die großen Ströme sind – als da sind die Ganga, die Yamuna, die Aciravati, die Sarabhu, die Mahi –, wenn die zum großen Meer gelangen, verlieren sie ihren alten Namen und Geschlecht und heißen nur noch ›das große Meer‹ …

Und weiter, ihr Mönche, alle Flußläufe in der Welt, die zum großen Meer führen, und alles Wasser, das aus dem Luftreich her-

1. Die Götterfeinde der alten Mythologie; man kann etwa sagen die Titanen. Sie werden hier als im Meer verweilend vorgestellt.

abkommt: durch all das wird das große Meer nicht weniger und nicht mehr ...

Und weiter, ihr Mönche, hat das große Meer nur einen Geschmack, den Geschmack des Salzes ...

Und weiter, ihr Mönche, ist das große Meer voll von vielen Kleinodien, von Kleinodien mancherlei Art. Da finden sich diese Kleinodien: Perle, Edelstein, Beryll, Muschel, Gestein, Koralle, Silber, Gold, Achat, Masaragallastein ...

Und weiter, ihr Mönche, beherbergt das große Meer gewaltige Wesen. Da sind diese Wesen: der Timi, der Timimgala, der Timitimimgala[1], Asuras, Schlangenwesen, Gandharven[2]. Es gibt im großen Meer Wesen von hundert Meilen Länge und von zweihundert Meilen Länge und von dreihundert Meilen Länge und von vierhundert Meilen Länge und von fünfhundert Meilen Länge ...

Dies, ihr Mönche, sind die acht wunderbaren, staunenswerten Eigenschaften des großen Meeres, um deren willen die Asuras, so oft sie sie betrachten, gern im großen Meer weilen.

Ebenso auch, ihr Mönche, hat diese Lehre und diese Ordnung acht wunderbare, staunenswerte Eigenschaften, um deren willen die Mönche, so oft sie sie betrachten, gern in dieser Lehre und Ordnung weilen. Welche acht sind das?

Wie das große Meer, ihr Mönche, sich allmählich senkt, allmählich abfällt, allmählich in die Tiefe geht, nicht plötzlich zur Tiefe abstürzt, so gibt es auch, ihr Mönche, in dieser Lehre und Ordnung nur allmähliche Übung, allmähliche Arbeit, allmähliches Fortschreiten, nicht plötzliches Durchdringen zur Erkenntnis. Daß es, ihr Mönche, in dieser Lehre und Ordnung nur allmähliche Übung ... *Ausführung wie vorher.*

Wie das große Meer, ihr Mönche, fest an seinem Ort bleibt und seine Grenze nicht überschreitet, so überschreiten auch, ihr

1. Seeungeheuer von mindestens teilweise fabelhaftem Charakter. Timimgala heißt wörtlich: »(sogar) den Timi verschlingend.«

2. Über die Asuras siehe vorletzte Anm., die Gandharven sind halbgöttliche Wesen, die oft als Musiker der Götterwelt vorgestellt werden.

Mönche, meine Jünger, selbst wenn es ihr Leben gilt, keine Satzung, die ich den Jüngern gesetzt habe …

Wie das große Meer, ihr Mönche, nichts Totes, keine Leiche verträgt, und wenn im großen Meer ein Totes, eine Leiche ist, es das schnell zum Ufer führt und ans Land wirft, so hält auch die Gemeinde, ihr Mönche, keine Gemeinschaft mit einem Menschen, der tugendlos und von übler Art ist, unrein von zweideutigem Wandel, von verstecktem Tun, kein wahrer Asket, für einen Asketen sich nur ausgebend, kein in Heiligkeit Wandelnder, für einen in Heiligkeit Wandelnden sich nur ausgebend, innerlich verfault, von Lüsten erfüllt, ein Abschaum der Menschheit. Findet sich ein solcher, versammelt sich die Gemeinde schnell und stößt ihn aus. Und mag er auch inmitten der Mönchsgemeinde dasitzen, ist er doch fern von der Gemeinde, und die Gemeinde von ihm …

Wie die großen Ströme, ihr Mönche – als da sind die Ganga, die Yamuna, die Aciravati, die Sarabhu, die Mahi –, wenn sie zum großen Meer gelangen, ihren alten Namen und Geschlecht verlieren und nur noch ›das große Meer‹ heißen, so steht es auch, ihr Mönche, mit diesen vier Kasten, den Adligen, den Brahmanen, den Vaishyas, den Shudras: wenn sie nach der vom Vollendeten verkündeten Lehre und Ordnung der Welt entsagen, um in die Heimatlosigkeit zu gehen, so verlieren sie ihren alten Namen und Geschlecht und heißen nur noch ›Asketen, die dem Sakyasohn anhangen‹ …

Wie, ihr Mönche, durch alle Flußläufe in der Welt, die zum großen Meer führen, und durch alles Wasser, das aus dem Luftreich herabkommt, das große Meer nicht weniger und nicht mehr wird, so wird auch, ihr Mönche, wenn noch so viele Mönche zum Verlöschen im Element des restlosen Nirvana gelangen, dadurch das Nirvanaelement doch nicht weniger und nicht mehr …

Wie das große Meer, ihr Mönche, nur einen Geschmack hat, den Geschmack des Salzes, so hat auch, ihr Mönche, diese Lehre und diese Ordnung nur einen Geschmack, den Geschmack der Erlösung …

Wie das große Meer, ihr Mönche, von vielen Kleinodien voll ist, von Kleinodien mancherlei Art – da finden sich diese Kleinodien: Perle, Edelstein, Beryll, Muschel, Gestein, Koralle, Silber, Gold, Achat, Masaragallastein –, so ist auch, ihr Mönche, diese Lehre und diese Ordnung voll von vielen Kleinodien, von Kleinodien mancherlei Art – da finden sich diese Kleinodien: die vierfache Wachsamkeit, das vierfache rechte Streben, die vier Teile der Wundermacht, die fünf Organe, die fünf Kräfte, die sieben Glieder der Erleuchtung, der edle achtgliedrige Pfad …

Wie das große Meer, ihr Mönche, gewaltige Wesen beherbergt – da sind diese Wesen: der Timi … – es gibt im großen Meer Wesen von hundert Meilen Länge … – so beherbergt auch, ihr Mönche, diese Lehre und diese Ordnung große Wesen – da sind diese Wesen[1]: der in den Strom Gelangte und der auf dem Weg ist, die Frucht des in den Strom Gelangten zu erwerben, der Einmal-Wiederkehrende und der auf dem Weg ist, die Frucht der Einmal-Wiederkehr zu erwerben, der Nichtwiederkehrende und der auf dem Weg ist, die Frucht der Nichtwiederkehr zu erwerben, der Heilige und der auf dem Weg zur Heiligkeit ist …

Dies, ihr Mönche, sind die acht wunderbaren, staunenswerten Eigenschaften dieser Lehre und dieser Ordnung, um deren willen die Mönche, so oft sie sie betrachten, gern in dieser Lehre und Ordnung weilen.«

Solches bedenkend tat der Erhabene zu der Zeit den Ausruf:

»Bedecktes durchregnet des Regens Guß;
Das Unbedeckte durchregnet er nicht.
Drum decke man das Bedeckte auf:
So durchregnet der Guß es nicht[2].«

1. Die Stufen der Annäherung an die Heiligkeit bzw. ihre Erreichung.
2. Ein schwieriger Vers. Er scheint mir zu besagen, daß im geschlossenen Raum der Regen, der schließlich auch dort eindringt, verheerender wirkt, die Feuchtigkeit dort anders festhaftet, als im Freien, wo es schnell trocknet. So haftet die geheime Sünde am Täter, während Enthüllung seiner Schuld die Möglichkeit der Befreiung gibt.

Die Einträchtigen

Zu der Zeit verweilte der ehrwürdige Anuruddha und der ehrwürdige Nandiya und der ehrwürdige Kimbila im Park von Paenavamsa. Da sah der Parkwächter den Erhabenen aus der Ferne herankommen und sprach zu ihm: »Betritt diesen Park nicht, Asket! Hier halten sich drei vornehme junge Herren auf, die in allem ihre Bequemlichkeit zu haben gewohnt sind (?); falle denen nicht lästig!« Da hörte der ehrwürdige Anuruddha, wie der Parkwächter mit dem Erhabenen redete, und sprach zum Parkwächter also: »Mein lieber Parkwächter, wehre dem Erhabenen nicht! Unser Meister ist gekommen, der Erhabene!«

Und der ehrwürdige Anuruddha ging zum ehrwürdigen Nandiya und dem ehrwürdigen Kimbila und sprach zu ihnen: »Kommt, ihr Ehrwürdigen! Kommt, ihr Ehrwürdigen! Unser Meister ist gekommen, der Erhabene!«

Da ging der ehrwürdige Anuruddha und der ehrwürdige Nandiya und der ehrwürdige Kimbila dem Erhabenen entgegen, und der eine nahm dem Erhabenen Almosenschale und Gewand ab, der zweite bereitete ihm einen Sitz, der dritte brachte ihm Fußwasser, Fußbank, Fußschemel. Der Erhabene setzte sich auf den Sitz, der ihm bereitet war, nieder; dort sitzend, wusch er seine Füße. Jene Ehrwürdigen aber brachten dem Erhabenen ehrfurchtsvollen Gruß und setzten sich an seine Seite. Und zum ehrwürdigen Anuruddha, wie er an seiner Seite saß, sprach der Erhabene: »Geht es euch wohl, ihr Anuruddhas[1]? Findet ihr zu leben? Bringt das Sammeln von Almosen euch keine Ermüdung?« »Es geht uns wohl, Erhabener! Wir finden zu leben! Das Sammeln von Almosen bringt uns keine Ermüdung!« »Lebt ihr hier auch, ihr Anuruddhas, in Frieden und Eintracht und ohne Streit, wie Milch und Wasser[2], mit freundlichem Auge aufeinander hinschauend?«

1. Nach uraltem Sprachgebrauch für mehrere zusammengehörige Glieder die Mehrzahl des ersten.
2. Als Bild der vollkommensten Vereinigung.

»Freilich, Herr, leben wir hier in Frieden und Eintracht ...«

»Wie macht ihr es denn, ihr Anuruddhas, in Frieden und Eintracht zu leben ...?« »Ich denke bei mir, Herr: Das ist ein Glück für mich, ein schönes Glück, daß ich mit solchen Genossen des heiligen Wandels hier vereint bin! So übe ich, Herr, gegen diese Ehrwürdigen Freundlichkeit offenbar und im Verborgenen, in Gedanken, Worten und Werken. Ich denke bei mir: ich will meinem eignen Sinn entsagen und will allein nach dem Sinn dieser Ehrwürdigen leben! So entsage ich denn, Herr, meinem eignen Sinn und lebe allein nach dem Sinn dieser Ehrwürdigen. Getrennt, Herr, sind unsre Leiber, unser Sinn aber, kann ich sagen, ist eins.«

Und auch der ehrwürdige Nandiya ... und auch der ehrwürdige Kimbila sprach zum Erhabenen: »Auch ich denke bei mir: das ist ein Glück für mich ... *genau wie oben.* So machen wir es, Herr, in Frieden und Eintracht und ohne Streit zu leben, wie Milch und Wasser, mit freundlichen Augen aufeinander hinschauend.«

Vom Mönchsleben

Versgruppen und Einzelverse.

Es macht sich auf der Wachsame,
Findet nicht Ruh' in Haus und Hof.
Wie Schwanenschar vom Teich fortfliegt,
Zieht heimatmeidend er hinweg.

*

Wer schon jung dieser Welt absagt,
Als Mönch wandelt nach Buddhas Wort,
Wach, wenn alle der Schlaf bändigt:
Nicht kam vergebens er zur Welt.

*

»In den Lüsten nur Leid schauend,
Frieden in der Entsagung nur,
Will vorwärts ich zum Ziel streben;
Das ist's, woran mein Herz sich freut.«

*

Den Bauch nicht füllend, knapp speisend,
Wunschlos von eitlem Trachten frei.
Des Wünschens Hunger abtuend,
Ohne Wunsch, ein Befriedeter:

So erbettelt er Almosen
Und geht hinaus zum Waldbezirk,
Erwählet eines Baums Wurzeln;
Dort der Weise sich niedersetzt!

Der Versenkung sich hingebend,
Verweilt er gern im Waldbezirk
Im Sinnen an des Baums Wurzel,
Freude schaffend dem eignen Selbst.

Dann lenkt er, wenn die Nacht schwindet,
Wieder zum Dorfe seinen Gang:
Wenn man ihn einlädt, gleichmütig,
Und wenn im Dorf er Gab' empfängt.

Nicht soll der Mönch im Dorf weilend
Hastig eilen von Haus zu Haus,
Soll Speise sammeln stillschweigend;
Nicht rede er verworrnes Wort.

»Ich erhielt etwas: recht ist mir's
Nichts erhielt ich: auch so ist's recht.« –
So oder so kehrt gleichmütig
Zum Fuß des Baumes er zurück.

Nicht stumm, dem Stummen gleich scheinend,
Geht er, die Schale in der Hand.
Kärglicher Gabe nicht unfroh
Denkt er vom Geber nicht gering.

*

Der Biene gleich, die nicht schädigt
Der Blüten Farbenpracht und Duft –
Den Saft holt sie und fliegt weiter –
So durchwandle der Mönch das Dorf.

*

Der Vater der frommen Rohini tadelt sie wegen ihrer Liebe zu den Mönchen

»Arbeit verschmähen sie, der Trägheit huldigend.
Ihr Leben fristen sie durch fremde Gaben.
Begehrlich sind sie, lieben Süßigkeiten.
Wie kommt's, daß dir so teuer sind die Mönche?«

Rohini antwortet
»Eifrig tun Arbeit sie, von Trägheit ferne,
Und was sie tun, ist der Werke höchstes:
Begehren, Hassen hinter sich zu lassen.
Drum sind die Mönche meinem Herzen teuer.

Der reinheitsreichen Perle in der Muschel
Gleicht ihres Innern, ihres Äußern Reinheit.
Von lichten Tugenden sind sie erfüllet.
Drum sind die Mönche meinem Herzen teuer.

An Wissen reich, der Lehre sind sie kundig.
Die Edlen leben, wie die Lehre vorschreibt.
Das Heil, die Lehre künden ihre Reden.
Drum sind die Mönche meinem Herzen teuer.

An Wissen reich, der Lehre sind sie kundig.
Die Edlen leben, wie die Lehre vorschreibt.
Gesammelt ist ihr Geist, voll wahren Denkens.
Drum sind die Mönche meinem Herzen teuer.

Durch weite Fernen pilgern sie, die Wachen.
Weis' ist ihr Wort. Von Hochmut sind sie ferne.
Des Leidens Ende haben sie gefunden.
Drum sind die Mönche meinem Herzen teuer.

Wenn aus dem Dorf sie ihre Straße ziehen,
So wenden sie auf nichts den Blick zurück.
Allunbekümmert wandeln sie einher.
Drum sind die Mönche meinem Herzen teuer.

Verschiedner Heimat und verschiednem Stamm
Sind sie, die Weltentsagenden, entsprossen,
Und alle sind in Liebe doch vereint.
Drum sind die Mönche meinem Herzen teuer.«

Der Vater ist durch Rohinis Reden gewonnen

»Zu Heil und Segen unserm ganzen Haus
Bist du geboren, beste Rohini,
Die du an Buddha, an die Lehre glaubst
Und die Gemeinde ehrst mit heißem Eifer.

Die rechte Stätte, du hast sie erkannt,
Wo man mag guter Werke Lohn erwerben.
So sollen denn die Mönche auch bei uns
Der Fülle frommer Gaben teilhaft werden.
Auf diesem festen Grunde ruft mein Opfer,
Und reich wird uns sein Segen nicht entfalten.«

*

Bettelnd von Haus zu Haus zieht er,
Wohl behütend der Sinne Tor.
Dem Festbewußten, Achtsamen
Füllt sich die Speiseschale schnell.

*

Die Augen senk' er, schwärm' umher nicht unstet;
Versenkung mög' er üben, vieles Wachen,
In innrer Sammlung weilend und in Gleichmut,
Verdrossenheit und Klügelei vernichtend.

*

»Was werd' ich essen? Und wo werd' ich essen?
Man schlief so schlecht die Nacht! Wo schlaf' ich heute?«
Solche Gedanken und solch eitles Klagen
Möge, wer hauslos wandernd strebt, vermeiden.

*

Nicht zu eigen dem Schlaf soll man
Geben die sternbekränzte Nacht.
Wachender Arbeit Zeit ist sie,
Die Nacht, dem der die Wahrheit schaut.

*

Auf, hebt vom Lager euch! Setzt euch!
Was ist euch nütze langer Schlaf?
Können wohl Sieche Schlaf finden,
Pfeilgetroffene, von Schmerz gequält?

Die in Himmels und Erdwelten
Gefesselt hält Verlangende:
Der haftenden Begier obsiegt!
Versäumt nicht den Augenblick!
Denn wer die Zeit versäumt, leidet
Anheimfallend der Höllenqual.

An Strömen könnt ihr dies merken,
An jedem Bach und Felsenquell.
Der kleine Bach fließt laut murmelnd;
In Schweigen ruht der Ozean.

*

Vers des Ältesten Nigrodha

»Vor Furchtbaren nicht fürcht' ich mich.
Vom Tod die Erlösung mein Meister kennt.
Wo keine Stätte findet die Furcht,
Da wandeln die Mönche ihren Weg.«

*

Wem Genossen des Wegs mangeln,
Ihm gleiche oder edlere,
Soll festen Schritts allein wandern.
Ein Tor kann nicht Genosse sein.

Wie schlecht erfaßte Grasspitze
Die Hand durch ihren Stich verletzt,
So das Leben des Weltflücht'gen,
Lebt man es schlecht, zur Hölle führt.

*

Ein Ältster wird man nicht dadurch,
Daß graues Haar das Haupt bedeckt.
An Jahren alt ist doch Mancher
Nicht besser als ein greiser Tor.

Wem Wahrheit innewohnt, Tugend,
Wer keinem schadet, ernst bezähmt,
Von allen Flecken rein, weise:
Ein solcher »Ältster« heißen darf.

Vers des Ältesten Vimala

Des Regens Guß die Erd' überschwemmt;
Es stürmt; Blitze durchzucken die Luft.
Das eitle Sinnen zur Ruhe kommt.
In Versenkung sammelt sich still mein Geist.

*

Wenn um Mitternacht im einsamen Wald
Der Regen rauscht, aufschreit das Getier,
Und in stiller Bergesgrotte der Mönch
Der Versenkung pflegt: kein Glück wie dies!

*

Verse des Ältesten Ekavihariya

»Wenn vorn und hinten rings kein Wesen ist zu schaun,
Wie lieblich weilt man dann im tiefen Wald allein.

Wohlan, allein geh' ich zum Wald, den Buddha preist,
Des Mönches Aufenthalt, des einsam strebenden,

Zum Walde, den durchtobt der Elefanten Brunst,
Zum Walde geh' ich ein, der Lust Versenkten schafft.

Im blüh'nden Sitawald, in Bergesgrotten kühl
Will baden ich den Leib und wallen einsam still,

Allein, genossenlos, im weiten, schönen Wald –
Wann ist erreicht mein Ziel, das Dasein abgetan?«

Die Ordination

Zu der Zeit sah man ordinierte Mönche, die mit schwarzem Aussatz, skrophulösen Geschwülsten, weißem Aussatz, Auszehrung und Epilepsie behaftet waren. Man meldete das dem Erhabenen. »Ich ordne an, ihr Mönche, daß man die Ordination vollzieht, nach den Hindernissen der Ordination fragt. Und also, ihr Mönche, soll man fragen:

Bist du mit einer der folgenden Krankheiten behaftet: schwarzem Aussatz, Skröphelgeschwülsten, weißem Aussatz, Auszehrung, Epilepsie?

Bist du ein Mensch?[1]

Bist du ein Mann?

Bist du dein eigner Herr?

Hast du keine Schulden?

Stehst du nicht in königlichen Diensten?

Hast du die Erlaubnis von Vater und Mutter?

Bist du volle zwanzig Jahre alt?

Sind Almosenschale und Gewänder vollständig vorhanden?

Wie heißt du?

Wie heißt dein Lehrer?« –

Zu der Zeit fragten die Mönche die nach der Ordination Verlangenden über die Hindernisse ohne sie vorher instruiert zu haben. Die zu Ordinierenden waren verdutzt, gerieten in Verwirrung und konnten nicht antworten. Man meldete das dem Erhabenen. »Ich ordne an, ihr Mönche, sie zuerst zu instruieren und dann erst nach den Hindernissen zu fragen.«

Man instruierte sie an Ort und Stelle inmitten der Gemeinde: die zu Ordinierenden waren nach wie vor verdutzt, gerieten in Verwirrung und konnten nicht antworten. Man meldete das dem Erhabenen. »Ich ordne an, ihr Mönche, abseits zu instruieren und dann inmitten der Gemeinde nach den Hindernissen zu fragen.

1. Auch Schlangenwesen konnten in menschlicher Gestalt erscheinen. Sie sollten ausgeschlossen werden.

Und also, ihr Mönche, soll man instruieren: zuerst läßt man ihn sich einen Lehrer nehmen; hat man ihn einen Lehrer nehmen lassen, zeigt man ihm Almosenschale und Gewänder: ›Dies ist deine Almosenschale, dies dein Kleid, dies dein Obergewand, dies dein Untergewand. Geh und stelle dich an jener Stelle hin.‹«

Törichte und Ungeschickte instruierten. Die zu Ordinierenden, nachdem sie instruiert waren, waren wieder verdutzt, gerieten in Verwirrung und konnten nicht antworten. Man meldete das dem Erhabenen. »Ein Törichter und Ungeschickter, ihr Mönche, darf nicht instruieren. Instruiert er, ist er einer Übertretung schuldig. Ich ordne an, daß ein geschickter und dessen fähiger Mönch instruiert.«

Sie instruierten, ohne dafür ernannt zu sein. Man meldete das dem Erhabenen. »Man soll nicht instruieren, ohne dafür ernannt zu sein. Wer so instruiert, ist einer Übertretung schuldig. Ich ordne an, ihr Mönche, daß ein dafür Ernannter instruiert. Und in folgender Weise, ihr Mönche, ist er zu ernennen. Entweder ernennt man sich selbst, oder einer ernennt den andern. Und wie ernennt man sich selbst? Ein geschickter und fähiger Mönch soll vor der Gemeinde erklären: ›Es höre mich, ihr Herren, die Gemeinde. Der N. N. begehrt als Schüler des ehrwürdigen N. N. die Ordination. Wenn es der Gemeinde zeitgemäß scheint, will ich den N. N. instruieren.‹ So ernennt man sich selbst. Und wie ernennt einer den andern? Ein geschickter und fähiger Mönch soll vor der Gemeinde erklären: ›Es höre mich, ihr Herren, die Gemeinde. Der N. N. begehrt als Schüler des ehrwürdigen N. N. die Ordination. Wenn es der Gemeinde zeitgemäß scheint, soll N. N. den N. N. instruieren.‹ So ernennt einer den andern.

Der ernannte Mönch nun soll zu dem zu Ordinierenden hingehen und folgendermaßen zu ihm sprechen: ›Hörst du mich, N. N.? Dies ist der Augenblick, wo du sagen mußt, wie es sich wahrhaft und wirklich verhält. Wenn ich vor der Gemeinde nach dem Sachverhalt frage, mußt du von dem, was ist, antworten: ›Es ist!‹, und von dem, was nicht ist, mußt du antworten: ›Es ist nicht!‹ Sei nicht verdutzt, gerate nicht in Verwirrung! Ich werde dich folgendermaßen fragen: ›Bist du mit einer der folgenden Krankheiten behaftet …‹ *folgt die Reihe der Fragen wie oben.*«

Sie kamen einzeln zur Gemeinde[1]. »Man soll nicht einzeln kommen. Der Instruierende soll zuerst kommen und soll vor der Gemeinde erklären: ›Es höre mich, ihr Herren, die Gemeinde. Der N. N. begehrt als Schüler des ehrwürdigen N. N. die Ordination. Er ist von mir instruiert. Wenn es der Gemeinde zeitgemäß scheint, soll N. N. herkommen.‹ Man sagt zu ihm: ›Komm her!‹ Dann befiehlt man ihm, die eine Schulter vom Obergewand zu entblößen, die Füße der Mönche zu verehren, niederzukauern und die zusammengelegten Hände zu erheben[2]. Dann soll er die Bitte um die Ordination aussprechen: ›Ich bitte die Gemeinde, ihr Herren, um die Ordination. Möge die Gemeinde, ihr Herren, mich der Welt entheben aus Erbarmen gegen mich. Und zum zweitenmal … Und zum drittenmal bitte ich die Gemeinde, ihr Herren, um die Ordination. Möge die Gemeinde, ihr Herren, mich der Welt entheben aus Erbarmen gegen mich.‹

Dann soll ein geschickter und fähiger Mönch vor der Gemeinde erklären: Es höre mich, ihr Herren, die Gemeinde. Der N. N. begehrt als Schüler des ehrwürdigen N. N. die Ordination. Wenn es der Gemeinde recht ist, will ich den N. N. über die Hindernisse fragen. Hörst du mich, N. N.? Dies ist der Augenblick, wo du sagen mußt, wie es sich wahrhaft und wirklich verhält. Ich frage dich nach dem Sachverhalt. Von dem, was ist, mußt du antworten: ›Es ist!‹, und von dem, was nicht ist, mußt du antworten: ›Es ist nicht!‹ Bist du mit einer der folgenden Krankheiten behaftet …?‹

Dann soll ein geschickter und fähiger Mönch vor der Gemeinde erklären: ›Es höre mich, ihr Herren, die Gemeinde. Der N. N. begehrt als Schüler des ehrwürdigen N. N. die Ordination. Er ist frei von den Hindernissen, Almosenschale und Gewänder sind vollständig vorhanden. Der N. N. bittet die Gemeinde um die Ordina-

1. Der Instruierende und der Instruierte kamen einzeln, wie es sich eben traf.

2. Man vergleiche die oben S. 61 mitgeteilten Bestimmungen für die niedere Ordination. Einzelnes von dem dort Vorgeschriebenen, wie das Scheren von Haar und Bart, fällt hier fort, da es eben schon vorher vollzogen ist.

tion mit dem N. N. als Lehrer. Wenn es der Gemeinde zeitgemäß scheint, möge die Gemeinde dem N. N. die Ordination erteilen mit dem N. N. als Lehrer. Dies ist die Erklärung des Antrages.

Es höre mich, ihr Herren, die Gemeinde*: (zunächst wie eben, aber statt: »Wenn es der Gemeinde zeitgemäß scheint« usw. wird fortgefahren:)* Die Gemeinde erteilt dem N. N. die Ordination mit dem N. N. als Lehrer. Wer unter den Ehrwürdigen der Ordination des N. N. mit dem N. N. als Lehrer zustimmt, der möge schweigen; wer nicht zustimmt, möge reden. Und zum zweitenmal sage ich ... Und zum drittenmal sage ich: ›Es höre mich ... der möge reden‹. Die Gemeinde hat dem N. N. mit dem N. N. als Lehrer die Ordination erteilt. Die Gemeinde stimmt zu, darum schweigt sie. So stelle ich es fest‹[1].

Dann soll man den Schatten messen[2], ihm sagen, welcher Punkt des Jahreszeitenlaufs und welcher Teil des Tageslaufs es ist, ihm die Formel (?) sagen[3] und ihm das vierfache ›Beruhen‹ erklären, nämlich ...

›Auf dem Genuß von Speisebissen beruht das weltentsagende Dasein. Dessen mußt du dich dein Leben lang befleißigen. Außergewöhnliche Vergünstigungen sind Mahle der Gemeinde gegeben, Mahle bestimmten Personen gegeben, Einladungen, Speisungen auf Marken, regelmäßige Speisungen im Halbmonat, am Fasttag, am Ersten des Halbmonats.

Auf dem Tragen von Gewändern, die aus aufgelesenen Lumpen verfertigt sind, beruht das weltentsagende Dasein. Dessen mußt du dich dein Leben lang befleißigen. Außergewöhnliche Vergünstigungen sind Leinwand, Baumwolle, Seide, Wollenstoffe, Hanfstoffe[4].

1. Dies ist das gewöhnliche Schema für Beschlußfassungen der Gemeinde: zuerst Ankündigung des Antrags, dann dreimaliges (bei geringeren Angelegenheiten einmaliges) Aussprechen des zu fassenden Beschlusses, wobei dann, wer nicht zustimmte, seinen Widerspruch zu erklären hatte.

2. Zur genauen Feststellung der Zeit.

3. Nach dem Kommentar: man soll ihm die einzelnen vorher erwähnten Daten zusammengenommen wiederholen, so daß er die Frage nach seinem von der Ordination an gerechneten geistlichen Alter richtig beantworten kann.

4. Für »Hanfstoffe« hat der Text zwei Worte, verschiedene Arten von Hanf bezeichnend.

Auf dem Wohnen am Fuß der Bäume beruht das weltentsagende Dasein. Dessen mußt du dich dein Leben lang befleißigen. Außergewöhnliche Vergünstigungen sind Mönchszellen, Addhayogas[1], Gebäude mit Stockwerken, Gebäude mit daraufgesetzten Gemächern, Höhlenbauten.

Auf faulendem Urin als Arzenei beruht das weltentsagende Dasein. Dessen mußt du dich dein Leben lang befleißigen. Außergewöhnliche Vergünstigungen sind Ghee (zerlassene Butter), frische Butter, Sesamöl, Honig, Zuckersirup.‹«

Zu der Zeit ließen die Mönche einen Mönch, den sie ordiniert hatten, allein und gingen davon. Wie der allein seines Weges ging, begegnete er seiner früheren Genossin[2]. Sie sprach zu ihm: »Hast du nun die Welt verlassen?« »Ja, ich habe die Welt verlassen.« »Für die Weltentsagenden ist Liebesgenuß schwer erlangbar. Komm, genieße mit mir die Liebe!« Er genoß mit ihr die Liebe und kam spät zurück. Die Mönche sagten zu ihm: »Warum kommst du so spät, Freund?« Da erzählte jener Mönch den Mönchen, was geschehen war. Die Mönche meldeten es dem Erhabenen. »Ich ordne an, ihr Mönche, dem Ordinierten einen Begleiter mitzugeben und ihm die vier Verbote mitzuteilen:

›Ein ordinierter Mönch darf nicht geschlechtlichen Verkehr pflegen bis herab zu solchem mit einem Tier. Ein Mönch, der geschlechtlichen Verkehr pflegt, ist kein Asket mehr, kein Jünger des Sakyasohnes. Gleichwie ein Mensch, dem das Haupt abgeschlagen ist, mit dem Rumpf nicht weiter leben kann, so ist auch ein Mönch, der geschlechtlichen Verkehr pflegt, kein Asket mehr, kein Jünger des Sakyasohnes. Das mußt du dein Leben lang meiden.

Ein ordinierter Mönch darf nicht, was man ihm nicht gibt, in diebischer Absicht nehmen bis herab zu einem Grashalm. Ein Mönch, der einen Pada[3] oder eines Pada Wert oder mehr als einen Pada in diebischer Absicht ungegeben nimmt, ist kein Asket

1. Nach dem Kommentar: »goldfarbige bengalische Häuser.« Auch im Übrigen folge ich hier dem Kommentar.

2. Seiner Gattin im weltlichen Leben.

3. Eine kleine Münze oder ein niedriges Metallgewicht.

mehr, kein Jünger des Sakyasohnes. Gleichwie ein dürres Blatt, das sich vom Stengel gelöst hat, nicht wieder grünen kann, so ist auch ein Mönch, der einen Pada oder eines Pada Wert oder mehr als einen Pada in diebischer Absicht ungegeben nimmt, kein Asket mehr, kein Jünger des Sakyasohnes. Das mußt du dein Leben lang meiden.

Ein ordinierter Mönch darf nicht wissentlich ein Wesen des Lebens berauben bis herab zu einem Wurm oder einer Ameise. Ein Mönch der wissentlich ein menschliches Wesen des Lebens beraubt bis herab zur Vernichtung einer Leibesfrucht, ist kein Asket mehr, kein Jünger des Sakyasohnes. Gleichwie ein großer Stein, den man in zwei Teile zerschlagen hat, nicht zu einem gemacht werden kann, so ist auch ein Mönch …

Ein ordinierter Mönch darf sich keiner übermenschlichen Vollkommenheit rühmen bis herab zu sagen: ›Gern verweile ich in leerem Gemach!‹ Ein Mönch, der sich in böser Absicht und aus Begehrlichkeit einer übermenschlichen Vollkommenheit fälschlich und unwahr rühmt, sei es ein Zustand der Versenkung oder der Befreiung oder der Konzentration oder der Erhebung oder des Pfades der Erlösung oder einer Frucht dieses Pfades, der ist kein Asket mehr, kein Jünger des Sakyasohnes. Gleichwie ein Palmbaum, dessen Krone man zerstört hat, nicht wieder wachsen kann, so ist auch ein Mönch …‹«

Die Beichtfeier

Als nun der Erhabene sich in Verborgenheit und Einsamkeit zurückgezogen hatte, erhob sich in seinem Geist dieser Gedanke: »Ich will anordnen, daß die Mönche die Vorschriften, die ich ihnen erteilt habe, als Beichtformel[1] vortragen. Das soll ihre Feier des Festtages[2] sein.« Am Abend aber, als der Erhabene sich aus der

1. Das sogenannte Patimokkha.
2. Es handelt sich um kein wirkliches Fasten, sondern um eine Feier, die auf die Fastenzeit der alten vedischen Kultur, Neumond und Vollmond, fiel.

Einsamkeit erhoben hatte, hielt er aus dieser Veranlassung und bei dieser Gelegenheit eine Lehrrede und sprach dann zu den Mönchen also:

»Als ich mich, ihr Mönche, in Verborgenheit und Einsamkeit zurückgezogen hatte, hat sich in meinem Geist dieser Gedanke erhoben: ›Ich will anordnen …‹ Ich ordne an, ihr Mönche, daß ihr die Beichtformel vortragt.

Und also, ihr Mönche, sollt ihr sie vortragen. Ein geschickter und fähiger Mönch soll vor der Gemeinde erklären: ›Es höre mich, ihr Herren, die Gemeinde. Heut ist Fasttag, der Fünfzehnte (des Halbmonats). Wenn es der Gemeinde zeitgemäß scheint, möge die Gemeinde die Feier des Fasttags halten, die Beichtformel vortragen lassen. Was muß die Gemeinde zuvor tun? Sprecht die Erklärung der Reinheit aus[1], ihr Ehrwürdigen. Ich werde die Beichtformel vortragen.‹ Die Anwesenden antworten: ›Wir alle, so viel wir hier sind, hören und bedenken sie wohl.‹ Der Vortragende fährt fort: ›Wer ein Vergehen begangen hat, möge es bekennen. Wo kein Vergehen ist, möge man schweigen. Aus eurem Schweigen werde ich entnehmen, daß ihr Ehrwürdigen rein seid. Wie ein einzelner Mensch, den man fragt, antwortet, so ist es bei einer solchen Versammlung, wenn die Frage dreimal gestellt ist. Ein Mönch, der auf dreimalige Frage ein Vergehen, das er begangen hat und dessen er sich erinnert, nicht bekennt, ist einer wissentlichen Lüge schuldig. Wissentliche Lüge aber ist von dem Erhabenen für ein Hindernis geistlichen Lebens erklärt worden. Deshalb soll ein Mönch, der etwas begangen hat, sich dessen erinnert und danach trachtet, davon rein zu werden, sein Vergehen bekennen. Denn was er bekennt, dessen wird er erleichtert werden.«

Die Beichtformel (Patimokkha) ist unter den auf die Gemeindeordnung bezüglichen Texten der älteste und gehört überhaupt zu den allerältesten Denkmälern der buddhistischen Literatur (vgl. oben die Einleitung). Die Vergehen, von denen man annahm, daß ein Mönch sie bege-

1. Wenn ein Mönch wegen Krankheit nicht erscheinen konnte, übersandte er durch einen andern die Erklärung seiner Reinheit von den in der Beichtformel aufgeführten Verschuldungen.

hen könne, wurden einzeln aufgezählt; voran die vier schwersten, entsprechend den bei der Ordination dem neu Aufgenommenen mitzuteilenden vier großen Verboten (oben S. 234 f.); die Verletzung einer dieser Ordnungen bedingte Ausstoßung aus der Gemeinde. Dann weiter nach absteigender Schwere. Alle diese Satzungen galten als von Buddha verkündet, ich gebe die Auswahl einiger Paragraphen:

»Welcher Mönch mit niedrigem Sinn, mit verderbten Gedanken ein Weib körperlich berührt, indem er ihre Hand faßt oder ihr Haar faßt oder den einen oder den andern Teil ihres Körpers berührt, wird von zeitweiser Degradation betroffen.

Ein Mönch, der Botschaften ausrichtet von einem Mann an ein Weib oder von einem Weib an einen Mann in Sachen einer Ehe oder einer Liebschaft, bis herab zum Verkehr mit einer Hure, wird von zeitweiser Degradation betroffen.

Wenn ein Mönch in Zorn und Bosheit, ohne sich von der Sache überzeugt zu haben, einen andern Mönch mit grundloser Beschuldigung einer Parajikasünde[1] verfolgt, in dem Gedanken, ihn von diesem heiligen Wandel abwendig zu machen, und dann zu späterer Zeit, mag man ihn darüber zur Rede stellen oder nicht zur Rede stellen, die Beschuldigung sich als unbegründet herausstellt und der Mönch seine Bosheit zugibt, so wird er von zeitweiser Degradation betroffen.

Wenn ein Mönch auf die Spaltung der einträchtigen Gemeinde hinarbeitet oder eine Angelegenheit, die zur Spaltung führen kann, in die Hand nimmt und bei ihr beharrt, so sollen die Mönche zu diesem Mönch also sprechen: ›Arbeite nicht, Ehrwürdiger, auf die Spaltung der einträchtigen Gemeinde hin, oder nimm nicht eine Angelegenheit, die zur Spaltung führen kann, in die Hand und beharre nicht dabei. Bewahre dir, Ehrwürdiger, Eintracht mit der Gemeinde, denn einträchtig, eines Sinnes, frei von Streit in gemeinsamer Verkündigung (der Beichtordnung) führt die Gemeinde ein schönes Leben.‹ Wenn der Mönch trotz solcher Rede der Mönche doch dabei beharrt,

1. Eine der vier schwersten Sünden.

so soll er von den Mönchen dreimal aufgefordert werden, davon abzulassen. Wenn er auf dreimalige Aufforderung davon abläßt, ist es gut. Wenn er nicht davon abläßt, wird er von zeitweiser Degradation betroffen.

Ein Mönch lebt in der Nähe eines Dorfes oder Fleckens als ein Verderber der Laienfamilien, von üblem Wandel. Seinen üblen Wandel sieht man und hört davon, und man sieht die von ihm verdorbenen Laienfamilien und hört von ihnen. Zu diesem Mönch sollen die Mönche also sprechen: ›Der Ehrwürdige ist ein Verderber der Laienfamilien, von üblem Wandel. Des Ehrwürdigen üblen Wandel sieht man und hört davon, und man sieht die von ihm verdorbenen Laienfamilien und hört von ihnen. Möge der Ehrwürdige diese Wohnstätte verlassen; lange genug hast du hier geweilt!‹ Wenn der Mönch nach solchen Worten der Mönche also zu den Mönchen spricht: ›In Begier handeln die Mönche, und aus Haß handeln die Mönche, und in Verblendung handeln die Mönche, und aus Furcht handeln die Mönche! Um eines solchen Vergehens willen vertreiben sie den einen, den andern aber vertreiben sie nicht‹: so sollen die Mönche jenem Mönch also antworten: ›Sprich nicht so, Ehrwürdiger! Die Mönche handeln nicht in Begier; die Mönche handeln nicht aus Haß; die Mönche handeln nicht in Verblendung, die Mönche handeln nicht aus Furcht! Aber der Ehrwürdige ist ein Verderber der Laienfamilien … und hört von ihnen. Möge der Ehrwürdige diese Wohnstätte verlassen; lange genug hast du hier geweilt!‹ Wenn der Mönch trotz solcher Rede der Mönche doch dabei beharrt, so soll er von den Mönchen dreimal aufgefordert werden, davon abzulassen. Wenn er auf dreimalige Aufforderung davon abläßt, ist es gut. Wenn er nicht davon abläßt, wird er von zeitweiser Degradation betroffen.

Ein Mönch, der einen ihm nicht verwandten Hausherrn oder eine Hausfrau um ein Gewand bittet außer zu rechter Zeit, muß sich dessen entäußern und ist der Buße schuldig. Rechte Zeit aber ist diese: ihm ist das Gewand geraubt oder sein Gewand ist vernichtet. Das ist in diesem Fall rechte Zeit.

Ein Mönch, der Gold oder Silber annimmt oder es für sich annehmen läßt oder zuläßt, daß es als Depositum für ihn verwahrt wird, muß sich dessen entäußern und ist der Buße schuldig.

Was die zum Genuß der kranken Mönche bestimmten Arzneien sind, nämlich Ghee, frische Butter, Sesamöl, Honig und Zuckersirup: wer von denen empfangen hat, mag sie genießen, indem er sie höchstens sieben Tage verwahrt. Wer dies überschreitet, muß sich dessen entäußern und ist der Buße schuldig.

Ein Mönch, welcher wissentlich eine der Gemeinde zugewandte Wohltat sich selbst zuwenden läßt, muß sich ihrer entäußern und ist der Buße schuldig.

Durch wissentliche Lüge wird man der Buße schuldig.

Durch Schmähreden wird man der Buße schuldig.

Durch Verleumdung eines Mönchs wird man der Buße schuldig.

Ein Mönch, der den Erdboden gräbt oder graben läßt, ist der Buße schuldig[1].

Ein Mönch, der in einem der Gemeinde gehörigen Klosterhaus wissentlich einem vorher dorthin gekommenen Mönch den Platz beengend sein Lager aufschlägt, indem er bei sich denkt: ›Wem es zu eng wird, kann fortgehen‹ – in eben dieser und in keiner andern Absicht, ist der Buße schuldig.

Ein Mönch, der in Zorn und Unfreundlichkeit einen andern Mönch aus einem der Gemeinde gehörigen Klosterhaus hinauswirft oder hinauswerfen läßt, ist der Buße schuldig.

Ein Mönch, der sich mit einer Nonne, nach getroffener Verabredung auf eine gemeinsame Wanderung macht, bis hinab zum Weg nach dem Dorf, außer zu rechter Zeit, ist der Buße schuldig. Rechte Zeit aber ist diese: es ist ein Weg, den man nur mit einer Karawane zurückzulegen hat; es ist ein als unsicher bekannter, gefährlicher Weg. Das ist in diesem Fall rechte Zeit.

1. Weil lebende Wesen dadurch gefährdet werden konnten, die allgemeine Meinung der Erde selbst Leben zuschrieb.

Ein Mönch, der zur Unzeit[1] feste oder flüssige Speise verzehrt oder genießt, ist der Buße schuldig.

Was da Speisen von auserwählter Beschaffenheit sind, nämlich Ghee, frische Butter, Sesamöl, Honig, Zuckersirup, Fisch, Fleisch, Milch, saure Milch: ein Mönch, der solche Speisen von auserwählter Beschaffenheit für sich selbst erbittet und sie genießt, sofern er nicht krank ist, ist der Buße schuldig.

Ein Mönch, der öfter als halbmonatlich badet außer zu rechter Zeit, ist der Buße schuldig. Rechte Zeit aber ist diese: die letzten anderthalb Monate des Sommers und der erste Monat der Regenzeit, diese zweiundeinhalb Monate sind die heiße Zeit und die Fieberzeit; ferner Zeit der Krankheit, Zeit auszuführender Arbeiten, Reisezeit, Zeit von Sturm und Regen. Das ist in diesem Fall rechte Zeit.

Ein Mönch, der wissentlich eine ordnungsmäßig erledigte Angelegenheit zu neuer Verhandlung wieder in Bewegung bringt, ist der Buße schuldig.

Ein Mönch, der sich wissentlich mit einer Räuberkarawane nach getroffener Verabredung auf gemeinsame Wanderung macht, bis hinab zum Weg nach dem Dorf, ist der Buße schuldig.

Wenn ein Mönch, dem die Mönche in irgend einer Sache ordnungsmäßige Vorstellungen machen, erwidert: ›Ich werde so lange nicht nach dieser Vorschrift leben, ihr Freunde, bis ich einen andern kundigen Mönch, einen Kenner der Gemeindeordnungen gefragt habe‹, ist er der Buße schuldig. Ein Mönch, ihr Mönche, der die geistlichen Übungen betreibt, soll erkennen, soll fragen, soll bei sich abwägen: das ist die rechte Ordnung.

Ein Mönch, der beim Vortrag der Beichtordnung also spricht: ›Was soll der Vortrag dieser Vorschriften, die so klein und kleiner als klein sind! Die können ja nur zu Gewissensbedenken und Überdruß und Quälerei führen‹, ist wegen Verunglimpfung der Vorschriften der Buße schuldig.

Ein Mönch, der in Zorn und Unfreundlichkeit einem andern Mönche einen Schlag gibt, ist der Buße schuldig.«

1. Wenn die Sonne die Mittagshöhe überschritten hat.

Die Regenzeit

Zu dieser Zeit verweilte der erhabene Buddha zu Rajagaha, im Veluvana, dem Kalandakanivapa. Zu dieser Zeit nun hatte der Erhabene den Mönchen noch nicht das ruhige Verweilen während der Regenzeit vorgeschrieben. Die Mönche wanderten ohne Unterschied im Winter und im Sommer und in der Regenzeit. Darüber waren die Leute unwillig, murrten und entrüsteten sich: »Wie können die Asketen, die dem Sakyasohn anhangen, im Winter und Sommer und in der Regenzeit wandern? Sie zertreten das grüne Gras, beschädigen lebende Wesen, die nur ein Sinnesorgan haben (Pflanzen), und bringen vielen kleinen Geschöpfen den Untergang. Jene Andersgläubigen, denen schlechte Lehre gepredigt ist, ziehen sich während der Regenzeit zurück und verweilen in Ruhe, und die Vögel bauen sich auf den Bäumen ihre Nester und ziehen sich während der Regenzeit zurück und verweilen in Ruhe: die Asketen aber, die dem Sakyasohn anhangen, wollen im Winter und Sommer und in der Regenzeit wandern und das grüne Gras zertreten und die lebenden Wesen, die nur ein Sinnesorgan haben, beschädigen und vielen kleinen Geschöpfen den Untergang bringen?«

Da hörten die Mönche, wie die Leute unwillig waren, murrten und sich entrüsteten. Und die Mönche meldeten es dem Erhabenen. Der Erhabene aber, nachdem er aus dieser Veranlassung und bei dieser Gelegenheit eine Lehrrede gehalten, sprach zu den Mönchen: »Ich schreibe euch vor, ihr Mönche, für die Regenzeit in Zurückgezogenheit einzutreten.«

Fromme Stiftungen

Zur (des Buddha) Seite sitzend aber sprach Visakha Migaramata zum Erhabenen also: »Herr, ich begehre acht Wünsche an den Erhabenen zu tun.« »Die Vollendeten, Visakha, sind darüber erhaben, Wünsche zu gewähren.« »Es ist zulässig und untadelhaft, was ich begehre, Herr.« »So sprich, Visakha!«

»Ich wünsche, Herr, mein Leben lang der Gemeinde Regengewänder zu reichen, den anwandernden Mönchen Nahrung zu reichen, den weiterwandernden Mönchen Nahrung zu reichen, den kranken Mönchen Nahrung zu reichen, den Mönchen, die Krankenpflege treiben, Nahrung zu reichen, den Kranken Arznei zu reichen, fortlaufende Spenden von Reisbrühe zu reichen, der Nonnengemeinde Badegewänder zu reichen.«

»Welche Absicht, Visakha, hast du im Auge, daß du an den Vollendeten diese acht Wünsche richtest?«

»Ich gab meiner Dienerin den Befehl, Herr: ›Geh doch in den Mönchsgarten und melde den Mönchen die Mahlzeit an: ›Es ist Zeit, ihr Herren, das Mahl ist bereit.‹‹ Da ging die Dienerin, Herr, in den Mönchsgarten und sah die Mönche, wie sie ihre Gewänder abgelegt hatten und sich den Leib beregnen ließen. Als sie das sah, dachte sie: ›In dem Garten sind keine Mönche. Da sind nur Ajivakas (nackte Asketen), die sich den Leib beregnen lassen.‹ Und sie kehrte zu mir um und sagte zu mir: ›In dem Garten, Herrin, sind keine Mönche. Da sind nur Ajivakas, die sich den Leib beregnen lassen.‹ Unrein, Herr, ist Nacktheit und widerwärtig. Dies habe ich im Auge, Herr, wenn ich der Gemeinde mein Leben lang Regengewänder zu reichen wünsche.

Und weiter, Herr, ein Mönch, der auf der Wanderung hier ankommt, kennt die Straßen nicht, weiß nicht, wo er Speise findet, und müde zieht er einher, Almosen zu sammeln. Wenn der die Nahrung genossen hat, die ich den anwandernden Mönchen reichen will, wird er kundig der Straßen, kundig der Stätten, wo er Speise findet, ohne Ermüdung Almosen sammeln gehen. Dies habe ich im Auge, Herr, wenn ich der Gemeinde mein Leben lang Nahrung für die anwandernden Mönche zu reichen wünsche.

Und weiter, Herr, ein weiterwandernder Mönch wird, wenn er sich selbst Nahrung zu suchen hat, hinter seiner Karawane zurückbleiben, oder wo er zu übernachten gedenkt, da wird er verspätet ankommen, und müde wird er seine Straße ziehen.

Wenn der die Nahrung genossen hat, die ich den weiterwandernden Mönchen reichen will, wird er nicht hinter seiner Karawane zurückbleiben; wo er zu übernachten gedenkt, wird er zur rechten Zeit ankommen, und ohne Ermüdung wird er seine Straße ziehen. Dies habe ich im Auge, Herr, wenn ich der Gemeinde mein Leben lang Nahrung für die weiterwandernden Mönche zu reichen wünsche.

Und weiter, Herr, wenn ein kranker Mönch die ihm zuträgliche Nahrung nicht erhält, wird seine Krankheit zunehmen, oder der Tod wird eintreten. Wenn der die Nahrung genossen hat, die ich dem Kranken reichen will, wird seine Krankheit nicht zunehmen, und der Tod wird nicht eintreten. Dies habe ich im Auge, Herr, wenn ich der Gemeinde mein Leben lang Nahrung für die kranken Mönche zu reichen wünsche.

Und weiter, Herr, ein Mönch, der die Kranken pflegt, wird, wenn er sich selbst die Nahrung suchen muß, dem Kranken Nahrung erst bringen, wenn die Sonne die Höhe überschritten hat, und wird Unterbrechung seiner Ernährung bewirken[1]. Wenn der die Nahrung genossen hat, die ich den Krankenpflegern reichen will, wird er dem Kranken zur rechten Zeit Nahrung bringen und keine Unterbrechung seiner Emährung bewirken. Dies habe ich im Auge, Herr, wenn ich der Gemeinde mein Leben lang Nahrung für die Krankenpfleger zu reichen wünsche.

Und weiter, Herr, wenn ein kranker Mönch die ihm zuträglichen Arzneien nicht erhält, wird seine Krankheit zunehmen, oder der Tod wird eintreten. Wenn der die Arzneien zu sich nimmt, die ich dem Kranken reichen will, wird seine Krankheit nicht zunehmen, und der Tod wird nicht eintreten. Dies habe ich im Auge, Herr, wenn ich der Gemeinde mein Leben lang Arznei für die Kranken reichen will.

Und weiter, Herr, hat der Erhabene, als er zu Andhakavinda weilte, den Genuß von Reisbrühe in Anbetracht der zehn Vorzüge, die er an dieser erkannte, gestattet. Im Hinblick auf diese Vor-

1. Da man am Nachmittag nicht mehr essen durfte.

züge, Herr, wünsche ich mein Leben lang der Gemeinde fortlaufende Spenden von Reisbrühe zu reichen.

Es hat sich begeben, Herr, daß die Nonnen im Fluß Aciravati[1] an demselben Badeplatz mit Huren zusammen nackt badeten. Da redeten, Herr, die Huren spöttisch zu den Nonnen: ›Was soll es denn, edle Herrinnen, daß ihr jung, wie ihr seid, solch ein heiliges Leben führt? Soll man sich denn nicht der Lüste freuen? Wenn ihr alt seid, könnt ihr immer noch in Heiligkeit wandeln: so erreicht ihr das eine und das andere Ziel.‹ Als die Nonnen, Herr, diese Spottreden der Huren hörten, wurden sie verstimmt. Unrein, Herr, ist Nacktheit bei einem Weib, ekelerregend und widerwärtig. Dies habe ich im Auge, Herr, wenn ich der Nonnengemeinde mein Leben lang Regengewänder zu reichen wünsche.«

»Und nach welchem Preis, Visakha, trachtest du, wenn du an den Vollendeten diese acht Wünsche richtest?«

»Da werden, Herr, die Mönche, die in allen Himmelsgegenden die Regenzeit verlebt haben, nach Savatthi kommen, den Erhabenen zu sehen. Und sie werden zum Erhabenen gehen und werden fragen: ›Der und der Mönch, Herr, ist aus dem Leben geschieden. Welchen Weg ist der im Jenseits gegangen?‹ Dann wird der Erhabene offenbaren, daß jener die Frucht des in die Bahn Gelangten oder die Frucht des Einmalwiederkehrenden oder die Frucht des Nichtwiederkehrenden oder die Frucht der Heiligkeit erreicht hat. Dann werde ich zu jenen Mönchen gehen und werde fragen: ›Ist jener edle Herr einst je nach Savatthi gekommen, ihr Herren?‹ Wenn sie mir dann antworten: ›Allerdings ist jener Mönch nach Savatthi gekommen‹, so werde ich dann dessen gewiß sein: ohne Zweifel hat jener Edle hier ein Regengewand benutzt oder die Nahrung der anwandernden Mönche genossen oder die Nahrung der weiterwandernden oder der Kranken oder der Krankenpfleger oder die Arznei der Kranken oder die fortlaufenden Spenden von Reisbrühe. Wenn ich

1. An dem Savatthi lag. Die heutige Rapti.

daran denke, wird sich in mir angenehme Empfindung erheben, aus dieser angenehmen Empfindung wird Befriedigung entstehen; wenn mein Sinn voll Befriedigung ist, wird mein Körper von Ruhe erfüllt werden; mit ruheerfülltem Körper werde ich Freude empfinden, wenn ich Freude empfinde, wird mein Inneres sich sammeln; so wird sich mir Übung meiner Organe, Übung meiner Kräfte, Übung in den (sieben) Gliedern der Erleuchtung ergeben. Nach diesem Preis, Herr, trachte ich, wenn ich an den Vollendeten diese acht Wünsche richte.«

»Schön, schön, Visakha! Es ist schön, Visakha, daß du nach diesem Preis trachtest und an den Vollendeten diese acht Wünsche richtest! Ich gewähre dir, Visakha, die acht Wünsche.«

Da lobte der Erhabene die Visakha Migaramata mit diesem Spruch:

»Die Speis' und Trank spendet voll edler Freudigkeit,
Des Heiligen Jüngerin, reich an Tugenden,
Die sonder Neid Gaben um Himmelslohn gibt,
Die Schmerzen stillt, Freude zu bringen stets bedacht,

Erlangt himmlischen Lebens Los,
Den lichten Pfad wandelnd, den sündentnommenen.
Von Schmerzen frei, fröhlich genießt gar lange sie
Der Guttat Lohn droben im sel'gen Himmelreich.«

Mit diesem Spruch lobte der Erhabene die Visakha Miragaramata, stand von seinem Sitz auf und ging von dannen.

Der Erhabene aber, nachdem er aus dieser Veranlassung und bei dieser Gelegenheit eine Lehrrede gehalten, sprach zu den Mönchen: »Ich gestatte, ihr Mönche, Regengewänder, Nahrungsspende für die anwandernden Mönche, Nahrungsspende für die weiterwandernden Mönche, Nahrungsspende für die Kranken, Nahrungsspende für die Krankenpfleger, Arzneispende für die Kranken, fortlaufende Spenden von Reisbrühe, Regengewänder für die Nonnengemeinde.«

Der Besitz von Gold und Silber ist den Mönchen verboten

Zu der Zeit verweilte der erhabene Buddha zu Rajagaha, im Veluvana, dem Kalandakanivapa.

Zu der Zeit nun war der ehrwürdige Upananda, ein Sohn des Sakyageschlechts, regelmäßiger Besucher eines Hauses in Rajagaha und erhielt dort stehend sein Mahl. Was man in jenem Haus von Speise hatte, von fester oder von flüssiger, davon wurde für den ehrwürdigen Upananda, den Sohn des Sakyageschlechts, ein Teil aufgehoben.

Zu der Zeit nun hatte man in jenem Haus einmal abends Fleisch; davon hatte man für den ehrwürdigen Upananda, den Sohn des Sakyageschlechts, seinen Anteil aufgehoben. Des Nachts aber, gegen die Zeit der Morgenröte, stand ein Kind jenes Hauses auf und fing an zu weinen: »Gebt mir Fleisch!« Da sagte der Mann zu seiner Gattin: »Gib dem Kind doch den Anteil des geistlichen Herrn. Wir können ja anderes Fleisch einkaufen und dem geistlichen Herrn geben!«

Der ehrwürdige Upananda aber, der Sohn des Sakyageschlechts, kleidete sich am Morgen an, nahm Almosenschale und Obergewand, ging zu jenem Haus und setzte sich dort auf den Sitz nieder, der da bereitet war. Und der Mann ging zum ehrwürdigen Upananda, dem Sohn des Sakyageschlechts, brachte ihm seinen ehrfurchtsvollen Gruß und setzte sich zur Seite nieder.

Und zur Seite dasitzend sprach der Mann zum ehrwürdigen Upananda, dem Sohn des Sakyageschlechts: »Gestern abend, Herr, hatten wir Fleisch; davon war für den Herrn ein Teil aufgehoben. Aber des Nachts, gegen die Zeit der Morgenröte, stand das Kind auf und fing an zu weinen: ›Gebt mir Fleisch!‹ Da haben wir den Anteil des Herrn dem Kind gegeben. Hier aber ist ein Kahapana[1] Herr. Was sollen wir Euch dafür kaufen?«

»Ist der Kahapana für mich bestimmt, Freund?«

»Ja, Herr, er ist für Euch bestimmt.«

1. Eine kleine Münze.

»So gib den Kahapana mir, Freund!«

Da gab der Mann dem ehrwürdigen Upananda, dem Sohn des Sakyageschlechts, den Kahapana. Und er war unwillig, murrte und entrüstete sich: »Wie wir Geld annehmen, ganz ebenso nehmen auch diese Asketen, die dem Sakyasohn anhangen, Geld an!«

Da hörten die Mönche, wie jener Mann unwillig war, murrte und sich entrüstete ... Und die Mönche meldeten es dem Erhabenen. »Ist es wahr, Upananda, daß du Geld angenommen hast?« »Es ist wahr, Erhabener.« Der erhabene Buddha tadelte ihn: »Wie kannst du törichter Mensch Geld annehmen! Das kann nicht dazu wirken, daß die Unbekehrten bekehrt werden ... Und also, ihr Mönche, sollt ihr meine Vorschrift vortragen:

Ein Mönch, der Gold oder Silber annimmt oder es für sich annehmen läßt oder zuläßt, daß es als Depositum für ihn verwahrt wird, muß sich dessen entäußern und ist der Buße schuldig« *vgl. in der Beichtformel, oben S. 239.*

Die Gründung des Nonnenordens

Zu der Zeit weilte der erhabene Buddha im Land der Sakyas, zu Kapilavatthu, im Nigrodhagarten. Mahapajapati Gotami[1] aber ging zum Erhabenen hin, brachte dem Erhabenen ihren ehrfurchtsvollen Gruß und trat zur Seite hin. Und zur Seite dastehend sprach Mahapajapati Gotami zum Erhabenen also: »Ich bitte dich, Herr, laß es den Weibern gewährt sein, nach der vom Vollendeten verkündeten Lehre und Ordnung die Welt zu verlassen und sich der Heimatlosigkeit zuzuwenden!« »Nicht also, Gotami! Richte deinen Wunsch nicht darauf, daß Weiber nach der vom Vollendeten verkündeten Lehre und Ordnung die Welt verlassen und sich der Heimatlosigkeit zuwenden!« Zum zweitenmal ... zum drittenmal ... *dieselbe Bitte und dieselbe Abweisung.* Da sah Mahapajapati Gotami, daß der Erhabene es den Weibern nicht

1. Die Schwester der früh verstorbenen Mutter des Buddha, Pflegerin des Kindes.

gewährte, nach der vom Vollendeten verkündeten Lehre und Ordnung die Welt zu verlassen und sich der Heimatlosigkeit zuzuwenden; und betrübt, bekümmert, Tränen in den Augen, weinend brachte sie dem Erhabenen ihren ehrfurchtsvollen Gruß, umwandelte ihn rechtshin und ging von dannen.

Der Erhabene aber verweilte in Kapilavatthu solange es ihm gefiel und machte sich dann auf den Weg nach Vesali. Von Ort zu Ort wandernd, kam er nach Vesali. Da verweilte der Erhabene zu Vesali, im Mahavana (»dem großen Hain«), in der Kutagarasala (»dem Zimmer des Hauses mit dem Dachpavillon«). Mahapajapati Gotami aber ließ sich das Haar scheren, legte gelbe Gewänder an[1] und machte sich mit vielen Sakyafrauen auf den Weg nach Vesali. Von Ort zu Ort wandernd, kam sie nach Vesali, zum Mahavana, der Kutagarasala. Da stellte sich Mahapajapati Gotami mit geschwollenen Füßen, mit staubbedecktem Körper, betrübt, bekümmert, Tränen in den Augen, weinend draußen am Vorbau der Tür hin. Da sah der ehrwürdige Ananda, wie Mahapajapati Gotami mit geschwollenen Füßen ... am Vorbau der Tür stand. Als er sie sah, sprach er zu ihr: »Warum, Gotami, stehst du mit geschwollenen Füßen? ...« »Weil der Erhabene, Herr Ananda, den Weibern nicht gewährt ...« »So warte hier eine Weile, Gotami, daß ich den Erhabenen bitte, den Weibern zu gewähren ...«

Da ging der ehrwürdige Ananda zum Erhabenen ... und sprach zum Erhabenen also: »Dort steht Mahapajapati Gotami, Herr, mit geschwollenen Füßen ... draußen am Vorbau der Tür, weil der Erhabene den Weibern nicht gewährt ... Ich bitte dich, Herr, laß es den Weibern gewährt sein ...« *Bitte und dreimalige Abweisung wie oben.*

Da sagte der ehrwürdige Ananda zu sich: »Der Erhabene gewährt den Weibern nicht ... So will ich auf andre Weise den Erhabenen darum bitten, den Weibern zu gewähren ...« Und der ehrwürdige Ananda sprach zum Erhabenen also: »Ist ein Weib, Herr, wohl imstande, wenn es nach der vom Vollendeten

1. Sie erschien also im Aufzug der buddhistischen Mönche.

verkündeten Lehre und Ordnung die Welt verlassen und sich der Heimatlosigkeit zugewandt hat, die Frucht des ›in die Bahn Gelangten‹ oder des Einmalwiederkehrenden oder des Nichtwiederkehrenden oder die Heiligkeit[1] zu erwerben?« »Allerdings, Ananda, ist ein Weib imstande …« »Wenn nun, Herr, ein Weib imstande ist …, so hat ja doch, Herr, diese Mahapajapati Gotami sich hochverdient gemacht – sie, des Erhabenen Mutterschwester, hat für ihn gesorgt und ihn gepflegt, ihn mit Milch genährt, hat den Erhabenen nach dem Hingang seiner Mutter an ihrer Brust trinken lassen: ich bitte dich, Herr, laß den Weibern gewährt sein …«

»Wenn, Ananda, Mahapajapati Gotami die acht schweren Ordnungen annehmen will, so soll dies ihre Ordination als Nonne sein.

Eine Nonne, wenn sie auch seit hundert Jahren ordiniert ist, muß vor jedem Mönch, wenn er auch erst an diesem Tag ordiniert ist, die ehrfurchtsvolle Begrüßung vollziehen, vor ihm aufstehen, die Hände zusammenlegen, ihn nach Gebühr ehren. Diese Ordnung soll sie achten, hoch halten, heilig halten, ehren und ihr Leben lang nicht übertreten.

Eine Nonne darf in keinem Distrikt, in dem nicht Mönche weilen, die Regenzeit zubringen. Auch diese Ordnung …

Halbmonatlich haben die Nonnen sich an die Mönchsgemeinde um zweier Dinge willen zu wenden: wegen Anweisung über die Beichtfeier und wegen ihres Hingehens zur Predigt (des heiligen Worts)[2]. Auch diese Ordnung …

Nach beendeter Regenzeit haben die Nonnen an die beiderseitige Gemeinde[3] die dreifache Einladung[4] zu richten: (sie der Schuld zu zeihen) wenn man etwas gesehen hat oder gehört hat oder Verdacht gegen sie hat. Auch diese Ordnung …

1. Die vier Stufen der Annäherung an die Heiligkeit bzw. ihrer Erreichung.

2. Die Nonnen begaben sich halbmonatlich zu einem dafür bestellten Mönch, der ihnen Lehre und Ermahnung zu erteilen hatte.

3. Die Mönchs- und Nonnengemeinde.

4. Die Mönche bzw. Nonnen, die die Regenzeit gemeinsam verbracht hatten, richteten aneinander die »Einladung«, sie einer Schuld zu zeihen, wenn man ein Vergehen gesehen oder davon gehört oder Verdacht darauf hatte.

Eine Nonne, die ein schweres Vergehen begangen hat, muß sich der beiderseitigen Gemeinde gegenüber einer halbmonatlichen Bußdisziplin unterwerfen. Auch diese Ordnung …

Die Ordination ist von der beiderseitigen Gemeinde erst nachzusuchen, wenn die Kandidatin während einer zweijährigen Vorbereitungszeit in den sechs Ordnungen[1] gelebt hat. Auch diese Ordnung …

Auf keine Weise darf eine Nonne einen Mönch schmähen oder schelten. Auch diese Ordnung …

Von heute an ist den Nonnen der Pfad der Rede den Mönchen gegenüber verschlossen[2]. Nicht aber ist den Mönchen der Pfad der Rede den Nonnen gegenüber verschlossen. Auch diese Ordnung …

Wenn Ananda, Mahapajapati Gotami diese acht schweren Ordnungen annehmen will, so soll dies ihre Ordination als Nonne sein.«

Auf Anandas Frage erklärt Mahapajapati Gotami sich mit Freuden dazu bereit:

»Wie, Herr Ananda, ein Weib oder ein Mann, zart und jung, der Schmuck liebt, mit gewaschenem Haupt, einen Lotuskranz oder Jasminkranz oder einen Kranz von Atimuktablüten nimmt, ihn mit beiden Händen faßt und ihn sich hoch aufs Haupt setzt, so nehme ich, Herr Ananda, diese acht schweren Ordnungen an, um sie mein Leben lang nicht zu übertreten.«

Da ging der ehrwürdige Ananda zum Erhabenen … und sprach zum Erhabenen also: »Mahapajapati Gotami, Herr, hat die acht schweren Ordnungen angenommen. Des Erhabenen Mutterschwester hat die Ordination empfangen.«

»Wäre es den Weibern, Ananda, nicht gewährt, nach der vom Vollendeten verkündeten Lehre und Ordnung die Welt zu verlassen und sich der Heimatlosigkeit zuzuwenden, würde dieser hei-

1. Enthaltung von Tötung lebender Wesen, von Diebstahl, Unkeuschheit, Lüge, geistigen Getränken und Genuß eines Mahls zur Unzeit.

2. Daß die Nonne zum Mönch überhaupt nicht reden darf, ist nicht gemeint. Aber sie darf ihm nicht ein Vergehen vorhalten u. dgl.

lige Wandel lange bestehen bleiben; tausend Jahr würde die wahre Lehre bestehen. Da aber, Ananda, ein Weib ... die Welt verlassen und sich der Heimatlosigkeit zugewandt hat, wird dieser heilige Wandel, Ananda, nicht lange bestehen bleiben; nur fünfhundert Jahre wird die wahre Lehre bestehen.

Wie den Häusern, Ananda, in denen viele Weiber sind und wenige Männer, leicht Schaden geschehen kann durch Räuber und Einbrecher, so bleibt auch, wenn es in einer Lehre und Ordnung den Weihern gewährt wird ... solcher heilige Wandel nicht lange bestehen.

Wie wenn ein schön gedeihendes Reisfeld, Ananda, von der Krankheit befallen wird, die man Mehltau nennt – dann besteht dieses Reisfeld nicht lange: so bleibt auch ...

Wie eine schön gedeihende Zuckerpflanzung, Ananda, von der Krankheit befallen wird, die man die rote Krankheit nennt dann besteht ...

Wie ein Mann, Ananda, bei einem großen See, um Gefahren vorzubeugen, einen Damm baut, so daß das Wasser nicht darüber hinausfließen kann, so habe ich, Ananda, um vorzubeugen, den Nonnen die acht schweren Ordnungen gesetzt, die sie ihr Leben lang nicht überschreiten dürfen.«

Derselbe Vorgang, der oben *S. 142 f.* *als zwischen Mara und der Nonne Vajira spielend berichtet ist, vollzieht sich auch zwischen Mara und der Nonne Soma. Nur die Dialogverse sind andere:*

Mara
Was die Weisen allein fassen,
Das Ziel, das schwer erreichbar ist,
Der Weiber Zweifingerverstand[1]
Hat das zu fassen nicht die Kraft.

1. Die Frauen fassen die Reiskörner mit zwei Fingern, um zu fühlen, ob sie gar gekocht sind.

Soma
Was kann's schaden, daß ich Weib bin,
Wenn nur mein Geist sich recht versenkt,
Wenn des Wissens Besitz mein ist
Und kund mir ist der Wahrheit Wort?

Ohnmächtig ward der Lust Lockung.
Die Finsternis zerrissen ist.
So sollst du wissen denn,
Böser: Besiegt bist du, o Todesfürst!

Mara verschwindet unmutig.

Die Pflichten von Mönchen und Laien

Der Text ist, von den ersten Sätzen abgesehen, metrisch. Mit Rücksicht auf den Charakter seines Inhalts ist doch in der Übersetzung ausnahmsweise auf metrische Form verzichtet worden.

Also habe ich gehört.

Einstmals verweilte der Erhabene zu Savatthi, im Jetavana, dem Garten des Anathapindika. Da kam Dhammika, der Laiengläubige, zusammen mit fünf Hunderten von Laiengläubigen zum Erhabenen, brachte ihm seinen ehrfurchtsvollen Gruß und setzte sich zur Seite nieder. Und zur Seite sitzend, sprach Dhammika, der Laiengläubige, zum Erhabenen diese Sprüche:

»Ich frage dich, weisheitsreicher Gotama: wie lebt ein Jünger richtig – einer der vom Haus in die Heimatlosigkeit geht, oder die Laienjunger, die im Haus leben.

Denn du kennst Weg und Ziel der Welt samt den Göttern. Keiner weiß gleich dir auch das Feinste zu erschauen. Dich nennt man ja den herrlichen Buddha.

Alle Erkenntnis klar bemeisternd, verkündigst du die Lehre, der Wesen dich erbarmend. Du hast die Hülle aufgetan, allhin Schauender. Fleckenlos erglänzt du im Weltall.

Zu dir ist der König der Schlangen gekommen, Evavana mit Namen, weil er gehört hatte, daß du der Jina (›Sieger‹) bist. Er hat mit dir geredet und sein Ziel erreicht. ›Schön‹, hat er erfreut gesprochen, als er dich gehört.

Auch König Kuvera Vessavana[1] kam zu dir, dich nach der Lehre zu befragen. Auch seine Fragen hast du beantwortet, Weiser. Auch er war erfreut, als er dich gehört.

Alle jene Irrgläubigen, die redegewandten, Ajivakas oder auch Niganthas[2]: sie überholen dich nicht mit ihrer Weisheit, so wenig wie der, der stillsteht, einen schnell Gehenden.

Alle jene Brahmanen, die redegewandten, und was es von alten Brahmanen gibt: dir gegenüber fahren sie sich alle fest mit ihren Lehren, und so auch alle andern, die sich redegewaltig dünken.

Denn diese Lehre ist fein und freudenreich, die von dir, Erhabener, schön verkündigt wird. Dich allein begehren alle zu hören. Du antworte unsern Fragen, herrlichster Buddha.

Alle Mönche und auch die Laienjünger, die hier versammelt sitzen, dich zu hören: sie mögen die Lehre hören, die der Fleckenlose erkannt hat, wie die Götter das schöne Wort Vasavas (Indras) vernehmen.«

Buddha spricht

»Hört mich, ihr Mönche; ich verkündige euch die Lehre, die die Sünden entfernt; haltet sie alle fest: den Wandel, der sich für Weltentsagende ziemt. In ihm lebe, wer zum Heil hinschaut, der Gedankenreiche.

Nie soll der Mönch zur Unzeit[3] ausgehen. Zur rechten Zeit soll er ins Dorf gehen nach Almosen. Dem, der zur Unzeit geht, heftet Haften sich an. Darum gehen die Buddhas nie zu unrechter Zeit.

Sichtbares und Töne, Geschmack und Geruch, Berührungen, die die Wesen berauschen: die Lust an all dem lasse er fahren, und zu rechter Zeit gehe er hin zum Frühmahl.

1. Einer der vier göttlichen Welthüter, Gott der Reichtümer.
2. Die Niganthas sind die jetzigen Jainas.
3. Wenn die Mittagsstunde vorüber ist.

Wenn der Mönch Nahrungsspenden zur rechten Zeit empfangen hat, kehre er allein um und setze sich in Verborgenheit nieder. Er denke an das, was sein eigenes Selbst angeht, und lasse die Gedanken nicht nach außen schweifen, sein ganzes Wesen im Zaume haltend.

Wenn er mit einem Jünger spricht oder mit irgendeinem andern oder mit einem Mönch, soll er von der erhabenen Lehre reden, nicht Verleumdung oder üble Nachrede wider andre.

Denn Manche lieben es Streitreden zu führen; die loben wir nicht, die Kurzsichtigen. Von hier und von dort heftet Haften sich ihnen an, denn sie lassen ihre Gedanken in die Ferne schweifen.

Der Speise und der Wohnung, des Lagers und Sitzes, des Wassers, das des Kleides Unreinheit entfernt, walte mit Überlegung der Jünger des Hochweisen, nachdem er die Lehre, die der Wohlwandelnde predigt, vernommen hat.

Darum von Speise und von Lager und Sitz, von Wasser, das des Kleides Unreinheit entfernt: von all dem bleibt der Mönch unberührt, wie der Wassertropfen nicht am Lotusblatt haftet.

Nun will ich euch die Ordnungen derer verkünden, die im häuslichen Leben verbleiben, wie ein Jünger richtig wandelt.

Denn wen sein Hauswesen umgibt, für den ist die volle Pflicht der Mönche unerfüllbar.

Er töte kein lebendes Wesen und lasse nicht töten, und wenn andere töten wollen, lasse er es nicht zu. Den Stab, mit dem man schlägt, lege er nieder gegen alle Wesen, gegen alles, was feststeht und was sich bewegt in der Welt.

Weiter hüte sich der Jünger vor fremdem Gut, was es auch sei und wo es auch sei, daß er es wahrnimmt. Er lasse niemanden es nehmen; wo einer es nimmt, lasse er es nicht zu. Vor allem fremdem Gut hüte er sich.

Vor Unkeuschheit nehme er sich in acht, wie ein Verständiger vor brennender Kohlenglut. Vermag er die Keuschheit nicht zu wahren, so berühre er doch keines andern Weib.

Wenn er im Gerichtshof oder in der Versammlung weilt, soll nie einer gegen den andern Lügen reden oder reden lassen oder gestatten, daß andere lügen. Jede Unwahrheit soll er meiden.

Berauschenden Trank genieße er nicht: zu dieser Ordnung bekenne sich, wer im Haus lebt. Und er lasse nicht trinken, und gestatte nicht, daß man trinkt. In Geistesverwirrung endet das, so soll er wissen.

Denn im Rausch tun die Toren Böses und machen, daß auch andere Berauschte Böses tun. Diese Stätte der Sünde meide er, die den Geist verwirrt und Betörung bringt, geliebt von den Toren.

Kein lebendes Wesen töte er; er nehme nicht fremdes Gut; er rede nicht die Unwahrheit; er trinke keinen Rauschtrank; der Unkeuschheit entsage er, der geschlechtlichen Lust; und nachts, zur unrechten Zeit genieße er keine Speise.

Er trage keinen Kranz und entsage Wohlgerüchen; auf dem Bett oder auf dem Erdboden liege er auf ausgebreiteter Decke[1]: dies nennt man die achtfache Fastenfeier, wie sie Buddha verkündet hat, er, der zu des Leidens Ende durchgedrungen ist.

Dann feiere er die halbmonatliche Festzeit am vierzehnten oder fünfzehnten und am achten Tag des Halbmonats und die Extrafestzeiten fröhlichen Sinnes, in allen acht Teilen[2] in schöner Vollendung.

Dann soll am Morgen, nachdem er die Festfeier begangen, der Verständige fröhlichen Herzens und freudig der Mönchsgemeinde Speise und Trank austeilen, wie sich's gebührt.

Vater und Mutter soll er erhalten, wie die Pflicht gebietet. Rechtlichen Handel möge er treiben. Wer solch häusliches Leben führt, frei von Leichtsinn, geht zu den Göttern ein, die man die Selbststrahlenden heißt.«

1. Nicht auf weichem, üppigem Lager.
2. Mit den acht soeben angegebenen Observanzen.

Mönche und Laien: ihr gegenseitiges Verhältnis

»Großen Nutzen, ihr Mönche, bringen euch die Brahmanen und Bürger, die euch zur Seite stehen mit dem, was ihr bedürft: Mönchsgewänder, Speise, Lager und Sitz, Arzneien, wenn ihr krank seid. Und wiederum bringt ihr, ihr Mönche, den Brahmanen und Bürgern großen Nutzen, wenn ihr ihnen die Lehre predigt, die am Anfang herrlich, in der Mitte herrlich, am Ende herrlich ist, im Geist und nach dem Buchstaben, ihnen den vollen und ganzen reinen heiligen Wandel verkündigt. So beruht, ihr Mönche, beider Teile heiliger Wandel gegenseitig aufeinander, daß man über die Fluten hinüberkommen, allem Leiden ein Ende machen möge.

Weltbewohner und Weltflücht'ge,
Diese mit jenen fest vereint,
Führen zum Ziel die Heilslehre,
Höchsten Strebens und Friedens Werk.

Von Weltleuten die Weltflücht'gen
Empfangen Wohnstatt und Gewand,
Was des Lebens Bedarf fordert,
Was Not hinwegtreibt und Gefahr.

Doch im Namen des Hochheil'gen
Bringt den Glauben der Mönche Schar
Den Haushältern, den hausfrohen;
Edle Vertiefung üben sie.

Hier auf Erden gerecht wandelnd
Beschreiten sie des Heiles Pfad.
Drauf in der Himmelswelt selig
Alle Freuden genießen sie.«

Die Laienfrau, wie sie sein soll

Einstmals verweilte der Erhabene im Land der Bhaggas, zu Sumsumaragira, im Bhesakalawald, dem Tierpark.

Zu der Zeit war der Bürger Nakulavater krank, leidend, von schwerer Krankheit heimgesucht. Da sprach seine Hausfrau, die Nakulamutter, zu Nakulavater, dem Bürger:

»Geh nicht in Sorgen hin, mein Bürgersmann. Traurig, mein Bürgersmann, ist eines Sorgengequälten Hingang, und der Erhabene hat es getadelt, wenn man hingeht von Sorgen gequält. Solltest du vielleicht also denken, mein Bürgersmann: ›Meine Hausfrau, die Nakulamutter, wird nach meinem Hinscheiden nicht imstande sein, die Kinder zu ernähren und das Hauswesen aufrechtzuerhalten?‹ So mußt du nicht denken, mein Bürgersmann. Ich bin geschickt darin, Baumwolle zu spinnen und Wolle zu kämmen. Ich vermag sehr wohl nach deinem Hinscheiden die Kinder zu ernähren und das Hauswesen aufrechtzuerhalten. Darum, mein Bürgersmann, geh nicht in Sorgen hin. Traurig, mein Bürgersmann, ist eines Sorgengequälten Hingang, und der Erhabene hat es getadelt, wenn man hingeht von Sorgen gequält.

Oder solltest du also denken, mein Bürgersmann: ›Meine Hausfrau, die Nakulamutter, wird nach meinem Hinscheiden in ein andres Haus gehen[1]?‹ So mußt du nicht denken, mein Bürgersmann. Du weißt ja so gut wie ich, daß wir beide durch sechzehn Jahre in unsrer Ehe Keuschheit geübt haben. Darum, mein Bürgersmann, geh nicht in Sorgen hin …

Oder solltest du also denken, mein Bürgersmann: ›Meine Hausfrau, die Nakulamutter, wird nach meinem Hinscheiden sich nicht darum kümmern, den Erhabenen zu sehen und die Gemeinde der Mönche zu sehen?‹ So mußt du nicht denken, mein Bürgersmann. Nach deinem Hingang, mein Bürgersmann, werde ich nur noch eifriger darin sein, daß ich nach dem Anblick

1. Gemeint wird sein, daß sie sich wiederverheiraten wird. Witwenehe gilt zwar als durchaus verwerflich, ist aber tatsächlich nicht ausgeschlossen.

des Erhabenen und der Jüngergemeinde strebe. Darum, mein Bürgersmann, geh nicht in Sorgen hin …

Oder solltest du also denken, mein Bürgersmann: ›Meine Hausfrau, die Nakulamutter, wird nach meinem Hinscheiden nicht genau darin sein, alle Ordnungen der Tugend zu erfüllen?‹ So mußt du nicht denken, mein Bürgersmann. Zur Zahl der Jüngerinnen des Erhabenen, die in häuslichem Leben, im weißen Gewand, alle Ordnungen der Tugend erfüllen, gehöre auch ich. Und wen irgendwo ein Zweifel oder eine Ungewißheit überkommt: Er der erhabene, heilige, höchste Buddha weilt ja im Land der Bhaggas, zu Sumsumaragira, im Bhesakalawald, dem Tierpark. An Ihn den Erhabenen kann man sich wenden und ihn fragen. Darum, mein Bürgersmann, geh nicht in Sorgen hin …

Oder solltest du also denken, mein Bürgersmann: ›Meine Hausfrau, die Nakulamutter, wird in ihrem Herzen keinen Frieden finden?‹ So mußt du nicht denken, mein Bürgersmann. Zur Zahl der Jüngerinnen des Erhabenen, die im häuslichen Leben, im weißen Gewand[1] den inneren Frieden gefunden haben, gehöre auch ich. Und wen irgendwo ein Zweifel oder eine Ungewißheit überkommt: Er der erhabene, heilige, höchste Buddha weilt ja im Land der Bhaggas, zu Sumsumaragira, im Bhesakalawald, dem Tierpark. An Ihn den Erhabenen kann man sich wenden und ihn fragen. Darum, mein Bürgersmann, geh nicht in Sorgen hin …

Oder solltest du also denken, mein Bürgersmann: ›Meine Hausfrau, die Nakulamutter, hat in dieser Lehre und in dieser Ordnung nicht festen Grund und Boden unter sich, sie hat nicht vollen Verlaß darauf, hat nicht allen Zweifel überwunden, ist nicht dem Schwanken entnommen, nicht der vollen Kundigkeit teilhaft und von jedem andern unabhängig in bezug auf die Lehre des Meisters?‹ So mußt du nicht denken, mein Bürgersmann. Zur Zahl der Jüngerinnen des Erhabenen, die in häuslichem Leben, im weißen Gewand festen Grund und Boden unter sich haben in

1. D. h. als Laienfrauen.

dieser Lehre und in dieser Ordnung, die vollen Verlaß darauf haben, allen Zweifel überwunden haben, dem Schwanken entnommen sind, der vollen Kundigkeit teilhaft und von jedem andern unabhängig sind in bezug auf die Lehre des Meisters, gehöre auch ich. Und wen irgendwo ein Zweifel oder eine Ungewißheit überkommt: Er der erhabene, heilige, höchste Buddha weilt ja im Land der Bhaggas, zu Sumsumaragira, im Bhesakalawald, dem Tierpark. An Ihn den Erhabenen kann man sich wenden und ihn fragen. Darum, mein Bürgersmann, geh nicht in Sorgen hin. Traurig, mein Bürgersmann, ist eines Sorgengequälten Hingang, und der Erhabene hat es getadelt, wenn man hingeht von Sorgen gequält.«

Als nun dem Bürger Nakulavater seine Hausfrau, die Nakulamutter, solchen Zuspruch gespendet hatte, ließ alsbald seine Krankheit nach; der Bürger Nakulavater stand auf von seiner Krankheit, und so war die Krankheit des Bürgers Nakulavater überwunden.

Und wie er von seiner Krankheit aufgestanden war, nicht lange Zeit nachdem er aufgestanden war, ging der Bürger Nakulavater auf seinen Stab gestützt zum Erhabenen, brachte ihm seinen ehrfurchtsvollen Gruß und setzte sich an seiner Seite nieder. Wie er an seiner Seite saß, sprach der Erhabene zum Bürger Nakulavater also:

»Ein Glück für dich, mein Bürgersmann, ein hohes Glück für dich, mein Bürgersmann, daß du die Bürgersfrau Nakulamutter hast, die mitzufühlen weiß und auf das beste bedacht ist, die Zuspruch und Belehrung zu spenden versteht. Zur Zahl meiner Jüngerinnen, die in häuslichem Leben, im weißen Gewand alle Ordnungen der Tugend erfüllen, gehört auch die Bürgersfrau Nakulamutter. Und zur Zahl meiner Jüngerinnen, die in häuslichem Leben, im weißen Gewand den inneren Frieden gefunden haben, gehört auch die Bürgersfrau Nakulamutter. Und zur Zahl meiner Jüngerinnen, die in häuslichem Leben, im weißen Gewand festen Grund und Boden unter sich haben in dieser Lehre und in dieser Ordnung, die vollen Verlaß darauf haben, allen Zweifel überwunden haben, dem Schwanken entnommen sind, der vollen Kundigkeit teilhaft und von jedem andern unabhängig sind in bezug auf die Lehre des Meisters, gehört auch die Bürgersfrau Nakulamutter. Ein Glück für dich, mein Bürgersmann, ein hohes Glück für dich, mein Bürgersmann, daß du die Bürgersfrau Nakulamutter hast, die mitzufühlen weiß und auf das beste bedacht ist, die Zuspruch und Belehrung zu spenden versteht.«

Selbstliebe und Schonung der anderen

Also habe ich gehört.

Einstmals verweilte der Erhabene zu Savatthi, im Jetavana, dem Garten des Anathapindika.

Zu der Zeit nun hielt sich der Kosalakönig Pasenadi mit der Königin Mallika auf dem Söller seines herrlichen Palastes auf. Der Kosalakönig Pasenadi aber sprach zur Königin Mallika: »Ist dir, Mallika, wohl irgend ein andrer lieber als dein eignes Selbst?« »Kein andrer, großer König, ist mir lieber als mein eignes Selbst. Und ist dir, großer König, irgend ein andrer lieber als dein eignes Selbst?« »Auch mir, Mallika, ist kein andrer lieber als mein eignes Selbst.«

Der Kosalakönig Pasenadi aber stieg von seinem Palast herab und ging zum Erhabenen.

Er erzählt dem Buddha sein Gespräch mit der Königin.

Solches bedenkend, tat der Erhabene zu der Zeit den Ausruf:

»Mit seinem Geist hat er Nord, Süd, Ost, West durchforscht,
Nichts Lieberes hat er gefunden als sein Selbst.
So liebt sein eigen Selbst ein jeder andre auch.
Tu andern drum kein Leid, der du dich selber liebst!«

Von Sittlichkeit und rechtem Benehmen im gesellschaftlichen und Familienleben

Also habe ich gehört.

Einstmals verweilte der Erhabene zu Rajagaha im Veluvana (»Bambuspark«), im Kalandakanivapa (»Futterplatz der Eichhörnchen«).

Zu der Zeit war Singalaka (»Schakal«), ein Bürgerssohn, früh aufgestanden, aus Rajagaha hinausgewandert und brachte mit nassen Gewändern und nassem Haar, die Hände zusammenlegend, jeder einzelnen Himmelsgegend seine Verehrung dar: der östlichen Gegend, der südlichen Gegend, der westlichen Gegend, der nördlichen Gegend[1], der unteren Gegend, der oberen Gegend.

Der Erhabene aber kleidete sich des Morgens an, nahm Almosenschale und Obergewand und ging nach Rajagaha hinein, Almosen zu sammeln. Da sah der Erhabene den Bürgerssohn Singalaka, der früh aufgestanden … *wie oben*. Als er so den Bürgerssohn Singalaka sah, sprach er zu ihm:

»Warum, lieber Bürgerssohn, bist du früh aufgestanden …?«

»Mein Vater hat bei seinem Tod zu mir gesagt: ›Kind, bringe den Himmelsgegenden deine Verehrung dar!‹ Dies Wort meines Vaters, Herr, halte ich hoch und wert, achte und ehre ich: darum bin ich früh aufgestanden …«

»Dies ist aber nicht die Weise, lieber Bürgerssohn, wie man in der Ordnung des Edlen (d. h. des Buddha) den sechs Himmelsgegenden seine Verehrung zu bringen hat.«

»Wie hat man denn, Herr, in der Ordnung des Edlen den sechs Himmelsgegenden seine Verehrung zu bringen? Wohlan, Herr, möge der Erhabene mir darüber Lehre erteilen, wie man in der Ordnung des Edlen der sechs Himmelsgegenden seine Verehrung bringen soll.«

»So höre zu, lieber Bürgerssohn, und beherzige es wohl. Ich will es dir sagen.«

1. Also der Reihe nach dem Lauf der Sonne von Morgen bis Mitternacht entsprechend.

»Ja, Herr« – so sagte der Bürgerssohn Singalaka dem Erhabenen zu. Der Erhabene aber redete also:

»Wenn ein edler Jünger, mein lieber Bürgerssohn, die vier Sünden, die sein Tun beflecken, von sich abgetan hat, wenn er in vier Beziehungen sich von böser Tat frei hält, wenn er die sechs abwärts führenden Bahnen der Genüsse nicht betritt: so ist er damit vierzehn Übeln entronnen; er breitet Schutz über die sechs Himmelsgegenden; er schreitet zur Ersiegung beider Welten vor; diese Welt hat er gewonnen und jene Welt; er geht, wenn sein Leib zerbricht, jenseits des Todes den Heilsweg und kommt in den Himmel[1].

»Welche vier Sünden nun, die sein Tun beflecken, hat er von sich abgetan? Die Tötung lebender Wesen, mein Bürgerssohn, ist eine Sünde, die sein Tun befleckt. Fremdes Eigentum nehmen … ausschweifendes Leben … Lüge ist eine Sünde, die sein Tun befleckt. Diese vier Sünden, die sein Tun beflecken, hat er von sich abgetan.«

So sprach der Erhabene. Als so der Wohlwandelnde geredet hatte, sprach der Meister weiter also:

»Töten, fremden Besitz nehmen
Und reden lügnerisches Wort,
Mit Weibern andrer Lust pflegen:
Solches loben die Weisen nicht.

Und in welchen vier Beziehungen hält er sich von böser Tat frei? Den Abweg der Begier wandelnd, begeht er böse Tat. Den Abweg des Hasses … den Abweg der Verblendung … den Abweg der Furcht wandelnd, begeht er böse Tat. Indem aber, mein Bürgerssohn, ein edler Jünger nicht den Abweg der Begierde … des Hasses der Verblendung … der Furcht wandelt, hält er sich in diesen vier Beziehungen von böser Tat frei.«

1. Man sieht hier die alte indische, auch im Buddhismus höchst lebendige Neigung zum Zählen der Dinge und Begriffe. So führt bekanntlich ein wichtigstes philosophisches System Indiens den Namen Sankhya, d. h. die von der Zahl beherrschte Lehre.

So sprach der Erhabene. Als so der Wohlwandelnde geredet hatte, sprach der Meister weiter also:

»Wer aus Begier, Haß, Furcht, Wirrsinn
Die rechte Ordnung übertritt,
Mehr und mehr dessen Ehr' abnimmt,
Wie bei schwindendem Licht der Mond.

Wer nicht aus Gier, Haß, Furcht, Wirrsinn
Die rechte Ordnung übertritt,
Mehr und mehr dessen Ehr zunimmt,
Wie bei wachsendem Licht der Mond.

Und welche sechs abwärts führenden Bahnen der Genüsse vermeidet er zu betreten? Sich gehen lassen im Genuß berauschender Getränke, von Branntwein und Arrak: das ist, mein Bürgerssohn, eine abwärts führende Bahn der Genüsse. Sich zu später Stunde auf den Gassen herumtreiben … Festversammlungen besuchen … sich gehen lassen im Spiel … schlechten Freundschaften sich hingeben … der Trägheit sich hingeben: das ist eine abwärts führende Bahn der Genüsse.

Sechsfacher Schaden erwächst, mein Bürgerssohn, dem der sich im Genuß berauschender Getränke, von Branntwein und Arrak gehen läßt: unmittelbar sichtbare Schädigung des Besitzes; Zunahme von Zank und Streit; ein Herd von Krankheiten bildet sich; es erhebt sich übler Ruf; man entblößt sich ungeziemend; der Verstand schwächt sich – das ist das sechste. Dieser sechsfache Schaden …

Sechsfacher Schaden erwächst, mein Bürgerssohn, dem der sich zu später Stunde auf den Gassen herumtreibt: die eigene Person bleibt ohne Schutz und Schirm; sein Weib und Kind bleibt ohne Schutz und Schirm; sein Vermögen bleibt ohne Schutz und Schirm; bei übeln Anlässen kommt er in Verdacht; unwahres Gerede gegen ihn findet Gehör; von vielem Schmerzbringenden ist er umgeben. Dieser sechsfache Schaden …

Sechsfacher Schaden erwächst, mein Bürgerssohn, aus dem Besuch von Festversammlungen. Da heißt es: Wo gibt es Tanz? Wo gibt es Gesang? Wo gibt es Musik? Wo werden Geschichten erzählt? Wo wird mit den Händen der Takt geklatscht (?)? Wo wird die Trommel gerührt? Dieser sechsfache Schaden …

Sechsfacher Schaden erwächst, mein Bürgerssohn, dem der sich im Spiel gehen läßt: wer gewinnt, erweckt sich Feinde; wer verliert, hat Kummer; unmittelbar sichtbare Schädigung des Besitzes entsteht; in den Versammlungen, oder vor Gericht, gilt seine Rede nichts; von Freunden und Hausgenossen wird er verachtet; für Ehe und Hochzeit wird er nicht geschätzt; ein Mann, der Spieler ist, vermag sein Weib nicht zu ernähren. Dieser sechsfache Schaden[1] …

Sechsfacher Schaden erwächst, mein Bürgerssohn, dem der sich schlechten Freundschaften hingibt: die Spieler, die Säufer, die Durstigen, die Schufte, die Schwindler, die Gewalttäter, die sind seine Freunde und Genossen. Dieser sechsfache Schaden …

»Sechsfacher Schaden erwächst, mein Bürgerssohn, dem der sich der Trägheit hingibt. ›Es ist zu kalt‹, sagt er und tut seine Arbeit nicht. ›Es ist zu heiß‹ … ›Es ist zu spät‹ … ›Es ist zu früh‹ … ›Ich bin zu hungrig‹ … ›Ich bin zu satt‹, sagt er und tut seine Arbeit nicht. Indem er seinen Pflichten gegenüber so viele Vorwände macht, kann er noch unerworbenen Reichtum nicht erwerben, und sein schon erworbener Reichtum geht zugrunde. Dieser sechsfache Schaden …

Diese vier Arten, mein Bürgerssohn, von Freunden und lieben Genossen soll man kennen. Einen Wohltäter soll man als Freund und lieben Genossen erkennen. Den der Freude und Leid mit einem teilt … den der Heilsames zu einem spricht … den Mitfühlenden soll man als Freund und lieben Genossen erkennen.

An vier Dingen, mein Bürgerssohn, soll man den Wohltäter als Freund und lieben Genossen erkennen. Den Leichtsinnigen

1. Der Verfasser hat sich hier (und ähnlich noch einmal im folgenden) verzählt; nicht sechs, sondern sieben Punkte werden angeführt.

schützt er; das Vermögen des Leichtsinnigen schützt er; dem Furchtsamen ist er eine Zuflucht; wenn es Mühe und Arbeit gibt, tut er ihm doppelt so viel zugute. An diesen vier Dingen …

An vier Dingen, mein Bürgerssohn, soll man den, der Freude und Leid mit einem teilt, als Freund und lieben Genossen erkennen. Geheimnisse teilt er ihm mit; (des Freundes) eigne Geheimnisse behütet er; in Not verläßt er ihn nicht; selbst sein Leben setzt er für ihn aufs Spiel. An diesen vier Dingen …

An vier Dingen, mein Bürgerssohn, soll man den, der Heilsames zu einem spricht, als Freund und lieben Genossen erkennen. Er hält den Freund von Bösem zurück; er hält ihn zum Guten an; Ungehörtes macht er ihn hören[1]; er zeigt ihm den Weg zum Himmel. An diesen vier Dingen …

An vier Dingen, mein Bürgerssohn, soll man den Mitfühlenden als Freund und lieben Genossen erkennen. An seinem Übelergehen freut er sich nicht; an seinem Wohlergehen freut er sich; wer schlecht von ihm spricht, dem wehrt er; wer gut von ihm spricht, den lobt er. An diesen vier Dingen …«

So sprach der Erhabene. Als so der Wohlwandelnde geredet hatte, sprach der Meister weiter also:

»Der sich beweist als Wohltäter,
Der Freundschaft hält in Freud' und Leid,
Der heilbringendes Wort redet,
Der erfüllt ist von Mitgefühl:

Die vier als viererlei Freunde
Soll man kennen mit klugem Sinn
Und mit Eifer sie werthalten
Wie die Mutter den eignen Sohn.

Wer klug ist, sittenrein wandelt,
Erglänzt flammendem Feuer gleich.

1. Es sind wohl nicht beliebige Mitteilungen gemeint, sondern Lehre, die der Inder ja durch Hören aufnimmt.

Sammelt er wohlbedacht Habe
Allzeit mit bienenhaftem Tun[1],
So nimmt zu die Besitzfülle,
Wie der Ameisen Bau sich hebt.

Also Reichtümer anhäufend
Des Hauses Herr, der treffliche,
Vierfach seinen Besitz teile,
Knüpfend manch festes Freundschaftsband.

Ein Teil mög' ihm Genuß spenden;
Mit zweien treib' er sein Geschäft;
Für die Zukunft als Notpfennig
Soll er sparen den letzten Teil.

Und wie breitet, mein Bürgerssohn, ein edler Jünger Schutz über die sechs Himmelsgegenden? Als die sechs Himmelsgegenden, mein Bürgerssohn, muß man dies verstehen: unter der östlichen Himmelsgegend verstehe man Mutter und Vater; unter der südlichen Himmelsgegend verstehe man die Lehrer, unter der westlichen Himmelsgegend verstehe man Weib und Kind; unter der nördlichen Himmelsgegend verstehe man Freunde und Hausgenossen; unter der unteren Himmelsgegend (dem Nadir) verstehe man Sklaven- und Dienergesinde; unter der oberen Himmelsgegend (dem Zenit) verstehe man Asketen und Brahmanen.

Auf fünferlei Weise, mein Bürgerssohn, soll ein Sohn dem Osten, Mutter und Vater, seine Verehrung bringen. ›Sie haben für mich gesorgt, so will ich für sie sorgen. Ihre Arbeit will ich tun. Das Geschlecht will ich fortsetzen. Ihre Erbschaft will ich antreten. Nach ihrem Tod und Hinscheiden will ich ihnen die Totenspende darbringen.‹ Wenn ein Sohn so auf fünferlei Weise dem Osten, Mutter und Vater, seine Verehrung bringt, so tun auch sie

1. Es ist wohl nicht an Bienenfleiß gedacht, sondern daran, daß die Biene der Blüte den Honig zu entnehmen weiß, ohne sie zu schädigen.

dem Sohn Gutes auf fünferlei Weise: sie halten ihn vom Bösen zurück; sie halten ihn zum Guten an; sie lassen ihn eine Kunst lernen; sie verheiraten ihn mit einer passenden Gattin; sie übergeben ihm zur rechten Zeit das Erbe. Wenn ein Sohn so auf fünferlei Weise ... so tun auch sie so dem Sohn Gutes auf fünferlei Weise. So ist für ihn über die östliche Himmelsgegend Schutz gebreitet; sie ist für ihn sicher und frei von Gefahr.

Auf fünferlei Weise, mein Bürgerssohn, soll ein Schüler dem Süden, den Lehrern, seine Verehrung bringen: durch frühes Aufstehen, durch ehrfurchtsvollen Gruß, durch Gehorsam, durch Dienstleistungen, durch eifriges Erlernen der Kunst. Wenn ein Schüler so auf fünferlei Weise dem Süden, den Lehrern, seine Verehrung bringt, so tun auch sie den Schülern Gutes auf fünferlei Weise: gute Unterweisung lassen sie ihm angedeihen; daß er gut auffaßt, tragen sie Sorge, den ganzen Lernstoff der Kunst teilen sie ihm mit; ihren Freunden und Hausgenossen machen sie ihn bekannt, nach allen Himmelsgegenden vollziehen sie die Schutzriten für ihn. Wenn ein Schüler so ...

Auf fünferlei Weise, mein Bürgerssohn, soll ein Gatte dem Westen, der Gattin, seine Verehrung bringen: indem er sie ehrt; indem er sie nicht verunehrt; indem er Übertretungen[1] meidet; indem er seine Herrschaft milde ausübt; indem er sie mit Schmuck ausstattet. *Andererseits die Gattin:* Sie sorgt gut für die häuslichen Arbeiten; sie hat das Gesinde gut in der Hand; sie meidet (eheliche) Übertretungen; sie behütet das Besitztum, sie ist geschickt und eifrig in aller Arbeit. Wenn ein Gatte so ...

Auf fünferlei Weise, mein Bürgerssohn, soll der Spross edlen Geschlechts dem Norden, den Freunden und Hausgenossen, seine Verehrung bringen: durch Gaben, durch freundliche Rede, durch nützliches Tun, indem er sie wie sich selbst betrachtet, indem er ihnen sein Wort hält. *Andererseits die Freunde und Hausgenossen:* Den Leichtsinnigen schützen sie, das Vermögen des Leichtsinnigen schützen sie dem Furchtsamen sind sie eine

1. Es scheinen insbesondere solche geschlechtlicher Art gemeint zu sein.

Zuflucht, in Not verlassen sie ihn nicht; auch seine späte Nachkommenschaft noch ehren sie. Wenn ein Spross edlen Geschlechts so …

Auf fünferlei Weise, mein Bürgerssohn, soll der Herr der unteren Himmelsgegend, den Sklaven und Dienern, seine Verehrung bringen: indem er ihnen nach ihren Kräften Arbeit zuweist; indem er ihnen Lohn und Kost gewährt; indem er in Krankheit für sie sorgt, indem er ihnen mitteilt, was er von ungewöhnlich wertvollen Essenzen besitzt (?), indem er zur rechten Zeit Milde walten läßt. *Andererseits die Diener:* Sie stehen auf vor ihm: sie legen sich nieder nach ihm; sie nehmen nur was ihnen gegeben wird; sie tun gut ihre Arbeit; sorgen für ihres Herrn Ehre und Ansehen. Wenn ein Herr so …

Auf fünferlei Weise, mein Bürgerssohn, soll der Spross edlen Geschlechts der oberen Himmelsgegend, den Asketen und Brahmanen, seine Verehrung bringen: durch Freundlichkeit in Werken, durch Freundlichkeit in Worten, durch Freundlichkeit in Gedanken, seine Tür ihnen nicht verschließend, die Dinge, deren sie bedürfen, ihnen spendend. *Andererseits die Asketen und Brahmanen:* Sie halten ihn vom Bösen zurück; sie halten ihn zum Guten an; liebevollen Sinnes fühlen sie mit ihm; Ungehörtes machen sie ihn hören; sein Wissen um das Gehörte läutern sie; sie zeigen ihm den Weg zum Himmel. Wenn ein Spross edlen Geschlechts so …«

Singalaka nimmt des Buddha Belehrung mit Freuden an und erklärt sich mit den stehenden Formeln als Laiengläubigen.

Auf die Auffassung der Sittengebote werfen auch einige Sätze Licht, in denen davon die Rede ist, was die öffentliche Meinung dem Buddha nachrühmt.

»Töten lebender Wesen meidet der Asket Gotama; des Tötens lebender Wesen enthält er sich; er hat den Stock von sich getan; er scheut sich (andern wehzutun); von Mitleid, von mitfühlender Sorge um aller Lebewesen Bestes ist er erfüllt …

Fremden Besitz zu nehmen meidet der Asket Gotama; des Nehmens von fremdem Besitz enthält er sich; er nimmt nur was man ihm gibt, wartet ab ob man ihm gibt; von Diebsgelüsten frei, rein ist seine Seele …

Unkeuschheit meidet der Asket Gotama; er lebt in Keuschheit, zurückhaltend, entsagend der Fleischeslust, wie die rohe Welt sie übt …

Lügnerische Rede meidet der Asket Gotama; lügnerischer Rede enthält er sich. Er redet die Wahrheit, hält an der Abrede, ist gewiß, vertrauenswert, hält den Leuten sein Wort …

Verleumderische Rede meidet der Asket Gotama; verleumderischer Rede enthält er sich. Was er hier gehört hat, sagt er nicht dort wieder um den einen Zwietracht zu bringen; was er dort gehört hat, sagt er nicht hier wieder um den andern Zwietracht zu bringen. So ist er der Entzweiten Vereiner, der Vereinten Förderer in ihrer Einigkeit, an Eintracht sich ergötzend, der Eintracht sich freuend, an Eintracht seine Lust findend, des eintrachtschaffenden Wortes Sprecher …

Harte Rede meidet der Asket Gotama; harter Rede enthält er sich. Unschuldige Rede, angenehm zu hören, liebreich, zu Herzen gehend, höflich, Vielen lieb, Vielen angenehm: solcher Rede Redner ist er …

Geschwätz meidet der Asket Gotama; des Geschwätzes enthält er sich. Er redet zur rechten Zeit; wie es ist, so redet er; wie es Nutzen bringt, redet er; von der Lehre redet er; von der Ordnung redet er; Worte spricht er, in denen Schätze ruhen (?), zur rechten Zeit, wohl begründet, wohl umgrenzt, an Gehalt reich …«

Rechtes und unrechtes Tun

Einzelne Versgruppen und Verse

Jegliche böse Tat meiden,
Sich hinwenden zur rechten Tat,
Zur Reinheit seinen Sinn läutern:
Aller Buddhas Gebot ist dies.

*

Wer aus der Ferne heimkehrend
Wohlbehalten im Haus erscheint
Nach langer Zeit, den grüßt freudig
Der Freunde und Verwandten Schar.

So den Menschen, der recht handelt,
Empfangen in der Himmelswelt
Seine eigenen Guttaten
Wie Verwandte den lieben Freund.

*

»Geschlagen und geschmäht bitter,
Gepeinigt hat er mich, beraubt«:
Die das in ihrem Sinn hatten,
Finden der Feindschaft Ende nicht.

»Geschlagen und geschmäht bitter,
Gepeinigt hat er mich, beraubt«:
Die darauf nicht den Sinn richten,
Finden der Feindschaft Ende bald.

Denn nicht durch Feindschaft wird Feindschaft
Zu End' auf Erden je geführt.
Durch Nichtfeindschaft zur Ruh' kommt sie:
Dies ist das ewige Gesetz.

*

Ein altes, tiefes Wort ist es;
Nicht stammt es erst von heute her:
Man tadelt den, der stumm dasitzt,
Man tadelt den, der vieles spricht,
Auch den, der mäßig spricht, schilt man:
Dem Tadel kann man nicht entgehn.

DRITTER TEIL

FABELN
UND ANDERE
ERZÄHLUNGEN
(JATAKAS)

JATAKAS

Erzählungen aus früheren Geburten des Buddha

Für die nachfolgenden Jatakas sei an die Bemerkung erinnert, daß hier nur die in die Prosa eingelegten Verse alter, kanonischer Text sind; die Prosa dagegen ist Werk eines Kommentators, der wohl um das 5. Jahrhundert n. Chr. in Ceylon arbeitete. Den Haupterzählungen gehen jedesmal einleitende Erzählungen voran: Begebenheiten aus der Gegenwart des Buddha, die ihm den Anlaß zur Erzählung der entsprechenden vergangenen Begebenheiten geboten haben. Die Vergangenheitsgeschichten sind im Ganzen das weitaus Wichtigere. In vielen Fällen haben sie unzweifelhaft schon bestanden, ehe sich der Buddhismus ihrer bemächtigte und sie in den Rahmen seines Jatakaschemas hineinspannte. Doch insofern diese Erzählungen Bestandteile der buddhistischen Literatur sind, bilden auch die Gegenwartsgeschichten ein wesentliches Element des Ganzen.

Ich habe in einem Fall (S. 296) zur Veranschaulichung des Verhältnisses, die Gegenwartsgeschichte mit übersetzt; sonst habe ich sie fortgelassen.

Der Stilunterschied zwischen der Prosa dieser Erzählungen und der altertümlich feierlichen der kanonischen Texte wird auch in der Übersetzung dem Leser in die Augen fallen.

Der vorsichtige Affe

In alten Zeiten war dies Gehölz[1] ein wilder Wald. Und in diesem Lotusteich hier wohnte ein Nix; der fraß alle auf, die zum Teich hinabstiegen. Damals nun war der Bodhisatta ein Affenkönig, so groß wie das Junge einer roten Gazelle. Umgeben von achtzigtausend Affen wohnte er in jenem Wald und herrschte über seine Herde. Er ermahnte aber die Affenschar und sprach zu ihnen:

1. Buddha erzählt die Geschichte in einem Gehölz im Kosalaland.

»Meine Lieben, in diesem Wald gibt es Giftbäume und Teiche, die von bösen Wesen bewohnt sind. Wollt ihr Früchte irgend welcher Art essen, die ihr nicht kennt, und Wasser trinken, von dem ihr noch nicht getrunken habt, müßt ihr zuvor mich fragen.« Die versprachen das zutun. Und eines Tages kamen sie in eine unbekannte Gegend. Da gingen sie den Tag über umher, und wie sie nach Trinkwasser suchten, sahen sie einen Lotusteich. Aber sie tranken nicht vom Wasser, sondern setzten sich hin und warteten, bis der Bodhisatta käme. Als der kam, sagte er: »Warum trinkt ihr das Wasser nicht, meine Lieben?« »Wir haben auf Euer Kommen gewartet.« »Das ist schön von euch«, sagte der Bodhisatta, ging um den Teich und untersuchte die Fußspuren, die dort waren. Da sah er, daß die alle hinabgingen und keine heraufkam. So erkannte er, daß da unzweifelhaft ein böser Unhold wohnen mußte, und sagte: »Ihr habt recht getan vom Wasser nicht zu trinken; hier wohnt ein böser Unhold.« Als nun der Nix merkte, daß sie nicht zum Wasser herabstiegen, kam er, das Wasser zerteilend hervor, mit blauem Bauch, weißem Gesicht, hochroten Händen und Füßen, scheußlich anzusehen, und sprach: »Was sitzt ihr da? Kommt doch herunter und trinkt Wasser?« Der Bodhisatta aber fragte ihn: »Bist du der Nix, der hier wohnt?« »Ja, der bin ich«, antwortete er. »Ergreifst du die, die in den Lotusteich hinabsteigen?« »Ja, das tue ich. Ich lasse niemanden los, der hierher kommt, bis herab zum kleinsten Vögelchen, und euch alle werde ich fressen.« »Wir werden uns schon von dir nicht fressen lassen!« »Werdet ihr denn Wasser trinken?« »Gewiß, Wasser werden wir trinken, aber in deine Gewalt kommen werden wir nicht.« »Wie wollt ihr es denn machen das Wasser zu trinken?« »Du meinst wohl, daß wir zum Trinken hinabsteigen werden. Wir werden aber, ohne hinabzusteigen, alle achtzigtausend jeder einen Rohrstamm nehmen und aus deinem Teich trinken, wie wenn man mit einem hohlen Lotusstengel Wasser trinkt: so wirst du uns nicht fressen können.« Indem der Meister hieran zurückdachte, sprach er später nach Erlangung der Buddhaschaft die beiden ersten Zeilen dieser Strophe[1]:

»Man sieht die Spur hinabgehen;
Hinaufgehn sieht man keine Spur.
Wir werden mit dem Rohr trinken,
So droht von dir uns nicht der Tod.«

So sprach der Bodhisatta, ließ sich einen Rohrstamm bringen, überdachte die Vollkommenheiten[2], vollzog eine Beschwörung und blies mit seinem Mund in das Rohr. Da wurde das Rohr in seinem Innern überall ganz hohl, und auch nicht ein einziger Knoten blieb zurück. Hätte er nun auf diese Weise sich immer mehr Rohr bringen lassen, hineingeblasen und es den Affen gegeben, so wäre er nie fertig geworden: darum muß man es sich so nicht vorstellen. Sondern der Bodhisatta befahl, daß jedes um den Teich herum wachsende Rohr eine lange Röhre bilden sollte. Infolge der Großartigkeit des segensreichen Wandels der Bodhisattas gehen solche Befehle von ihnen in Erfüllung. Von da an also bildete alles Rohr, das um jenen Teich herum wuchs, lange Röhren …

Als der Bodhisatta dies Wunder getan hatte, nahm er ein Rohr und setzte sich nieder. Und auch die achtzigtausend Affen nahmen je eines und setzten sich rund um den Teich. Und als der Bodhisatta das Wasser durch das Rohr aufzog und trank, tranken auch sie alle am Ufer sitzend. Als sie so getrunken hatten, ging der Nix, unzufrieden, daß er keinen hatte fressen können, in seine Behausung. Der Bodhisatta aber mit seinem Gefolge ging in den Wald hinein.

1. Die beiden letzten Zeilen sind natürlich Worte des Affen oder der Affenschar, und der ursprünglichen Absicht nach unzweifelhaft auch die beiden ersten. Den Späteren schienen diese eine erzählende Konstatierung des Sachverhalts in sich zu schließen, die sie vorzogen, dem erzählenden Buddha selbst zuzuschreiben.
2. Er denkt an die zehn Vollkommenheiten, deren Erwerb zur Laufbahn eines Bodhisatta gehört. Die dann folgende Beschwörung wird so vorzustellen sein, daß er, so wahr er jene Vollkommenheiten betätigt hat, die Verwirklichung des und des Sachverhalts befiehlt.

Die Affen dilettieren als Gärtner

Einst, als in Benares Brahmadatta König war, wurde in Benares ein Fest[1] ausgerufen. Sobald man den Paukenklang hörte, der das Fest verkündete, kümmerten sich alle Leute in der Stadt um nichts mehr als um das Fest. Damals wohnten nun im Lustgarten des Königs viele Affen. Der Gartenaufseher dachte: »In der Stadt ist das Fest ausgerufen. Ich will diesen Affen auftragen, den Garten zu begießen; dann kann ich selbst mich am Fest vergnügen.« So ging er zum Ältesten der Affen und sagte: »Freund Affenältester! Von diesem Garten habt ihr ja so viel Gutes; ihr dürft hier Blumen, Früchte und Sprossen essen. Nun hat man in der Stadt das Fest ausgerufen, das möchte ich gern mitfeiern. Könntet ihr nicht, bis ich wiederkomme, die jungen Bäumchen in diesem Garten begießen?« »Gern, wir wollen sie begießen.« »Seid also recht fleißig« – und er gab ihnen zum Begießen Lederschläuche und hölzerne Eimer und ging fort.

Die Affen nahmen die Lederschläuche samt den Holzeimern und begossen die jungen Bäumchen. Der Affenälteste aber sagte zu ihnen: »Heda, ihr Affen! Mit dem Wasser muß man sparsam umgehen. Wenn ihr die jungen Bäumchen begießt, müßt ihr jedes ausreißen und euch die Wurzel besehen. Wenn die Wurzeln tief hinunterreichen, dann gebt dem Baum viel Wasser; wenn sie nicht tief reichen, wenig Wasser. Sonst kommen wir später in Verlegenheit und haben kein Wasser mehr!« Die Affen sagten: »So wollen wir es machen«, und taten, wie er gesagt hatte.

Ein verständiger Mann nun sah dies Treiben der Affen im königlichen Garten und sprach zu ihnen: »Heda, ihr Affen! Warum reißt ihr diese jungen Bäumchen eins nach dem andern aus und begießt sie nach der Größe der Wurzeln?« Sie antworteten: »So hat der Affenälteste es uns aufgetragen.« Wie jener das hörte, dachte er: »Um's Himmels willen, was richten diese Toren und

1. Wörtlich: »ein Gestirn« (der Mondbahn). Diese Gestirne zeigten die Festzeiten an.

Dummköpfe, um die Sache ganz recht zu machen, für Schaden an!« Und er sprach den Vers:

»Schlimm ist's, wenn jemand will nützen,
Der nicht versteht, was Nutzen bringt.
Dem Toren muß es fehlschlagen,
Wie's dem Affen als Gärtner ging.«

Mit diesem Vers sprach der verständige Mann dem Affenältesten seinen Tadel aus. Dann verließ er mit seinem Gefolge den Garten.

Die beiden Affen

Einst, als in Benares Brahmadatta König war, war der Bodhisatta im Wald als Baumgottheit[1] zur Welt gekommen. Damals regnete es während der nassen Jahreszeit immer sieben Tage ununterbrochen hintereinander. Da wohnte nun in einer vor dem Regen geschützten Felshöhle ein kleiner rotgesichtiger Affe. Der saß eines Tages behaglich an einer trockenen Stelle im Eingang der Höhle. Da kam ein großer schwarzgesichtiger Affe, naß und von Kälte gequält. Wie der jenen dort sitzen sah, dachte er: »Den muß ich durch eine List herauslocken und mir selber diese Wohnung aneignen.« Er tat also, als ob er einen ganz vollen Bauch hätte, nahm ein vergnügtes Aussehen an und trat vor den andern hin, indem er den ersten Vers sprach:

»Feigen von aller Art gibt's hier,
Reife Frucht des Kapitthana.
Laß deine Höhl' und komm essen.
Willst du sterben den Hungertod?«

1. Vermutlich weil sich die beiden eigentlichen Personen der Erzählung nicht dazu eignen, das höchste Wesen zu verkörpern. So bleibt diesen nur eine Zuschauerrolle.

Jener glaubte seinen Worten und hatte Lust nach all den Früchten. So kam er heraus, suchte hier und suchte dort, fand aber nichts. Endlich kehrte er um: da sah er, daß jetzt der andre in seine Höhle gegangen war und darinnen saß. Er dachte: »Den muß ich anführen«, trat vor ihn hin und sprach den zweiten Vers:

»Wie reichen Glückes Lohn erntet,
Wer nach Gebühr das Alter ehrt,
So glücklich ich mich heut fühle,
Da ich der Bäume Früchte aß.«

Als der große Affe das hörte, sprach er den dritten Vers:

»Wenn der Waldmensch den Waldmenschen,
Affe den Affen trügen will,
Kann selbst ein Kind den Trug merken:
Nun gar ein Affengreis wie ich!«

Da mußte der andre fortgehn.

Furcht steckt an

Einst, als in Benares Brahmadatta König war, wurde der Bodhisatta als Löwe wiedergeboren, wuchs heran und wohnte in der Wildnis. Damals stand am Ufer des westlichen Meeres ein Wald von Fächerpalmen vermischt mit Beluvabäumen[1]. Dort wohnte am Fuß eines Beluvabaumes unter einem Palmengebüsch ein Hase. Als der eines Tages mit dem Futter, das er sich gesucht hatte, nach Hause gekommen war, legte er sich unter einem Palmblatt hin und dachte: »Wenn die Erde untergeht, was soll dann aus mir werden?« In diesem Augenblick fiel eine reife Beluvafrucht auf das Palmblatt nieder. Als er das Geräusch hörte, dachte er:

1. Es ist Aegle Marmelos.

»Gewiß geht da die Erde unter!«, sprang auf und lief davon, ohne sich umzusehen. Wie er so in Todesfurcht auf das eiligste davonjagte, sah ihn ein andrer Hase und fragte ihn: »Warum läufst du so, mein Bester, in solch furchtbarer Angst?« »Frage mich nicht, mein Freund!« Der andre aber lief hinter ihm her und fragte einmal über das andre: »Was soll das bedeuten? Was soll das bedeuten?« Da hielt er an und sagte, ohne sich umzublicken: »Hier geht die Erde unter.« Darauf lief auch der andre davon hinter ihm drein. Ebenso sah den ein andrer, und den wieder ein andrer, und so fanden sich hunderttausend Hasen zusammen, die alle miteinander davonliefen. Die sah eine Gazelle, ein Wildschwein, eine bunte Antilope, ein Büffel, ein Gayalochse, ein Rhinozeros, ein Tiger, ein Löwe, ein Elefant, die fragten alle: »Was ist das?«, hörten: »Hier geht die Erde unter«, und liefen davon. So kam schließlich ein Heer von Tieren zusammen, das über eine Meile reichte. Als nun der Bodhisatta dies fliehende Heer sah, fragte er: »Was bedeutet das?« Und wie man ihm antwortete: »Die Erde geht hier unter«, dachte er: »Erduntergang gibt es überhaupt nicht. Gewiß haben die irgend ein furchterregendes Geräusch gehört. Wenn ich mich nicht um die Sache kümmere, kommen sie alle um. Ich will ihnen das Leben retten.« So eilte er mit Löwenschnelle voran zum Fuß eines Berges und ließ dreimal sein Löwengebrüll erschallen. Da faßte die Tiere Furcht vor dem Löwen, sie hielten still und standen in einem großen Haufen da. Der Löwe trat in ihre Mitte und fragte: »Warum lauft ihr alle davon?« »Die Erde geht unter!« »Wer hat sie denn untergehen gesehen?« »Die Elefanten wissen davon.« Da fragte er die Elefanten, die sagten: »Wir wissen nichts, die Löwen wissen es.« Und ebenso sagten die Löwen: »Wir wissen nichts, die Tiger wissen es.« Und die Tiger: »Die Rhinozerosse wissen es.« Und die Rhinozerosse: »Die Gayalochsen.« Und die Gayalochsen: »Die Büffel.« Und die Büffel: »Die bunten Antilopen.« Und die bunten Antilopen: »Die Wildschweine.« Und die Wildschweine: »Die Gazellen.« Und die Gazellen: »Wir wissen nichts, die Hasen wissen es.« Als nun die Hasen gefragt wurden, zeigten sie auf jenen Hasen und sprachen: »Der hat es uns gesagt.«

Da fragte der Löwe den Hasen: »Ist das wahr, mein Freund, daß die Erde untergeht?« »Gewiß, Herr, ich habe es gesehen!« Und er fragte weiter: »Wo warst du, als du das gesehen hast?« »Nahe am Meer, Herr, in dem Palmenwald, wo auch die Beluvabäume stehen. Ich lag dort in einem Palmengebüsch am Fuß eines Beluvabaumes unter einem Palmblatt und dachte: ›Wenn die Erde untergeht, wo soll ich dann hingehen?‹ Und in dem Augenblick hörte ich das Getöse des Erduntergangs. Da bin ich davongelaufen.« Der Löwe dachte: »Gewiß ist eine reife Beluvafrucht auf das Palmblatt gefallen, und das hat einen Krach gegeben. Da hat dieser Hase, wie er das hörte, sich vorgestellt, die Erde gehe unter, und ist davongelaufen. Ich will doch den wahren Zusammenhang ergründen. So nahm er den Hasen und sagte beruhigend zu allen den Tieren: »An der Stelle, wo dieser es gesehen hat, werde ich die Wahrheit feststellen, ob die Erde wirklich untergeht oder ob sie nicht untergeht, und dann will ich wiederkommen. Wartet ihr hier, bis ich wieder da bin.« Mit diesen Worten setzte er den Hasen sich auf den Rücken und sprang mit Löwenschnelle davon. Wie er zum Palmenwald gekommen war, ließ er den Hasen absteigen und sagte: »Nun komm und zeige mir die Stelle, wo du das gesehen hast.« »Das wag ich nicht, Herr.« »Komm nur, habe keine Furcht.« An den Beluvabaum heran wagte sich der Hase aber doch nicht, sondern blieb in der Nähe stehen und sagte: »Herr, dies ist die Stelle, wo es das große Bumbum gegeben hat«; und er sprach den ersten Vers:

»Bum bum, mein edler Herr, hört' ich
An dem Fleck, wo mein Lager ist,
Und mir ist in der Tat unklar:
Was ist es, das bum bum dort macht?«

Als er so gesprochen hatte, ging der Löwe zum Fuß des Beluvabaumes hin und sah dort die Stelle, wo der Hase unter dem Palmblatt gelegen hatte, und auf dem Palmblatt die Beluvafrucht, die heraufgefallen war. Da erkannte er, daß es sich in Wahrheit nicht um den Erduntergang handelte, nahm den Hasen auf den Rücken und kehrte rasch mit Löwenschnelle zu den Massen der Tiere um. Denen sagte er alles, was er gesehen hatte, beruhigte die Tierscharen: »Habt keine Furcht!« und ließ sie gehen. Wäre damals der Bodhisatta nicht gewesen, so wären sie alle ins Meer gerannt und umgekommen, dem Bodhisatta verdankten sie ihr Leben.

»Der Hase, wie die Frucht abfiel,
Hörte bum bum und lief davon.
Der Tiere Heer ergriff Schrecken,
Als man des Hasen Wort vernahm.

Die selbst die Sache nicht prüfen
Mitgerissen von andrer Lärm,
Törichten Sinnes sich gehn lassen,
Die hängen ab von fremdem Tun.

Doch die, so tugendreich wandeln,
An Weisheit fest und friedensvoll,
Vom Bösen lassend, ablassend,
Hängen nicht ab von fremdem Tun.«

Die vier Katzen

Einst, als in Benares Brahmadatta König war, wurde der Bodhisatta in einer Steinmetzfamilie wiedergeboren, und als er herangewachsen war, gelangte er in diesem Handwerk zur Meisterschaft. Im Reich von Kasi[1] nun lebte in einem Marktflecken ein sehr reicher Kaufmann. Er besaß ein Vermögen von vierzig Kotis[2] Gold, die in guter Verwahrung niedergelegt waren. Seine Gattin starb, und um ihrer Liebe zum Geld willen wurde sie als Maus, die bei jenen Reichtümern hauste, wiedergeboren. Mit der Zeit aber

1. D. h. um Benares herum.
2. Die Koti beträgt zehn Millionen.

kam jene ganze Familie in Verfall und starb schließlich aus. Auch das Dorf wurde verlassen und ging zugrunde. Da brach nun der Bodhisatta an der Stätte jenes einstigen Dorfs Steine und bearbeitete sie. Die Maus aber, wie sie auf Futter ausging, sah den Bodhisatta immer wieder, faßte Zuneigung zu ihm und dachte: »Ich habe so viele Schätze; die werden ungenutzt umkommen. Ich will mich mit diesem zusammentun und die Schätze verzehren.« So nahm sie eines Tages einen Kahapana[1] in ihr Mäulchen und ging damit zum Bodhisatta. Als er sie sah, sprach er zu ihr freundlich und sagte: »Was kommst du mit dem Kahapana zu mir, Mütterchen?« »Väterchen, nimm dies Geldstück, verbrauche es für dich und bringe mir ein Stück Fleisch.« Er antwortete: »Das soll gelten«, ging mit dem Kahapana nach Hause, kaufte für einen Masaka[2] Fleisch und brachte es ihr. Das nahm sie, kroch damit in ihr Loch und verzehrte es in allem Behagen. Von da an gab sie immer in der gleichen Weise dem Bodhisatta Tag für Tag einen Kahapana er aber brachte ihr Fleisch.

Eines Tages nun fing die Katze die Maus. Die sagte zu ihr: »Meine Liebe, mach' mich nicht tot!« »Warum denn nicht? Ich habe Hunger, und mich verlangt nach Fleisch. Dir das Leben zu schenken, ist einfach unmöglich.« »Hast du denn nun allein diesen einen Tag Verlangen nach Fleisch oder zu jeder Zeit?« »Wenn ich es haben kann, verlangt mich danach allezeit.« »Liegt die Sache so, will ich dir allezeit Fleisch verschaffen. Laß mich also los!« Da ließ die Katze sie los und sagte: »Du mußt aber fleißig sein und das Deine tun.« Von da an machte die Maus von dem Fleisch, das sie bekam, zwei Teile. Das eine Teil gab sie der Katze, das andre fraß sie selbst.

Eines Tages nun fing eine andre Katze unsre Maus. Die machte ihr dieselben Vorstellungen und erreichte wieder, daß sie sie losließ. Nun wurde das Fleisch in drei Teile geteilt und so verzehrt. Und wieder fing eine andre Katze sie. Auch der stellte sie dasselbe

1. Eine Münze, die es von Gold, Silber und Kupfer gab. Hier wird die Goldmünze zu verstehen sein.
2. Eine kleinere Münze.

vor und kam los. Nun hatte jedes Tier nur ein Viertel des Fleisches zu verzehren. Wieder fing eine Katze sie, zu der sie ebenso sprach und wieder loskam. Von da an waren es fünf Teile, die sie fraßen. Wie die Maus so von ihrem Fünftel lebte, wurde sie infolge der knappen Ernährung elend und mager, abgezehrt und blutarm. Als da der Bodhisatta sie sah, sagte er: »Mütterchen, wie kommt es, daß du so verfallen bist?« »Das hat den und den Zusammenhang.« »Warum sagst du mir das erst jetzt? Ich will da wohl eine Abhilfe finden« – so beruhigte er sie, baute aus durchsichtigem Kristall eine Höhle auf, brachte ihr die und sagte: »Mütterchen, in diese Höhle mußt du hineinkriechen, dich darin niederlegen, und wenn sie kommen, sie mit groben Worten anfahren.« Die Maus kroch in die Höhle und legte sich hin. Da kam die eine Katze und sagte: »Gib mir mein Fleisch.« Die Maus aber fuhr sie an: »Du gemeine Katze, bin ich dazu da, dir Fleisch zu besorgen? Friß deine eignen Kinder!« Die Katze erkannte nicht, daß jene in einer Kristallhöhle lag und wollte im Zorn die Maus fassen. Sie sprang mit aller Kraft auf sie los und stieß mit ihrem Herzen gegen die Kristallhöhle. Da zerbrach ihr Herz, und ihre Augen sahen aus, als wollten sie aus dem Kopf treten. So kam sie ums Leben und blieb an einer verborgenen Stelle liegen. Auf diese Weise fanden die vier Katzen eine nach der andern den Tod. Fortan war die Maus von aller Furcht befreit und brachte dem Bodhisatta zum Dank täglich zwei oder drei Kahapanas. So gab sie im Lauf der Zeit jene ganzen Schätze dem Bodhisatta zum Geschenk. Und die beiden bewahrten ihre Freundschaft ungetrübt, solange ihr Leben währte, und gingen dann hin nach dem Verdienst ihrer Taten.

Nachdem der Meister diese vergangene Begebenheit erzählt hatte, sprach er, der der höchsten Buddhaschaft teilhaft war, diesen Vers:

»Kriegt Katze eins bei dir Futter,
Alsbald stellt Katze zwei sich ein.
Auch Katze drei und vier kommen.
Der Tod harrt ihrer im Kristall.«

Der Elefant und der Mistwurm

Einst pflegten die Leute aus den Ländern Anga und Magadha[1], wenn sie aus dem einen Land in das andre gingen, einen Tag an der Grenze in einem Haus Station zu machen, wo sie Branntwein tranken und Fischfleisch aßen. Dann spannten sie am nächsten Morgen ihre Wagen an und reisten weiter. Einmal, als die Reisenden fortgezogen waren, kam ein Mistfresserwurm, durch den Mistgeruch angezogen, herbei. An der Stelle, wo die Leute gezecht hatten, sah er den vergossenen Branntwein, trank aus Durst dieses Getränk und kroch betrunken auf einen Misthaufen. Wie er da hinaufkam, gab der feuchte Mist ein wenig nach. Da schrie er: »Mich kann die Erde nicht tragen!« In diesem Augenblick kam ein brünstiger Elefant angelaufen. Als er aber dorthin kam, roch er den Mistgeruch und lief voll Ekel wieder fort. Wie der Wurm das sah, glaubte er, der liefe aus Furcht davon, und dachte: »Mit dem muß ich kämpfen.« So sprach er, ihn herauszufordern, den ersten Vers:

»Mit mir Helden als Held kämpfe,
Dem Dreinschläger, dem mächtigen.
Komm, Elefant, kehre zurück!

Was läufst du feige vor mir weg?
Meine und deine Kraft sollen
Sehn die Angas und Magadhas.«

Der Elefant merkte auf und hörte seine Worte. Darauf kehrte er um, ging zu ihm hin und tat ihn ab, indem er den zweiten Vers sprach:

»Nicht soll mein Fuß dir Tod bringen,
Nicht mein Rüssel und nicht mein Zahn.

1. Von den oft erwähnten Magadhas Hauptstadt Rajagaha = Rajgirj wohnten die Angas östlich, im Distrikt von Bhagalpur.

Du sollst durch meinen Kot sterben,
Der Mist geh' unter durch den Mist.«

Mit diesen Worten entleerte er seinen Mist in einem großen Klumpen ihm auf den Kopf und ließ sein Wasser. Als er ihn so ums Leben gebracht hatte, ließ er seinen Trompetenton erschallen und ging zum Wald hinein.

Der König und der Mistwurm

Im Königreich Kasi, in der Stadt mit Namen Potali regierte einst ein König mit Namen Assaka. Dessen erste königliche Gemahlin hieß Ubbari. Sie war seine Freude und Wonne, eine glänzende Schönheit, schöner als alle andern menschlichen Frauen und fast einer Göttin gleich. Die starb, und ob ihres Todes war der König von Schmerz überwältigt, voll Trauer und Kummer. Er ließ ihren Leib in einen Sarg legen, Öl und Balsam darüber schütten und so unter sein Bett stellen, auf dem er weinend und klagend lag, ohne Speise zu sich zu nehmen. Seine Eltern und die übrigen Verwandten, Freunde und Hausgenossen, Brahmanen, Bürger und alle andern Leute sprachen: »Sei nicht traurig, großer König; alles Irdische ist ja vergänglich.« Aber für solche Reden fanden sie bei ihm kein Gehör. Und sieben Tage lang fuhr er fort so zu jammern.

Damals nun war der Bodhisatta ein Asket, der fünf höheren Erkenntniskräfte und der acht Versenkungen teilhaft, und er wohnte im Himalaya. Als der einmal seine übernatürliche Sehkraft anspannend mit seinem göttlichen Auge über Jambudipa[1] hinblickte, sah er jenen König, wie er in Jammer versunken war. »Es ist meine Pflicht, ihm festen Halt zu bieten«, dachte er bei sich, flog durch seine Wunderkraft in die Luft auf, kam im Park des Königs herab und setzte sich dort, einer goldnen Bildsäule gleich, auf einer steinernen Altarplatte nieder. Da sah ein in der

1. Den inmitten des Weltmeeres liegenden Kontinent, den wir bewohnen.

Stadt Potali wohnhafter Brahmanenschüler, der nach dem Park herausgegangen war, den Bodhisatta, bezeigte ihm seine Verehrung und setzte sich zu ihm. Der Bodhisatta begrüßte ihn freundlich und fragte ihn: »Regiert euer König, mein junger Brahmane, auch in Gerechtigkeit?« »Freilich, Herr; unser König ist der Gerechtigkeit ergeben. Aber seine Gemahlin ist gestorben; da hat er ihre Leiche in einen Sarg legen lassen und liegt jammernd da. Heute ist schon der siebte Tag. Warum befreit Ihr den König nicht von solchem Leid? Wenn da tugendhafte Männer sind, wie Ihr, sollten sie sich doch um dies Leid des Königs kümmern!« »Ich kenne den König nicht, mein junger Mann. Wenn er aber kommen und mich fragen will, kann ich ihm zeigen, wo die Königin wiedergeboren ist, und kann sie vor ihm zum Reden bringen.« »So will ich, Herr, den König hierherführen. Bleibt Ihr so lange sitzen.« Das sagte der Bodhisatta dem Jüngling zu; dieser aber ging zum König, erzählte ihm, was er gehört hatte, und sagte: »Zu diesem Mann, der das göttliche Auge besitzt, müßt Ihr gehen.« Der König war froh und dachte: »Ich werde Ubbari wiedersehen.« und er bestieg seinen Wagen, fuhr dorthin, bezeigte dem Bodhisatta seine Verehrung, setzte sich zu ihm und fragte: »Wißt Ihr wirklich, wo die Königin wiedergeboren ist?« »Ja, großer König!« »Wo ist sie denn wiedergeboren?« »In ihrem Stolz auf ihre Schönheit, großer König, hat sie nicht daran gedacht, gute Werke zu tun, und so ist sie in ebendiesem Park in der Gestalt eines Mistwurms wiedergeboren worden.« »Das glaube ich dir nicht.« »So will ich sie dir zeigen und sie reden lassen.« »Gut, laßt sie reden.« Da verfügte der Bodhisatta durch seine hohe Kraft: »Die beiden, die dort gerade einen Klumpen Kuhmist fortwälzen, sollen zum König kommen.« So befahl er den Würmern, und sie kamen herbei. Der Bodhisatta zeigte sie dem König: »Das, großer König, ist deine Königin Ubbari, die dich verlassen hat und hier hinter diesem Mistwurm einherkriecht. Sieh sie dir an!« »Nein, Herr, das kann ich nicht glauben, daß Ubbari als Mistwurm wiedergeboren ist.« »Ich will sie selbst reden lassen, großer König.« Gut, laßt sie reden, Herr.« Da ließ der Bodhisatta durch seine hohe Kraft sie reden und sprach zu ihr: »Ubbari!« Sie antwortete in menschlicher Sprache: »Was soll ich, Herr?« »Wer bist du in deiner vergangenen Existenz gewesen?« »Herr, ich bin Ubbari gewesen, die erste königliche Gemahlin des Königs Assaka.« »Wen liebst du nun jetzt mehr, den König Assaka oder den Mistwurm?« »Herr, jenes war meine frühere Geburt, da lebte ich mit ihm in diesem Park und freute mich an allem, was zu sehen, zu hören, riechen, schmecken berühren mir Genuß bringen konnte. Jetzt aber, seit ich mein früheres Dasein abgelegt habe, was ist er mir da noch? Jetzt wäre ich imstande, den König Assaka zu töten und mit dem Blut, das aus seinem Hals hervorquillt, meinem Gatten, dem Mistwurm, die Füße zu salben.« So redete sie und sprach vor allern versammelten Volk mit menschlicher Stimme diese Verse:

»An diesem Ort dereinst lebt' ich
Vereint mit König Assaka.
Ich liebt' ihn, wie er mich liebte.
Als Gatte war er teuer mir.

Doch vergangnes Geschick schwindet
Vor neuem Glück und neuem Leid.
Drum ist mir dieser Wurm jetzo
Lieber als König Assaka.«

Als König Assaka dies hörte, empfand er Reue über sein Benehmen, ließ sofort den Leichnam wegnehmen, wusch sich das Haupt, bezeigte dem Bodhisatta seine Verehrung, kehrte in die Stadt zurück, machte eine andre zu seiner ersten Gemahlin und regierte in Gerechtigkeit. Der Bodhisatta aber, nachdem er dem König Ermahnung erteilt und seine Schmerzen von ihm genommen hatte, kehrte zum Himalaya zurück.

Der indiskrete und der diskrete Papagei

Einst, als in Benares Brahmadatta König war, wurde der Bodhisatta als Papagei wiedergeboren. Er hieß Radha und hatte einen jüngeren Bruder, der hieß Potthapada. Als die beiden noch ganz jung waren, fing sie ein Jäger, der gab sie einem Brahmanen in Benares. Der Brahmane hielt sie wie seine Söhne und sorgte für sie. Das Weib des Brahmanen aber war lasterhaft, und es war nicht möglich, sie im Zaum zu halten. Als er einmal verreiste, um Geschäfte zu besorgen, und von den jungen Papageien Abschied nahm, sprach er: »Meine Kinder, ich muß in Geschäften verreisen. Achtet ihr zu jeder Tages- und Nachtzeit darauf, was eure Mutter tut, und ob fremde Männer aus- und eingehen.« So legte er sein Weib den jungen Papageien ans Herz und zog davon. Sobald er sich nun entfernt hatte, gab sie sich nun lasterhaftem Leben hin, und des Kommens und Gehens der Männer bei Nacht und bei Tag war kein Ende. Wie Potthapada das sah, fragte er Radha: »Der Brahmane hat, wie er fortreiste, uns sein Weib anvertraut, und sie führt ein schlechtes Leben. Soll ich nicht mit ihr sprechen?« Radha erwiderte: »Sprich nicht mit ihr!« Der andre aber achtete seines Rats nicht und sagte: »Mutter, warum tust du so Übles?« Da beschloß sie, ihn zu töten, und sagte: »Kind, du bist ja mein Sohn! Fortan werde ich so etwas nicht mehr tun. Komm her zu mir, mein Kind!« So sprach sie zum Schein liebreiche Worte, rief ihn zu sich, faßte ihn dann, wie er zu ihr kam, und sprach: »Du willst mich ermahnen! Du weißt ja nicht, was sich für dich schickt.« Mit diesen Worten packte sie ihn am Hals, tötete ihn und warf ihn in den Ofen.

Als der Brahmane wiedergekommen war und sich ausgeruht hatte, fragte er den Bodhisatta: »Mein Kind Radha, hat eure Mutter Böses getan oder hat sie das nicht?« Und er sprach den ersten Vers:

»Soeben, liebes Kind, bin ich
Von meiner Reise heimgekehrt.

Hat die Mutter, mein Sohn, sag' mir,
Auch keinen fremden Mann berührt?«

Radha aber erklärte ihm: »Was geschehen oder nicht geschehen ist, Vater, erzählen weise Leute nicht, sofern es keinen Nutzen bringt.« Und er sprach den zweiten Vers:

»Nicht gut ist's, freien Lauf lassen
Seiner Rede, so wahr sie sei.
Sonst Potthapada gleich liegt man
Versengt in heißer Kohlenglut.«

So belehrte der Bodhisatta den Brahmanen. Und er dachte: »Hier kann ich nicht länger weilen«, nahm Abschied von dem Brahmanen und kehrte in den Wald zurück.

Die Krähen und das Meer

Einst, als in Benares Brahmadatta König war, lebte der Bodhisatta im Meer als ein Meergott. Da kam ein Krähenmännchen zusammen mit seiner Gattin, dem Krähenweibchen, Futter suchend, zum Ufer des Meeres. Damals hatten die Menschen gerade am Ufer des Meeres den Schlangendämonen[1] Spenden von Milch, Milchreis, Fischfleisch, Branntwein und anderm dargebracht und waren dann wieder fortgegangen. Die Krähe kam zu der Stelle, wo die Darbringung vollzogen war, und sah dort die Milch und alle die übrigen Dinge. Da nahm sie zusammen mit dem Weibchen Milch, Milchreis, Fischfleisch und das Übrige zu sich und trank vielen Branntwein. Beide Tiere von Branntwein berauscht sagten: »Nun wollen wir das Meeresspiel spielen«, setzten sich am Uferstrand hin und fingen an zu baden. Da kam eine Woge, faßte die Krähenfrau und riß sie ins Meer hinaus. Ein Fisch

1. Die hier im Meer wohnen.

fraß ihr Fleisch und verschlang sie. Da weinte und jammerte das Krähenmännchen: »Mein Weib ist tot!« Auf dies Jammern kamen viele Krähen herbei und fragten: »Worüber weinst du?« »Eure Freundin badete am Uferrand; da hat eine Woge sie fortgerissen.« Nun erhoben sie alle miteinander ein Geschrei und weinten. Aber dann dachten sie: »Was will dies Meerwasser uns denn anhaben? Wir wollen das Wasser ausschöpfen, das Meer ausleeren und unsre Freundin herausholen!« So füllten sie einmal nach dem andern ihre Schnäbel mit Wasser und gossen es draußen aus. Der Hals wurde ihnen von dem Salzwasser trocken; da standen sie eine nach der andern auf, gingen ans Ufer und ruhten sich aus. Die Kinnbacken wurden ihnen müde; ihr Mund war ausgetrocknet; ihre Augen waren rot. Sie waren todmüde und sagten zueinander: »Nein, da schöpfen wir das Meerwasser und gießen es fort, aber die Stellen, an denen wir geschöpft haben, werden immer wieder voll von Wasser. Das Meer ausschöpfen können wir nicht!« Und sie sprachen diesen Vers:

»Müde sind unsre Kinnbacken,
Trocken worden ist unser Mund.
Unmöglich! Laßt uns aufhören!
Voll bleibt der große Ozean!«

So sprachen sie, und alle Krähen erhoben vieles Geschwätz: »Solchen Schnabel hatte die Krähenfrau, solche runden Augen, solches Fell, solche liebliche Stimme. Das hat dieser Räuber, der Ozean, getan, daß wir die verloren haben!« Während sie solches Geschwätz vollführten, erschien der Meergott ihnen in furchtbarer Gestalt und jagte sie weg. Das war ihre Rettung.

Das salomonische Urteil

Die nachstehende Erzählung, die ich aus naheliegenden Gründen nicht habe übergehen wollen, bildet eine Episode einer größeren Erzählung. Sie enthält keinen Vers, beruht mithin ausschließlich auf der Autorität des Kommentators. Doch haben wir Grund anzunehmen, daß sie dem Inhalt nach alt und echt ist. Über ihr vielbesprochenes Verhältnis zu der allbekannten alttestamentlichen Erzählung (I. Könige 3) verweise ich auf R. Garbe, Indien und das Christentum, Tübingen 1914, S. 25 ff., Gunkel, Das Märchen im Alten Testament, Tübingen 1917, S. 144 ff., und auf die dort verzeichnete Literatur.

Es war einmal eine Frau, die nahm ihren Sohn und ging mit ihm, das Gesicht zu waschen, zum Lotusteich des weisen Mannes[1]. Da badete sie ihren Knaben, setzte ihn auf ihr Gewand, wusch sich dann selbst das Gesicht und stieg ins Wasser zu baden. In diesem Augenblick sah ein Koboldsweib den Knaben und wollte ihn gern fressen. Sie nahm die Gestalt einer Frau an und sprach zur Mutter: »Nachbarin, was ist das für ein schöner Knabe! Ist das dein Sohn?« Jene erwiderte: »Ja, meine Gute, das ist er.« Da sagte die andre: »Ich will ihm zu trinken geben.« »Schön, gib ihm zu trinken.« Da nahm jene ihn, ließ ihn ein Weilchen spielen, griff ihn dann und lief mit ihm davon. Wie das die Mutter sah, lief sie ihr nach, hielt sie fest und rief: »Wohin willst du mit meinem Sohn?« Das Koboldsweib sagte: »Wie kommst du zu einem Sohn? Das ist mein Sohn!« Wie sie so untereinander stritten, kamen sie an der Tür der Halle[2] vorbei. Der weise Mann hörte ihren lauten Zank, rief sie herein und fragte sie, was sie miteinander hätten. Sie sagten es ihm. Er aber erkannte das Koboldsweib als das, was sie war, an ihren roten Augen und daran, daß sie mit ihnen nicht blinzelte. »Werdet ihr euch meiner Entscheidung unterwerfen?« »Ja, das werden wir!« Da zog er einen Strich und

1. Des Weisen, dessen überragende Weisheit zu verherrlichen diese und andere Geschichten erzählt werden.
2. Der Halle, in der der Weise thront.

ließ das Kind sich genau auf dessen Mitte legen. Dann ließ er das Koboldsweib es an den Händen, die Mutter an den Füßen fassen und sprach: »Zieht jetzt beide, und welche ihn auf ihre Seite ziehen kann, deren Sohn ist er.« Da fing das Kind, dem das Ziehen weh tat, zu schreien an. Das zerriß der Mutter das Herz; sie ließ ihren Sohn los und stand weinend da. Da fragte der Weise die vielen Leute, die dort waren: »Wessen Herz ist wohl weich gegen das Kind, der wahren Mutter oder der falschen Mutter?« »Der wahren Mutter, o Weiser!« »Wer ist also die Mutter, die dasteht und den Knaben festhält, oder die ihn losgelassen hat?« »Die ihn losgelassen hat, Weiser!« »Wißt ihr auch, wer diese Kindesräuberin ist?« »Nein, Weiser, das wissen wir nicht.« Ein Koboldsweib ist sie. Sie hat den Knaben geraubt, um ihn zu fressen.« »Woran siehst du das, Weiser?« »An ihren Augen; mit denen blinzelt sie nicht, und sie sind rot. Und weiter daran, daß sie keinen Schatten hat, und an ihrer Frechheit und Grausamkeit.« Und er fragte sie: »Wer bist du?« »Ein Koboldsweib, Herr!« »Und warum wolltest du diesen Knaben rauben?« »Um ihn zu fressen, Herr!« »Du blinde Törin! Schon früher hast du Böses getan und bist darum als Koboldsweib wiedergeboren, und jetzt tust du wieder Böses! Pfui, du bist eine blinde Törin!« so redete er ihr ins Gewissen, brachte sie dazu, die fünf Gebote auf sich zu nehmen, und ließ sie gehen. Des Knaben Mutter aber pries den weisen Mann: »Lebe lange, Herr!« Und sie nahm ihren Sohn und ging mit ihm von dannen.

Unglücksnamen

Einst war in Takkasila[1] der Bodhisatta ein Lehrer, berühmt in allen Landen, und fünfhundert Schüler lernten bei ihm die heiligen Lieder. Einer seiner Schüler aber hieß mit Namen Böse-

1. Das Taxila der Griechen, im äußersten Nordwesten, beim heutigen Shadheri, im Distrikt von Rawal Pindi. In der buddhistischen Literatur erscheint Takkasila als ein bedeutender Sitz der Wissenschaften.

wicht. Wenn man zu dem sagte: »Komm, Bösewicht! Geh, Bösewicht!« so dachte er: »Mein Name bedeutet nichts Gutes. Ich will gehen und mir einen andern Namen besorgen.« So ging er zu seinem Lehrer und sagte: »Herr Lehrer, mein Name bedeutet nichts Gutes. Gebt mir einen andern Namen!« Der Lehrer antwortete ihm: »Geh, mein Sohn! Wandere im Land umher, und wenn du einen glücklichen Namen gefunden hast, der dir gefällt, komm wieder. Dann will ich deinen Namen ändern und dir den andern Namen geben.« Der Jüngling sagte: »So soll es sein«, nahm Reisezehrung mit, zog fort und wanderte von Dorf zu Dorf, bis er zu einer Stadt kam. Da war soeben ein Mann gestorben mit Namen Lebensreich. Er sah, wie dessen Verwandte ihn zur Verbrennungsstätte brachten, und fragte: »Wie hat dieser Mann geheißen?« »Er hat Lebensreich geheißen!« »So muß auch Lebensreich sterben?« »Lebensreich muß sterben und Lebensarm muß sterben. Der Name ist eben nur zum Nennen da; du aber, scheint es, bist ein Dummkopf.« Als er das hörte, fing er an gegen den Namen gleichgültig zu werden. Nun kam er in die Stadt hinein. Da war eine Sklavin, die hatte keinen Lohn verdient und nichts abgeliefert. Die wurde von ihrer Herrschaft an der Haustür hingesetzt und mit Stricken gepeitscht. Sie hieß aber Frau Geldmann. Wie jener nun durch die Straßen ging und sah, wie sie geschlagen wurde, fragte er: »Warum schlagt ihr dies Weib?« »Sie kann keinen Lohn nach Hause bringen!« »Wie heißt sie denn?« »Sie heißt Geldmann.« »Solch einen Namen hat sie, Geldmann, und bringt nicht einmal Lohn nach Hause!« »Arm kann man immer sein, ob man nun Geldmann heißt oder Nichtgeldmann. Der Name ist eben nur zum Nennen da; du aber, scheint es, bist ein Dummkopf.« Da nahm seine Gleichgültigkeit gegen den Namen zu. Und er verließ die Stadt und zog seine Straße. Da sah er auf der Landstraße einen Mann, der seinen Weg verloren hatte; den fragte er: »Was soll das, mein Lieber, daß du so herumgehst?« »Ich habe meinen Weg verloren, Herr!« »Und wie heißt du?« »Ich heiße Wegemann.« »Also auch Wegemänner verlieren ihren Weg?« »Das kann so gut einem Wegemann wie einem Nichtwegemann begegnen. Der Name ist eben nur zum Nennen da, und du bist, scheint es, ein Dummkopf.« Jetzt erreichte seine Gleichgültigkeit gegen den Namen die höchste Höhe, und er kehrte um zum Bodhisatta. Der fragte ihn: »Nun, mein Sohn, mit was für einem Namen kommst du wieder, den du dir ausgesucht hast?« Er erwiderte: »Herr Lehrer, die Lebensreichs sterben und die Lebensarms. Die Geldmänner sind arm und die Nichtgeldmänner. Die Wegemänner verlieren ihren Weg und die Nichtwegemänner. Der Name ist nur zum Nennen da. Der Name bringt kein Glück; nur das Tun bringt Glück. Ich brauche keinen andern Namen; ich will meinen alten Namen behalten.«

Da faßte der Bodhisatta in eins zusammen, was jener gesehen und erlebt hatte, und sprach diesen Vers:

»Als er den Lebensreich tot sah,
Frau Geldmann als ein armes Weib,
Und Wegemann im Wald irrend,
Kam Bösewicht nach Haus zurück.«

Der betrogene Betrüger[1]

Diese Geschichte erzählte der Meister im Jetavana in bezug auf den Mönch, den man den »Kleiderhamster[2]« nannte. Ein im Jetavana lebender Mönch nämlich war besonders geschickt in der Herstellung von Gewändern – zuzuschneiden, die Stücke aneinanderzufügen, alles zu prüfen, zu nähen und sofort. Mit dieser Geschicklichkeit mehrte er seinen Kleiderbesitz; darum war er bekannt als der »Kleiderhamster«. Fragt man, was er alles machte? Er bewies seine Handfertigkeit an alten Stofflappen: aus denen machte er ein hübsches Kleid, das sich angenehm anfühlte; wenn

1. Hier füge ich die einleitende Erzählung aus der Gegenwart des Buddha hinzu (vgl. S. 275), die ein Bild von minder schönen Vorkommnissen im Leben der Mönche gibt.
2. Wörtlich: den Kleidervermehrer.

er mit dem Färben fertig war, verbesserte er die Farbe noch mit Hilfe von Mehlwasser, rieb es mit einer Muschel ab, gab ihm so ein glänzendes, bestechendes Aussehen und verwahrte es dann. Die Mönche, die sich auf die Arbeit an Kleidern nicht verstanden, kamen mit neuen Stoffen zu ihm und sagten: »Wir verstehen kein Kleid zu machen. Mache uns ein Kleid und gib es uns.« Dann antwortete er: »Ein Kleid zu machen, Freunde, kostet viel Zeit. Aber da habe ich gerade ein fertiges Kleid. Nehmt das und laßt mir euren Stoff dafür«: und dann holte er jenes Kleid hervor und zeigte es ihnen. Die sahen dann, wie gut es sich ausnahm, wußten nicht, wie die Sache zusammenhing, hielten es für haltbar, vertauschten also dagegen ihren neuen Stoff dem Kleiderhamster und gingen von dannen. War dann ihr Kleid schmutzig geworden und wurde es etwas mit heißem Wasser gewaschen, so zeigte sich seine wahre Beschaffenheit; überall kamen die abgenutzten Stellen zum Vorschein. Dann tat ihnen der Handel leid. Jener Mönch war dafür allgemein bekannt, daß er auf diese Weise alle, die zu ihm kamen, mit seinen Lappen betrog.

Ganz ebenso nun, wie im Jetavana, gab es in einem Dorf solch einen Kleiderhamster, der die Leute betrog. Dem erzählten die Mönche, die ihm befreundet waren: »Herr, da ist im Jetavana auch solch ein Kleiderhamster, der die Leute betrügt.« Da dachte er: »Diesen Städter will ich doch überlisten.« So stellte er aus Lappen ein besonders schönes Kleid her, färbte es aufs beste und ging damit angetan zum Jetavana. Kaum hatte der andre das gesehen, als auch der Wunsch danach in ihm aufstieg. Er fragte jenen: »Herr, ist dies Kleid von Euch gemacht?« »Freilich, mein Freund.« »Herr, gebt mir dies Kleid, ihr werdet leicht ein andres bekommen können.« »Wir Leute aus dem Dorf, mein Freund, können nicht so leicht haben, was wir brauchen. Wenn ich dir dies gebe, was soll ich dann selbst anziehen?« »Ich habe da neue Stoffe, Herr. Nehmt die und macht euch ein Kleid daraus.« »Mein Freund, gerade an diesem Kleid habe ich meine Kunst bewiesen. Aber wenn du so zu mir sprichst, was kann ich dann tun? Nimm es also!« – mit diesen Worten gab er ihm sein Lappenkleid, nahm dafür die neuen Stoffe, und als er ihn so betrogen hatte, ging er davon. Der Mönch im Jetavana legte sein Kleid an, und als nach einigen Tagen beim Waschen mit heißem Wasser die alten Lappen in die Erscheinung traten, schämte er sich. »Der Kleiderhamster aus dem Dorf hat den im Jetavana überlistet«: dieser Hergang, daß er sich hatte überlisten lassen, wurde überall in der Gemeinde bekannt.

Eines Tages nun saßen die Mönche in der Lehrhalle und erzählten sich diese Geschichte. Da kam der Meister und fragte sie: »Wovon sprecht ihr untereinander, ihr Mönche, wie ihr da beisammensitzt?« Sie sagten es ihm. Da sprach der Meister: »Nicht jetzt allein, ihr Mönche, betrügt der Kleiderhamster vom Jetavana die andern, auch früher hat er sie betrogen. Und nicht jetzt allein hat der Kleiderhamster vom Jetavana sich von einem Dorfbewohner überlisten lassen; auch früher ist er so überlistet worden.« Und er erzählte folgende Geschichte aus der vergangenen Zeit:

Einst war der Bodhisatta in einem Wald als Baumgottheit wiedergeboren, als die Gottheit eines Baumes, der an einem Lotusteich stand[1]. Da war nun weiter ein andrer nicht sehr großer Teich, in dem war in der heißen Jahreszeit das Wasser knapp, und viele Fische waren darin. Diese Fische sah ein Kranich und dachte: »Die will ich auf irgend eine Weise betrügen und fressen.« Er ging hin und setzte sich am Wasser, wie in Gedanken versunken, nieder. Die Fische sahen ihn und fragten: »Was sitzt du da, edler Herr, in Gedanken versunken?« »Ich sitze hier und denke über euch nach.« »Inwiefern denkst du über uns nach, Herr?« »In diesem Teich ist wenig Wasser. Das Futter ist knapp und die Hitze groß. Was wird da aus diesen Fischen werden? – so denke ich, wie ich hier sitze, über euch nach.« »Was sollen wir da aber tun, Hen?« »Wenn ihr meinem Rat folgt, so will ich einen nach dem andern von euch mit meinem Schnabel fassen, euch nach dem großen

1. Die eigentlichen Hauptpersonen der Geschichte, Kranich und Krebs, eigneten sich beide nicht dazu, den Bodhisatta zu inkarnieren. So mußte dieser als zuschauende Baumgottheit erscheinen und in dieser Gestalt die Moral der Geschichte aussprechen.

Teich dort bringen, der mit Lotus in allen fünf Farben bedeckt ist, und euch dort hinein setzen.« »Herr, solange die Welt besteht, hat es noch keinen Kranich gegeben, der so für die Fische besorgt war. Du willst uns einen nach dem andern fressen!« »Vertraut mir nur ich werde euch nicht fressen. Wollt ihr mir aber nicht glauben, daß dort solch ein Teich ist, so schickt einen Fisch mit mir, der kann sich den Teich besehen.« Da glaubten ihm die Fische und gaben ihm einen großen Fisch mit, der auf einem Auge blind war – der weiß sich auf dem Land wie im Wasser zu helfen, dachten sie[1] – »den könnt ihr mitnehmen.« Er nahm ihn, brachte ihn dorthin, setzte ihn in den Teich, zeigte ihm den ganzen Teich, dann brachte er ihn zurück und ließ ihn inmitten jener Fische wieder los. Der rühmte den Fischen die Herrlichkeit des Teiches. Als sie seine Reden hörten, bekamen sie Lust, dorthin zu reisen, und sagten: »Bitte, Herr, nimm uns und gehe mit uns hin. Da nahm der Kranich zuerst jenen großen einäugigen Fisch, brachte ihn zum Ufer des Teichs, ließ ihn den Teich sehen, setzte sich dann auf einen Varanabaum, der am Ufer stand, warf den Fisch zwischen das Geäst, stieß mit dem Schnabel auf ihn los und tötete ihn. Dann verzehrte er das Fleisch, warf die Gräten an den Wurzeln des Baumes nieder, kehrte um und sagte: »Den Fisch habe ich also hingebracht. Jetzt kommt der nächste.« Auf diese Weise bekam er sie, einen nach dem andern, zu fassen, fraß alle Fische auf, und als er wieder zurückkam, sah er auch nicht einen einzigen Fisch mehr. Nur ein Krebs war dort noch übrig. Der Kranich wollte auch den fressen und sagte: »Herr Krebs, ich habe alle Fische fortgebracht und sie in den großen Teich gesetzt, der von Lotusblumen bedeckt ist. Komm, ich will dich auch hinbringen!« »Wie willst du mich aber fassen, wenn du mich dorthin bringst?« »Ich werde dich mit dem Schnabel fassen.« »Wenn du mich auf dem Weg so hältst, wirst du mich fallen lassen. Ich werde nicht mit dir gehen.« »Fürchte dich nicht. Ich werde dich

1. Daß der Fisch nur ein Auge hat, spielt in der Erzählung weiter keine Rolle. Ist »der Einäugige« die – freilich, soviel ich weiß, sonst nicht nachweisbare – Bezeichnung einer bestimmten Fischart?

unterwegs schon gut festhalten.« Da dachte der Krebs: »Damit, daß er die Fische hingebracht und in den Teich gesetzt hat, wird es wohl nichts sein. Setzt er mich in den Teich: schön und gut. Setzt er mich nicht hinein, werde ich ihm den Hals abschneiden und ihn ums Leben bringen.« Und er sagte zu ihm: »Mein lieber Kranich, du wirst mich gar nicht fest genug fassen können. Fest zu fassen aber verstehen wir. Wenn du mir erlaubst, mit meiner Schere deinen Hals zu fassen, dann kann ich den festhalten, und so komme ich mit dir.« Der andre merkte nicht, daß er ihn betrügen wollte, und war damit zufrieden. So packte der Krebs mit seinen Scheren fest wie mit einer Schmiedezange des Kranichs Hals und sagte: »Nun geh los!« Da trug der ihn hin, zeigte ihm den See und flog dann weiter in der Richtung auf den Varanabaum. Der Krebs sagte: »Onkel, der See liegt doch hier, du aber fliegst dorthin!« Der Kranich antwortete: »Hier wird nicht geonkelt und wird nicht genefft! Du meinst, scheint mir, weil ich dich in die Höhe genommen habe und mit dir abziehe, daß ich dein Diener bin! Sieh dir einmal an der Wurzel des Varanabaums diesen Haufen Gräten an. Wie ich alle die Fische gefressen habe, so werde ich dich auch fressen!« Da sprach der Krebs zu ihm: »Diese Fische waren dumm; darum hast du sie fressen können. Ich werde mich aber nicht von dir fressen lassen, sondern du wirst es sein, der durch mich ins Verderben gerät. In deiner Dummheit merkst du nicht, daß ich dich überlistet habe. Sterben wir, so sterben wir beide zusammen. Ich werde dir den Kopf abschneiden und ihn auf die Erde werfen.« Und er kniff ihn mit seinen Scheren in den Hals, wie mit einer Schmiedezange. Da riß der Kranich den Mund weit auf; aus seinen Augen stürzten die Tränen, und in Todesfurcht sprach er: »Herr, ich werde dich nicht fressen, laß mir nur das Leben!« »Dann fliege hinab und setze mich in den Teich.« Jener kehrte um, flog zum Teich hinunter und setzte den Krebs auf den Schlamm am Rand des Teiches ab. Der Krebs aber schnitt ihm den Hals ab, wie man mit einer Schere einen Lotusstengel durchschneidet, und ging ins Wasser. Als die Baumgottheit, die im Varanabaum wohnte, diesen wunderbaren Vorgang sah, rief sie

Beifall und mit süßer Stimme, von der der ganze Wald widerhallte, sprach sie den Vers:

»Nicht gedeiht dem, der Trug aussinnt,
Sein Trug zum Heile bis zuletzt.
Oft geschieht dem, der Trug aussinnt,
Wie hier dem Kranich tat der Krebs.«

»Nicht jetzt allein, ihr Mönche, ist dieser Bruder von dem Kleiderhamster aus dem Dorf überlistet worden; auch früher wurde er von ihm überlistet«: so sprach der Meister und erzählte dazu diese lehrreiche Geschichte. Darauf stellte er den Zusammenhang (des alten und des neuen Vorgangs) fest und verband das Iataka (mit der Gegenwart): »Damals war der Kleiderhamster aus dem Jetavana der Kranich, der Kleiderhamster aus dem Dorf war der Krebs; ich aber war die Baumgottheit.«

Dieb und Kurtisane

Einst, als in Benares Brahmadatta König war, wurde der Bodhisatta in einem Dorf des Kasilandes[1] in eines Haushälters Haus unter einem Diebsgestirn geboren. Als er herangewachsen war, betrieb er das Diebshandwerk und lebte davon. Überall war er dafür bekannt, ein starker Mann von Elefantenkraft, den niemand fassen konnte.

Eines Tages hatte er in einem Kaufmannshaus einen Einbruch verübt und große Beute gemacht. Die Leute gingen zum König und sagten: »Herr, ein gefährlicher Dieb plündert unsre Stadt, den muß man ergreifen!« Der König gab dem Stadtwächter Auftrag, ihn zu fassen. Der stellte nachts an verschiedenen Punkten truppweise seine Leute auf, denen fiel er samt seiner Beute in die Hände. Als der Stadtwächter das dem König meldete, befahl der Kö-

1. D. h. des Landes um Benares.

nig, jenem das Haupt abzuschlagen. Da ließ der Stadtwächter ihn fest fesseln, die Hände auf dem Rücken, ließ ihm um den Hals einen roten Oleanderkranz[1] hängen, auf den Kopf Ziegelstaub streuen und führte ihn durch die Stadt von Platz zu Platz mit Peitschenschlägen und unter scharfem Trommelklang zur Richtstätte. Als es hieß, daß der Dieb, der in der Stadt von Räubereien lebte, gefaßt war, geriet die ganze Stadt in Aufregung.

Damals nun lebte zu Benares eine Kurtisane, namens Sama (»die Dunkle«), die von ihren Besuchern ein Tausend zu nehmen pflegte. Sie wurde vom König geliebt und hatte eine Dienerinnenschar von fünfhundert Dirnen. Die stand auf dem Söller ihres Palastes am offenen Fenster und sah ihn vorüberführen. Er aber, ein schöner Mann von wohlgefälliger, höchst vorteilhafter Erscheinung, wie ein Gott anzusehen, ragte vor allen andern hervor. Als sie sah, wie er da einhergeführt wurde, verliebte sie sich in ihn und dachte: »Wie fange ich es an, diesen Mann mir zum Gatten zu verschaffen? Ich weiß, was ich da tun muß« – und sie schickte durch eine ihrer Dienerinnen, die für sie Botendienste tat, dem Stadtwächter ein Tausend mit folgender Botschaft: »Dieser Dieb ist ein Bruder der Sama. Außer an Sama hat er nirgends eine Stütze. Nehmt dies Tausend und laßt ihn los.« Die Dienerin führte den Auftrag aus, Der Stadtwächter antwortete ihr: »Dies ist ein berüchtigter Dieb. So ihn loszulassen, ist unmöglich. Höchstens wäre es möglich, wenn ich einen andern Menschen statt seiner bekäme, ihn in einen geschlossenen Wagen[2] zu setzen und euch zu schicken.« Sie kehrte um und berichtete das.

Damals nun liebte der Sohn eines Großkaufmanns die Sama und gab ihr täglich ein Tausend. Der kam auch an diesem Tag um die Zeit des Sonnenuntergangs mit seinem Tausend zu ihrem Haus: Sama nahm die Börse mit dem Geld, stellte sie auf ihren Schoß und brach, wie sie da saß, in Tränen aus. »Was hast du?«

1. Im Original ist die Geschichte nach dem Oleander, offenbar weil dieser auch in dem ersten Vers erwähnt ist, das Kanaverajataka genannt. Der rote Kanavera (Sanskrit Karavira, Oleander) ist eine Pflanze von übelster Vorbedeutung.
2. Es könnte hier (und entsprechend im folgenden) auch ein Palankin gemeint sein.

fragte er sie. »Herr, jener Dieb ist mein Bruder. Da ich dies niedrige Gewerbe betreibe, kommt er nie zu mir. Ich schickte zum Stadtwächter, und der ließ mir sagen, wenn er ein Tausend bekäme, würde er ihn loslassen. Jetzt aber habe ich niemanden, der dies Tausend zum Stadtwächter bringt.« Verliebt, wie er war, sagte der andre: »Ich will gehen.« »So nimm also, was du mir gebracht hast, und gehe damit zu ihm.« Er nahm es und ging zum Haus des Stadtwächters. Dieser brachte den Kaufmannssohn an einen geheimen Ort. Den Dieb aber setzte er in einen geschlossenen Wagen und schickte ihn der Sama. Nun sagte er sich, bei diesem im ganzen Königreich bekannten Dieb müsse er mit der Hinrichtung warten, bis es dunkel geworden sei und die Menschen sich verlaufen hätten. So ließ er unter einem Vorwand einige Zeit vorübergehen, und als dann die Menschen sich verlaufen hatten, führte er den Kaufmannssohn unter starker Bewachung nach dem Richtplatz. Dort schlug er ihm mit dem Schwert das Haupt ab, steckte den Rumpf auf einen spitzen Pfahl und kehrte zur Stadt zurück.

Von da an nahm Sama von keinem andern Geld an und vergnügte sich allein mit diesem. Er aber dachte: »Sobald sie sich in einen andern verliebt, wird sie auch mich töten lassen, um sich mit jenem zu vergnügen. Sie ist höchst treulos. So ist es besser, wenn ich nicht hier bleibe, sondern eilig entfliehe.« Und weiter beschloß er, wenn er fortginge, nicht mit leeren Händen zu gehen, sondern ihre Schmucksachen mitzunehmen. So sprach er eines Tages zu ihr: »Schönste, wir sitzen hier unaufhörlich im Haus, wie ein Mitrahahn[1] im Käfig. Wir sollten uns doch einmal im Lustgarten vergnügen!« »Das laß uns tun«, erwiderte sie. Und sie ließ feste und flüssige Speisen und was man sonst brauchte, bereit machen, und mit all ihrem Schmuck angetan, fuhr sie mit ihm in einem geschlossenen Wagen nach dem Lustgarten. Wie er sich dort mit ihr belustigte, dachte er, daß jetzt für ihn die Zeit zur

1. D. h. ein zahmer Hahn? Oder nach andrer Lesung des Textes: »ein Hahn, den man in den Käfig gesperrt hat«? (W. Geiger.)

Flucht gekommen sei. So tat er, als wolle er sich mit Ihr der Liebe erfreuen, und ging mit ihr in ein Oleandergebüsch. Dort gab er sich den Anschein, sie zu umarmen, preßte sie so fest, daß sie das Bewußtsein verlor, warf sie hin, nahm ihr allen Schmuck ab, band ihn in ihr eignes Obergewand, hob das Bündel auf die Schulter, sprang über den Zaun des Lustgartens und ging davon.

Sie aber, als sie wieder zu sich gekommen war, stand auf, ging zu ihren Dienerinnen und fragte: »Wo ist der junge Herr?« »Das wissen wir nicht, Gnädige.« Da dachte sie: »Er wird geglaubt haben, ich sei tot, und wird aus Furcht entflohen sein«, und voll Trauer kehrte sie in ihr Haus zurück. Sie sprach: »Auf geschmücktem Lager will ich erst ruhen, wenn ich meinen Liebsten wiedersehe«: so schlief sie am Boden. Und sie legte fortan keine schönen Gewänder an, nahm nicht mehr zwei Mahlzeiten des Tages ein und enthielt sich der Wohlgerüche, Kränze und aller ähnlichen Dinge. »Unter allen Umständen muß ich den jungen Herrn aufsuchen und ihn zu mir rufen lassen«, sagte sie und ließ sich Tänzer kommen, denen gab sie ein Tausend. Sie fragten: »Was sollen wir dafür tun, Gnädige?«, worauf sie den Tänzern folgenden Auftrag gab: »Für euch gibt es ja keine Stätte, wohin ihr nicht kommt. So geht denn zu allen Dörfern, Flecken und Königsstädten, gebt dort Vorstellungen und singt vor dem versammelten Volk zuerst diesen Vers« – und sie sagte ihnen den ersten Vers[1] und fuhr fort: »Wenn ihr dies Lied singt und der junge Herr ist in der Versammlung anwesend, so wird er euch anreden. Dann müßt ihr ihm sagen, daß ich gesund und wohlbehalten bin, und müßt mit ihm herkommen. Will er nicht kommen, so schickt mir Nachricht.« Mit diesen Worten gab sie den Tänzern Geld und entließ sie. Die machten sich von Benares auf den Weg, und wie sie an vielen Orten ihre Vorstellungen gaben, kamen sie zu einem Dorf an der Grenze. Ebendort hielt sich der Dieb, der entflohen war, auf. Da gaben die Tänzer ihre Vorstellung und sangen den ersten Vers:

1. Den ersten Vers des kanonischen Verstextes, den der Erzähler als etwas Gegebenes voraussetzt. Der Wortlaut des Verses folgt alsbald.

»Die du an jenem Lenztage,
In Oleanders Blütenpracht
Schlossest in deinen Arm, Sama
Vermeldet dir ihr Wohlergehn.«

Wie das der Dieb hörte, ging er zu dem Tänzer und sprach: »Du sagst, Sama sei am Leben. Das kann ich aber nicht glauben.« und mit ihm redend, sprach er den zweiten Vers:

»Nein, wie könnte man wohl glauben,
Daß einen Berg fortbläst der Wind?
Doch kann so gut er fortblasen
Berge, ja selbst das Erdenrund,
Wie Sama, die der Tod hinnahm,
Mir melden kann ihr Wohlergehn.«

Als der Tänzer dieses Wort von ihm hörte, sprach er den dritten Vers:

»Daß sie am Leben ist, wisse,
Und daß sie keinen andern liebt.
Einmal nur speist am Tag Sama;
Nach dir allein sie Sehnsucht trägt.«

Wie der Dieb das hörte, sagte er: »Gleichviel, ob sie lebt oder nicht! ich will mit ihr nichts zu schaffen haben!« Und er sprach den vierten Vers:

»Mich Unbekannten gegen lang Vertrauten
Tauschte sie ein, den Schwanken gegen Festes.
Sie könnt' auch mich vertauschen gegen andre.
Drum fort von hier! Ich ziehe in die Ferne.«

Die Tänzer kehrten um und berichteten ihr von seiner Handlungsweise. Da bereute sie ihr Tun und kehrte zu ihrem gewohnten Leben zurück.

Der Sklave als großer Herr

Einst als in Benares Brahmadatta König war, war der Bodhisatta dort ein reicher Großkaufmann. Seine Gattin gebar einen Sohn, und an ebendemselben Tag gebar eine seiner Sklavinnen gleichfalls einen Sohn. Die beiden wuchsen zusammen auf. Wie der Kaufmannssohn schreiben lernte, ging der junge Sklave mit ihm, trug ihm die Schreibtafel und lernte zugleich mit ihm schreiben. Er war tätig in diesem und jenem Geschäft und entwickelte sich mit der Zeit zu einem redegewandten jungen Mann von angenehmem Äußern; mit Namen hieß er Katahaka. Als er nun beim Kaufmann als Aufseher der Warenvorräte tätig war, dachte er bei sich: »Diese Aufsicht wird man mich nicht in alle Zukunft führen lassen. Man wird irgendeinen Fehler an mir entdecken und wird mich prügeln, fesseln, brandmarken und mich wieder als Sklaven leben lassen. Da wohnt nun an der Grenze ein Großkaufmann, der mit unserm Herrn befreundet ist. Ich will einen Brief unseres Kaufmanns fälschen, mit dem will ich dorthin gehen und mich für den Sohn des Kaufmanns ausgeben. So will ich jenen Kaufmann betrügen, seine Tochter heiraten und herrlich und in Freuden leben.« Er schrieb also selbst einen Brief: »Hier schicke ich dir meinen Sohn, mit Namen Soundso. Es wäre schön, wenn zwischen dir und mir und zwischen mir und dir ein Band der Verschwägerung geschlossen würde. So gib denn diesem meinem Jungen deine Tochter und laß ihn bei dir leben. Sobald ich kann, werde ich selbst kommen.« Dies schrieb er, versiegelte den Brief mit dem Siegelring des Großkaufmanns, nahm reichlich Reisegeld, Parfüms, Toilette und wessen er sonst bedurfte, mit und reiste nach der Grenze. Dort begrüßte er den Großkaufmann verehrungsvoll und stellte sich vor ihn hin. Der Kaufmann fragte ihn: »Woher kommst du, mein Lieber?« »Aus Benares.« »Wessen Sohn bist du?« »Des Großkaufmanns von Benares.« »Warum bist du hergekommen?« Da gab ihm Katahaka den Brief und sagte: »Lest dies, so werdet Ihr es erfahren.« Der Kaufmann las den Brief und rief voller Freuden: »Jetzt fängt für mich das rechte Leben erst an!«

Und er gab ihm seine Tochter und ließ ihn dort wohnen. Da lebte er nun auf großem Fuß. Wenn man ihm Reisbrühe und feste Speisen oder Kleider, Parfüms und dergleichen brachte, so kritisierte er das alles: »So kochen sie die Reisbrühe und die andern Speisen und das ganze Mahl – ach, diese Provinzler!« Und nicht zufriedener war er mit den Leistungen der Schneider und mit allem übrigen: »Einem Anzug den rechten chic zu geben, Parfüms zu reiben, einen Kranz zu flechten: das verstehen sie nicht – dafür sind sie eben aus der Provinz!«

Als der Bodhisatta nun seinen Sklaven nicht mehr zu Gesicht bekam, sagte er: »Katahaka ist verschwunden. Wo ist er geblieben? Sucht ihn!« – und er schickte nach allen Seiten Leute aus. Von denen kam einer an jenen Ort, sah und kannte ihn, und ohne daß er sich dort selbst zu erkennen gab, ging er hin und meldete es dem Bodhisatta. Als der die Sache hörte, sagte er: »Wie unziemend hat er gehandelt! Ich will gehen und ihn zurückholen.« So beurlaubte er sich beim König und zog mit großem Gefolge von dannen. Überall wurde bekannt, daß der Großkaufmann nach der Grenze reiste. So hörte auch Katahaka von seinem Kommen und dachte: »Der kommt aus keinem andern Grund; um mich allein handelt es sich bei seiner Reise. Fliehe ich, so kann ich nicht mehr zurückkehren. Da gibt es einen Ausweg: ich muß meinem Herrn entgegengehen, ihm Sklavendienste tun und ihn so versöhnen.« Von da an begann er vor seiner Umgebung Reden dieser Art zu führen: »Die andern törichten Menschen wissen in ihrer Torheit nicht, was Vater und Mutter zu bedeuten haben. Wenn die essen, tun sie ihnen keinen Dienst, sondern essen mit ihnen zusammen. Wir aber, wenn Vater und Mutter essen, reichen ihnen das Gefäß für die Abfälle und reichen ihnen den Spucknapf und reichen ihnen alles Geschirr und warten ihnen auf mit dem Trinkwasser und mit dem Fächer« – und so zählte er alles auf, was Sklaven ihren Herren zu tun haben, bis herab zu ihrer Pflicht, wenn jene ein Bedürfnis befriedigen, mit dem Wassergefäß an den verborgenen Ort zu gehen. Als er seiner Umgebung solche Belehrungen erteilt hatte, sprach er, wie die Zeit für das Erscheinen des Bodhisatta in der Nähe der Grenze gekommen war, zu seinem Schwiegervater: »Vater, mein Vater kommt, wie ich höre, Euch zu besuchen. So laßt denn Speise, feste und flüssige, bereiten. Ich werde ihm mit Geschenken entgegenziehen.« »Gut, mein Sohn«, sagte jener und stimmte ihm bei. Da nahm Katahaka viele Geschenke und machte sich mit großem Gefolge auf den Weg. Und er begrüßte den Bodhisatta voll Verehrung und überreichte ihm die Geschenke. Die nahm der Bodhisatta an, wechselte mit ihm freundliche Reden, schlug um die Frühstückszeit sein Lager auf und ging, ein Bedürfnis zu befriedigen, an einen verborgenen Ort. Da entfernte Katahaka sein Gefolge, nahm ein Wassergefäß, ging zum Bodhisatta und fiel nach vollendeter Waschung ihm zu Füßen: »Herr, ich will Euch so viel Geld geben, wie Ihr verlangt, richtet nur nicht meine Ehre zugrunde!« Dem Bodhisatta gefiel sein gutes Benehmen, und er sprach ihm Mut ein: »Fürchte dich nicht, von mir soll dir keine Gefahr drohen.« Endlich kam er zur Grenzstadt. Dort gab es große Ehrungen. Und Katahaka tat ihm unablässig Sklavendienste. Als er nun dort einmal in allem Behagen dasaß, sagte der Kaufmann von der Grenze zu ihm: »Großer Kaufmann, als ich Euren Brief sah, habe ich Eurem Sohn meine Tochter gegeben.« Der Bodhisatta ließ den Katahaka als seinen Sohn gelten und erfreute den Kaufmann durch angemessene freundliche Worte. Von da an aber vertrug er es nicht mehr, das Gesicht des Katahaka zu sehen. Eines Tages nun rief das Große Wesen[1] die Tochter des Kaufmanns zu sich und sprach: »Komm, mein Kind, suche mir die Läuse vom Kopf ab.« Die kam und suchte seine Läuse. Da redete er freundlich zu ihr und sagte: »Ist mein Sohn auch in Freude und Leid gegen dich immer unveränderlich aufmerksam? Lebt ihr beiden Leute auch in Frieden und Eintracht miteinander?« »Vater, der Kaufmannssohn hat keinen andern Fehler, nur daß er die Speisen zu tadeln liebt.« »Meine Tochter, diese schlechte Gewohnheit hat er immer gehabt. Aber ich will dich einen Spruch lehren, der ihm den Mund verschließt.

1. D. h. der Bodhisatta.

Den mußt du sorgfältig merken, und wenn mein Sohn zur Essenszeit mit seinen Kritiken anfängt, mußt du vor ihn treten und den Spruch, wie du ihn gelernt hast, hersagen.« So teilte er ihr seinen Spruch mit, verweilte noch einige Tage dort und kehrte dann nach Benares zurück. Katahaka aber nahm viel feste und flüssige Speisen mit sich, begleitete ihn auf dem Weg und gab ihm reiche Geschenke. Dann verabschiedete er sich von ihm voller Verehrung und kehrte um.

Nach der Abreise des Bodhisatta nun schwoll ihm der Kamm gewaltig. Als eines Tages die Kaufmannstochter ihm Speisen von vielerlei vorzüglichem Geschmack vorsetzte und mit dem Löffel in der Hand ihn bediente, fing er an gegen das Mahl seinen Tadel loszulassen. Da sprach die Kaufmannstochter, wie der Bodhisatta es sie gelehrt hatte, den Vers:

»Man kann gar leicht nach Lust großtun
Der Heimat fern im fremden Land.
Kommt, der dich stürzen kann, wieder?
Genieß dein Mahl, Katahaka!«

Da dachte Katahaka: »Gewiß hat der Großkaufmann ihr meinen Namen genannt und ihr alles erzählt.« Und fortan tadelte er die Speisen nicht mehr, sondern aß bescheiden, was man ihm vorsetzte, und fuhr endlich hin nach dem Verdienst seiner Taten.

Die Karawane in der Wüste

Einst, als im Königreich von Kasi Brahmadatta König war, wurde der Bodhisatta in einer Kaufmannsfamilie wiedergeboren. Wie er herangewachsen war, zog er mit fünfhundert Wagen auf eine kaufmännische Unternehmung aus. Da kam er einmal zu einer Sandwüste, sechzig Tagereisen groß. In dieser Wüste war der Sand so fein, daß, wenn man ihn mit der Faust faßte, er zwischen den Fingern durchlief. Von Sonnenaufgang an war der

Boden heiß wie glühende Kohlen, man konnte nicht darauf gehen. Deshalb nahm man, wenn man dort reiste, Holz, Wasser, Öl, Reis und dergleichen auf seinen Wagen mit, reiste nur des Nachts, stellte um das Morgenrot die Wagen im Kreis auf und errichtete an der Spitze ein Zelt: dann nahm man in der Frühe das Mahl ein, brachte den Tag im Schatten sitzend hin, genoß nach Sonnenuntergang das Abendessen, und wenn der Boden sich abgekühlt hatte, spannte man die Wagen wieder an und zog weiter. Die Reise ging vor sich wie eine Seereise: man mußte einen »Wüstenlotsen« haben, der leitete die Karawane durch Beobachtung der Sterne. Auch unser Kaufmann reiste damals auf diese Weise durch die Wüste und hatte schon neunundfünfzig Tagereisen zurückgelegt. Er dachte: »Jetzt werden wir in *einer* Nacht aus der Sandwüste hinauskommen«, nahm das Abendessen zu sich, ließ alles Holz fortwerfen, das Wasser ausgießen, die Wagen anspannen und brach auf. Der Lotse ließ sich auf dem ersten Wagen einen bequemen Sitz breiten, blickte nach den Sternen am Himmel und sagte: »Zieht in dieser Richtung.« Dann legte er sich nieder. Da es ihm auf der langen Reise an Schlaf gefehlt hatte, war er müde und schlief ein, so merkte er nicht, daß die Ochsen sich umdrehten und den Weg zurückgingen, den sie gekommen waren. Die Ochsen gingen durch die ganze Nacht. Als die Morgenröte herannahte, wachte der Lotse auf, sah nach den Sternen und rief: »Dreht die Wagen um! Dreht die Wagen um!« Als sie die Wagen umdrehten und eine Reihe bildeten, war die Morgenröte da. Da sahen sie: »Das ist ja wieder unsre gestrige Lagerstätte! Unser Holz und Wasser ist zu Ende; wir sind verloren!« Man spannte die Wagen ab, stellte sie im Kreis auf, errichtete an der Spitze das Zelt, und jeder legte sich jammernd unter seinen Wagen nieder. Der Bodhisatta aber dachte: »Wenn ich mich jetzt nicht kräftig zeige, sind wir alle verloren«, und früh, solange es noch kühl war, umhergehend, sah er einen Busch Darbhagras. Da dachte er: »Dies Gras muß aus der Feuchtigkeit von Wasser in der Tiefe erwachsen sein«, ließ einen Spaten herbeibringen und an jener Stelle nachgraben. Sie gruben sechzig

Fuß tief. Als sie so weit gegraben hatten, stieß der Spaten unten auf einen Stein. Alsbald, wie das geschah, verloren sie alle den Mut. Der Bodhisatta aber dachte: »Unter diesem Stein muß Wasser sein«, stieg hinab, beugte sich auf dem Stein stehend, nieder und horchte, ob da ein Geräusch zu hören sein würde. Da hörte er, wie unten das Wasser floß, stieg heraus und sagte zu seinem kleinen Diener: »Wenn du jetzt die Sache aufgibst, mein Junge, sind wir alle verloren. Darum laß den Mut nicht sinken, nimm diesen eisernen Hammer; steige in die Grube hinab und tue einen Schlag auf den Stein.« Jener gehorchte dem Befehl, und obwohl alle mutlos dastanden, behielt er Mut, stieg hinunter und tat auf den Stein einen Schlag. Der Stein brach mitten durch, fiel in die Tiefe und blieb liegen, so daß er dem Wasser den Weg versperrte. Eine Wassersäule sprang in die Höhe so hoch wie ein Palmenstamm. Da tranken alle und wuschen sich. Was von Achsen und Jochen der Wagen entbehrlich war, spaltete man, kochte sich ein Mahl von Reisbrühe, aß, gab den Ochsen zu fressen, und nach Sonnenuntergang zog man, nachdem man an der Stelle jener Quelle eine Fahne aufgerichtet hatte, weiter zu seinem Ziel. Da verkaufte man die Waren, erhielt den doppelten und vierfachen Wert und kehrte wieder in die Heimat zurück. Dort lebten die Leute, solange ihnen Leben beschieden war, und gingen dann hin nach dem Verdienst ihrer Taten. Auch der Bodhisatta spendete Gaben und tat andre gute Werke und ging nach dem Verdienst seiner Taten hin. – Als nach Erlangung der Buddhaschaft Buddha durch diese Erzählung Belehrung gespendet hatte, sprach er den Vers:

»Unermüdlich am Sandwege
Grabend die Quelle fanden sie.
So finden Weise, Kraftreiche
Unermüdlich des Herzens Ruh'.«

Der Gott, der zu nichts nütze ist

Einst, als in Benares Brahmadatta König war, wurde der Bodhisatta in einer Brahmanenfamilie des Nordens wiedergeboren. Am Tag seiner Geburt nahmen seine Eltern sein Geburtsfeuer[1] und verwahrten es. Als er nun sechzehn Jahre alt war, sagten sie zu ihm: »Mein Sohn, dies Feuer haben wir am Tag deiner Geburt für dich verwahrt. Willst du ein weltliches Leben führen, so lerne die drei Veden. Verlangt dich aber nach der Welt Brahmas, so nimm das Feuer, geh damit in den Wald und erwirb dir durch Verehrung des Feuers die Gnade des großen Brahma: so wirst du der Welt Brahmas teilhaftig werden.« Er erwiderte: »Nach irdischem Leben verlangt mich nicht«, nahm das Feuer und ging in den Wald. Dort baute er sich eine Einsiedelei, und so lebte er im Wald und verehrte das Feuer. Eines Tages nun hatte er in einem Grenzdorf ein Rind geschenkt bekommen. Das führte er zu seiner Einsiedelei und dachte: »Ich will dem heiligen Aggi[2] Rindfleisch zu essen geben.« Aber dann erwog er bei sich: »Hier haben wir kein Salz. Der heilige Aggi kann das nicht ohne Salz essen. Ich will aus dem Dorf Salz holen und es dem heiligen Aggi mit Salz zu essen geben.« So band er das Tier dort fest und ging in das Dorf nach Salz. Als er fortgegangen war, kam eine Menge von Dieben. Die sahen das Rind, schlachteten es, brieten das Fleisch und verzehrten es. Schwanz, Unterschenkel und Fell warfen sie fort, und mit dem Fleisch, das übriggeblieben war, verschwanden sie. Wie der Brahmane wiederkam und nichts mehr sah als den Schwanz und das übrige, dachte er: »Dieser heilige Aggi ist nicht einmal imstande zu schützen, was ihm selbst gehört. Wie wird er da mich schützen? Es kann nur zwecklos sein, daß ich mich mit diesem Aggi abgebe. Hieraus kann kein Heil und kein Gedeihen erwachsen!« So verging ihm die Lust zur Verehrung des Feuers, und er sagte: »Holla, heiliger Aggi! Du kannst ja nicht einmal schützen, was dir selbst

1. Das rituelle Feuer, das während der Entbindung in der Nähe gehalten wird.
2. Der Feuergott, im Sanskrit *Agni,* dasselbe Wort wie das lateinische *Ignis.*

gehört. Wie willst du da mich schützen! Fleisch ist nicht mehr da. Dies ist gut genug für dich!« Mit diesen Worten warf er den Schwanz und die andern Überreste ins Feuer und sprach den Vers:

»Mehr als genug ist's, Feuergott, du Dummkopf,
Daß wir dir diesen Schwanz zum Opfer bringen.
Sonst bist du Fleisch gewohnt, das gibt es heut nicht.
Laß dir statt dessen an dem Schwanz genügen!«

So sprach das Große Wesen[1], löschte das Feuer mit Wasser aus, vollzog die Weltentsagung in der Weise der Seher, erwarb die höheren Erkenntniskräfte, wurde der Entrückungszustände teilhaftig und gelangte zur Welt Brahmas.

Die bedeutungsvollen Verse

Einst, als in Benares Brahmadatta König war, war der Bodhisatta in Takkasila in einem Brahmanengeschlecht wiedergeboren und war ein weltberühmter Lehrer. Bei ihm hatte der Sohn des Königs von Benares mit Namen »Prinz Gerste« alle Künste mit großem Eifer gelernt. Dieser wollte wieder abreisen und nahm vom Lehrer Abschied. Der Lehrer, der aus der Körperbildung der Menschen ihre Zukunft vorauszuerkennen verstand, sah, daß jenem von seinem Sohn Gefahr für das Leben drohen würde. Er nahm sich vor, ihn von dieser Gefahr zu befreien, und dachte über ein Gleichnis nach, das dazu helfen könnte.

Nun hatte er ein Pferd, an dessen Fuß sich ein Geschwür gebildet hatte; um dies Geschwür zu behandeln, hielt man das Pferd im Stall. Da war nun dicht dabei ein Brunnen. Und ein Mäuschen kam heraus und benagte dort das Geschwür am Fuß des Pferdes. Das Pferd konnte dem nicht wehren. Als es aber eines Tages den Schmerz nicht mehr aushielt, schlug es das Mäuschen, das zum

1. Der Bodhisatta.

Nagen herbeigekommen war, mit dem Fuß, tötete es und stieß es in den Brunnen. Als die Pferdeknechte das Mäuschen nicht mehr sahen, sagten sie: »Alle diese Tage ist das Mäuschen gekommen und hat an dem Geschwür genagt. Jetzt läßt es sich nicht mehr blicken. Wo mag es geblieben sein?« Der Bodhisatta aber durchschaute den Zusammenhang und dachte: »Die andern wissen es nicht und fragen: ›Wo ist das Mäuschen?‹ Daß das Mäuschen tot und in den Brunnen geworfen ist, das weiß nur ich allein.« Diesen Vorgang nahm er zum Gleichnis, verfaßte seinen ersten Vers und teilte ihn dem Königssohn mit.

Nun sann er auf ein zweites Gleichnis. Dasselbe Pferd war, geheilt von seinem Geschwür, nach einem Gerstenplatz hinausgelaufen, um Gerste zu fressen, und steckte durch ein Loch des Zaunes seinen Kopf hinein. Das sah er, entnahm dem wiederum ein Gleichnis, verfaßte einen zweiten Vers und lehrte ihn dem Königssohn.

Den dritten Vers aber verfaßte er allein mit Hilfe seines eignen Verstandes, lehrte ihn auch den und sprach: »Mein Sohn, wenn du König geworden bist und abends zum Lotusteich baden gehst, dann mußt du, wenn du dich der Treppe vorn am Teich näherst, im Gehen den ersten Vers sprechen. Wenn du in den Palast eintrittst, den du bewohnst, mußt du am Fuß der Treppe im Gehen den zweiten Vers sprechen. Dann, wenn du zum oberen Ende der Treppe kommst, mußt du im Gehen den dritten Vers sprechen.« Mit diesen Worten entließ er ihn.

Der Prinz ging fort, wurde Unterkönig und nach seines Vaters Tod König. Ihm wurde ein Sohn geboren. Als der sechzehn Jahre alt war, faßte ihn Begierde nach der Herrschaft. Er setzte sich vor, seinen Vater zu töten, und sprach zu seinem Gefolge: »Mein Vater ist noch jung. Bis ich den Rauch seines Scheiterhaufens abgewartet habe, bin ich alt und grau geworden. Komme ich so spät zur Herrschaft, was habe ich dann davon?« Man gab ihm zur Antwort: »Herr, man kann doch nicht an die Grenze gehen und dort ein Räuberleben führen. Du mußt auf irgendeine Art deinen Vater ums Leben bringen und dich der Herrschaft bemächtigen.« Er stimmte dem zu, ging in der Residenz des Königs abends zum

Lotusteich, wo der König zu baden pflegte, und dachte: »Hier will ich ihn töten.« So stellte er sich dort mit einem Schwert hin. Der König schickte abends eine Dienerin namens Mäuschen und trug ihr auf: »Geh hin und reinige den Wasserspiegel des Lotusteichs; ich will baden.« Sie ging, reinigte den Teich und sah dabei den Prinzen. Der fürchtete, sein Vorhaben möchte verraten werden, hieb sie in zwei Stücke und warf sie in den Teich. Nun kam der König und wollte baden. Die Leute sagten: »Heute kommt ja unsre Dienerin Mäuschen gar nicht wieder. Wohin ist sie nur gegangen? Welchen Weg ist ist gegangen?« Da sprach der König seinen ersten Vers:

»›Wo ging sie? Welchen Weg ging sie?‹
So schwatzt die Menge hin und her.
Von allen ich allein weiß es:
Tot im Wasser das Mäuschen liegt.«

Mit diesen Worten ging er zum Lotusteich heran. Der Prinz aber dachte: »Mein Vater durchschaut mein Tun«, und voll Furcht flüchtete er und erzählte seinem Gefolge, was geschehen war.

Nun vergingen sieben oder acht Tage, da sprachen sie von neuem zu ihm: »Herr, wenn der König etwas wüßte, würde er nicht stillschweigen. Ihm wird nur irgendein Gedanke durch den Sinn gegangen sein, daß er so gesprochen hat. Bring' ihn ums Leben!« So stellte der Prinz sich eines Tages wieder, das Schwert in der Hand, am Fuß der Treppe auf, und als der König herankam, sah er sich hierhin und dorthin um, ob er Gelegenheit fände, seinen Schlag zu führen. Der König aber ging und sprach den zweiten Vers:

»Drehst und wendest ohn' Aufhören
Dich ja herum dem Esel gleich[1]!
Im Wasser machtst du tot Mäuschen,
Worauf du Gerste fressen willst.«

1. Die Vermutung liegt nah, daß in dem Vorfall, der den Vers inspiriert hat, ursprünglich nicht ein Pferd, sondern ein Esel eine Rolle gespielt hat. Eine der Abweichungen zwischen der uns verlorenen alten Gestalt der Erzählung und der vorliegenden.

Da dachte der Prinz wieder: »Der König hat mich durchschaut«, und entfloh zitternd.

Nun verfloß wieder ein halber Monat, da dachte der Prinz: »Ich will den König mit einer löffelförmigen Waffe töten.« Und er nahm eine Waffe in Gestalt eines Löffels mit einem langen Stiel und ließ sie herunterhängen. Der König stieg zur Höhe der Treppe hinauf, indem er den dritten Vers sprach:

»Du blöder Tor, noch jung bist du,
Du bist ein Kind gar schwach und klein.
Mit diesem langen Ding kommst du –
Diesmal schon' ich dein Leben nicht.«

Jetzt konnte Jener nicht mehr entfliehen, warf sich dem König zu Füßen und sprach: »Schenke mir das Leben, Herr!« Der König fuhr ihn hart an, ließ ihn in Ketten legen und in das Gefängnis werfen, und als er dann selbst unter dem weißen Sonnenschirm auf dem geschmückten Königsthron saß, rief er in hoher Freude aus: »Unser Lehrer, der weltberühmte Brahmane, hat diese Gefahren, die mir drohten, vorausgesehen und mir darum diese drei Verse auf den Weg mitgegeben!« Und er sprach dann die übrigen Verse:

»Nicht fand im Luftreich ich Rettung,
Nicht durch den Sohn, mein zweites Selbst.
Nein, als mein Sohn mir nachstellte,
Brachten die Rettung Verse mir!

Alles Wissens Erwerb suche,
Des niedern, hohen, mittleren.
Von allem mußt den Sinn merken.
Zwar wendest du nicht alles an –
Sicher wird doch die Zeit kommen,
Wo das Wissen dir Nutzen bringt!«

Wie die Zeit weiter hinging starb der König und der Königssohn wurde König.

Das graue Haar

Einst war im Königreich Videha[1] ein König mit Namen Makhadeva, ein gerechter Fürst, der in Gerechtigkeit herrschte. Der verlebte vierundachtzigtausend Jahre in jugendlichen Spielen, ebenso lange Zeit als Unterkönig und wieder ebenso lange als Großkönig. Als er solch weiten Lebensweg zurückgelegt hatte, sprach er eines Tages zu seinem Barbier: »Wenn du, mein guter Barbier, auf meinem Haupt graue Haare siehst, so melde es mir.« Und wieder verging lange Zeit, da sah der Barbier eines Tages unter den Haaren des Königs, die schwarz wie Augensalbe waren, ein einziges graues Haar und meldete dem König: »Herr, ein graues Haar hat sich bei dir gezeigt.« Jener erwiderte: »So reiße mir denn, Lieber, das graue Haar aus und gib es mir in die Hand.« Da riß der Barbier es ihm mit einer goldnen Zange aus und legte es in seine Hand. Damals hatte der König noch eine Lebenszeit von vierundachtzigtausend Jahren vor sich. Trotzdem, wie er das graue Haar sah, war ihm, als wäre der König Tod herangekommen und stände schon vor ihm, und als befände er selbst sich in einer brennenden Laubhütte. In Aufregung dachte er: »Du Tor Makhadeva! Bis dein Haar grau wird, hast du die Unreinheiten dieses Weltlebens nicht zu verlassen vermocht!« Wie er so immer weiter über das Erscheinen des grauen Haares nachdachte, wurde er innerlich heiß davon; der Schweiß brach ihm aus; seine Gewänder bedrückten ihn, und ihm war, als müsse er sie von sich abwerfen. Er dachte: »Heute ist die Zeit für mich gekommen, die Welt zu verlassen und das Asketentum zu ergreifen.« Dem Barbier verlieh er ein schönes Dorf, das ein Einkommen von Hunderttausend brachte, ließ seinen ältesten Sohn rufen und sprach zu ihm: »Mein

1. Dem heutigen Tirkut.

Sohn, auf meinem Haupt ist ein graues Haar erschienen. Ich bin alt geworden. Die Freuden des Menschenlebens habe ich genossen; jetzt will ich den Himmelsfreuden nachtrachten. Die Zeit der Entsagung ist für mich gekommen. Übernimm du das Königreich; ich aber will die Welt verlassen und will im Garten des Makhadeva-Mangohains ein Asketenleben führen.« Als er sich so entschlossen hatte die Welt zu verlassen, kamen seine Hofleute zu ihm und fragten ihn: »Herr, was ist der Grund, aus dem Ihr die Welt verlassen wollt?« Da faßte der König das graue Haar mit der Hand und sprach zu seinen Höflingen diesen Vers:

»Die Lebenskraft mir fortreißend,
Ergraut mein hauptentsproßnes Haar.
Als Götterbot' es mir kündet:
Geh vom Hause! Die Zeit ist da!«

So redete er, gab am selbigen Tag seine königliche Herrschaft auf und vollzog die Weltentsagung in der Weise der Seher[1]. In ebenjenem Makhadeva-Mangohain weilend, betätigte er durch vierundachtzigtausend Jahre die vier »Brahmazustände«, und in unaufhörlichen Versenkungen verweilend, erreichte er schließlich sein Ende und kam in der Brahmawelt zu neuem Dasein …

1. D. h. er verließ die Welt nach dem alten vedischen Ritus.